ソ連崩壊の原点から考える
──ドイツ統一、
冷戦終結からウクライナ戦争へ

岡田 実
OKADA Minoru

文芸社

はじめに

二〇二二年二月にロシアが隣国ウクライナへ侵攻してから二年半が過ぎた。ロシア軍は民間人虐殺や、病院、学校、教会、劇場などへの無差別爆撃を続け、停戦の兆しが一向に見えない。

「ウクライナ戦争」は、ロシア共和国が隣国ウクライナ共和国の領土を一方的に侵略したことに端を発している。ロシアの行為は明らかに国際法に違反する。しかもウラジーミル・プーチン＝ロシア大統領は核攻撃も辞さないことを示唆して、北大西洋条約機構（ＮＡＴＯ）などの西側諸国に脅しをかけ続けている。

ロシアは国連安全保障理事会の常任理事国であり、核大国でもある。そうした国が侵略行為と、核による威嚇で、世界的な危機を招いた。国際政治は一九六二年に起きた「キューバ危機」をしのぐ事態に陥っている。

この戦争で国連は、なす術がない状況に追い込まれている。ロシアが常任理事国の拒否権を発動して、和平に向けた国連の調停活動をことごとく拒んでいるからだ。

「ウクライナ戦争」は、紛争調停機関が不在のまま続いているのである。「ユーゴ紛争」は、終結までに足掛け九年を要した。ウクライナに和平の日が訪れるのはいつになるのだろうか。

三〇年余り前の一九八九年末、米国とソ連は「冷戦終結」を宣言した。これは第二次世界大戦後、二〇世紀最大の政治的事件だったと言っても過言ではない。この時、米国の政治経済学者であるフランシス・フクヤマは「民主主義と自由経済が最終的に勝利し、戦争やクーデターのような歴史的大事件はもはや起きない時代が来るだろう」と予想した。この言説は世界に広く浸透した。

しかし、こうした甘い期待は一五年と持たなかった。二〇一四年、ロシアがウクライナの領土であるクリミア半島を一方的に併合したからである。それにより、東西が再び緊張関係に陥る「新冷戦」と呼ばれる時代に入った。そしてこの「新冷戦」は、さらにロシアによるウクライナ侵略によって、「熱い戦争」へとステージを上げた。

なぜ、こうした事態を招いたのか?

現在の危機は『「冷戦終結」の終わり』を示しているのか。それとも、フランスの思想家、ジャック・アタリが指摘するように「強国が他国を力で支配した一九世紀から二〇世紀前半への先祖返り」であり、ウクライナ戦争が終われば、再び平和を享受できる時代に戻ることができると考えてよいのか?

ブリックス（ＢＲＩＣＳ）参加国やアジア・アフリカ諸国の動静を含め、世界は混迷の度合いを深めている。この危機を打開するためには、安全保障体制をはじめとする国際秩序の再構築が迫られていることは間違いない。

私は三〇年余り前の二年間、北海道新聞の特派員としてウィーンに駐在した。「冷戦終結」をきっかけに「ドイツ統一」「ワルシャワ条約機構（ＷＰＯ）解体」「ユーゴ紛争」「ソ連崩壊」「チェコスロバキア分裂」という歴史的な出来事がドミノ倒しのように発生した時期である。私はそれぞれの現場に立ち会うことが出来た。

私は帰任後も、欧州の動きを強い関心を持って見てきた。そこに思いもかけない「ウクライナ戦争」が起きてしまった。

この戦争を詳細に分析していくと、当時の出来事と密接に関連していることが見て取れた。端的に言えば、これらの事象が集積して「ウクライナ戦争」を呼び込んだとさえ考えられる。つまり、「冷戦終結」という世界政治の平和的転換が、新たな戦争につながったと言えるのだ。

特に「ソ連崩壊」とその後のロシア経済改革の失敗、それに「ＮＡＴＯの東方拡大」がなければ「ウクライナ戦争」は起きなかった可能性が高い。

ソ連崩壊後の九〇年代、ロシアは悲惨な経済状態に置かれた。二〇〇〇年に大統領として登場したプーチンは経済を立て直し、現在の独裁政治の基盤を作った。

また「冷戦終結」によって存在意義を問われていたＮＡＴＯは、「ユーゴ紛争」に新たな役割を見出し、圧倒的な軍事力で同紛争を終結させた。この時、国連、欧州連合（ＥＵ）、全欧安保協力機構（ＯＳＣＥ）は役割を十分に果たせず、国際的な紛争調停機関の主導権が国連からＮＡＴＯに移った。

ＮＡＴＯは今回の「ウクライナ戦争」では、直接、軍事力を行使できない。というのも集団安全保障体制を取っているため、加盟する一か国でも軍事力を行使すれば、加盟国全体が戦争に巻き込まれることになり、世界大戦に発展しかねないからだ。とはいえ、ＮＡＴＯを中心とする西側諸国は、ウクライナへの軍事支援を続けており、「ウクライナ戦争」が、ウクライナを舞台にしたＮＡＴＯとロシアの代理戦争であることは周知の事実だ。

プーチンの暴挙は非難されるべきである。しかし、もう一つの問題は、ＮＡＴＯの主導権を握る米国が和平に向けた外交努力を見せない点にある。その上、米国政府は二〇二三年七月に、国際条約により禁止されているクラスター爆弾をウクライナに供与すると表明し、実際に戦場で使用されている。

戦争当時者であるロシア、ウクライナの対立も三〇年前に遡ることが出来る。そもそもソ連崩壊の引き金を引いたのはウクライナだったとも言える。ソ連邦の維持ができるかどうかの瀬戸際で、ウクライナが独立を求める国民投票を可決したからだ。さらに崩壊直後、ウクライナ領クリミア半島を拠点とする黒海艦隊の帰属をめぐって両国は鋭く対立した。

ソ連崩壊時点での核管理の問題もある。ソ連時代はロシア、ウクライナ、カザフなどの大共和国に核兵器が分散配置されていたが、崩壊によってロシアが一元管理したのである。各共和国間の核戦争を防ぐ狙いだった。プーチンはこれを逆手に取り、核を西側世界への脅しに使っている。

こうした観点から当時の政治、経済、紛争など欧州の実態を丹念に記述することで、ウクライナ戦争を幅広く捉え、新たな安全保障体制をいかに構築していくべきか、その方向性を考えることもできるのではないだろうか。

戦禍におけるウクライナの人々の悲惨な報道に接するたび、三〇年前のユーゴ紛争での人々の顔が重なって見える。私の執筆の目的の一つは様々な国で、当時取材させていただいた人々の思いや暮らしぶりを伝えることである。理不尽な政治を生き抜いた一般庶民の強さ、逞しさも伝えていきたいからだ。その一つとして、人々の「生身」の姿を描く「取材余話」をいくつか入れさせていただいた。

本著は、「ドイツ統一」「ソ連崩壊」「ウクライナ戦争」など政治事案ごとに八章からなる。さらに「はじめに」の後に序章、「終わりに」の前に終章を加えた。章を変えるごとに三〇年前に遡る形式をとらせていただいた。読みにくい面があるかもしれないが、お許し願えればと思う。

注1　政治家は、初出においてフルネームと当時の役職名を書き、後は略称。国名も同様。
注2　個人の年齢と為替レートは当時のもの。
注3　「ユーゴスラビア紛争」（ユーゴ紛争）は、ユーゴスラビア連邦内で起きた紛争全体を差す。個別には「クロアチア紛争」「ボスニア紛争」「コソボ紛争」とした。スロベニアとユーゴ連邦軍との戦闘のみ「スロベニア戦争」とした。「十日間戦争」と呼称されることが通例だからだ。
注4　各章の見出しにある年月は、政治的事件の発生時か、筆者の取材時。

冷戦終結からウクライナ戦争へ◎もくじ

第二章　新たな安全保障 102

第三章　ユーゴ紛争　135

2024年のドイツ・東欧地域

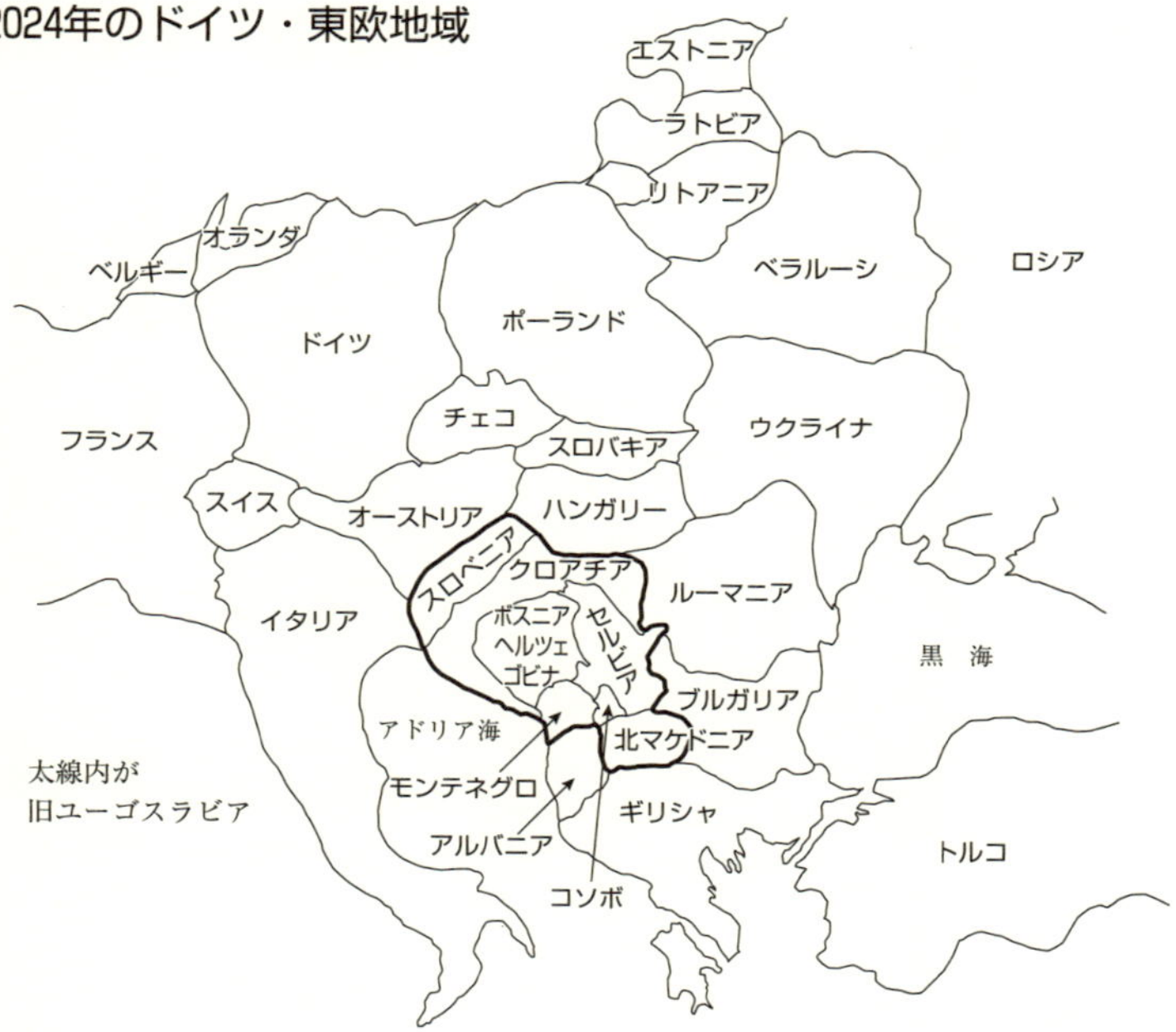

2024年のボスニアヘルツェゴビナ拡大図

◎太線の中は
ボスニアヘルツェゴビナ共和国
そのうち斜線部は
スルプスカ共和国
（通称：セルビア人共和国）
斜線のない部分はボスニア連邦

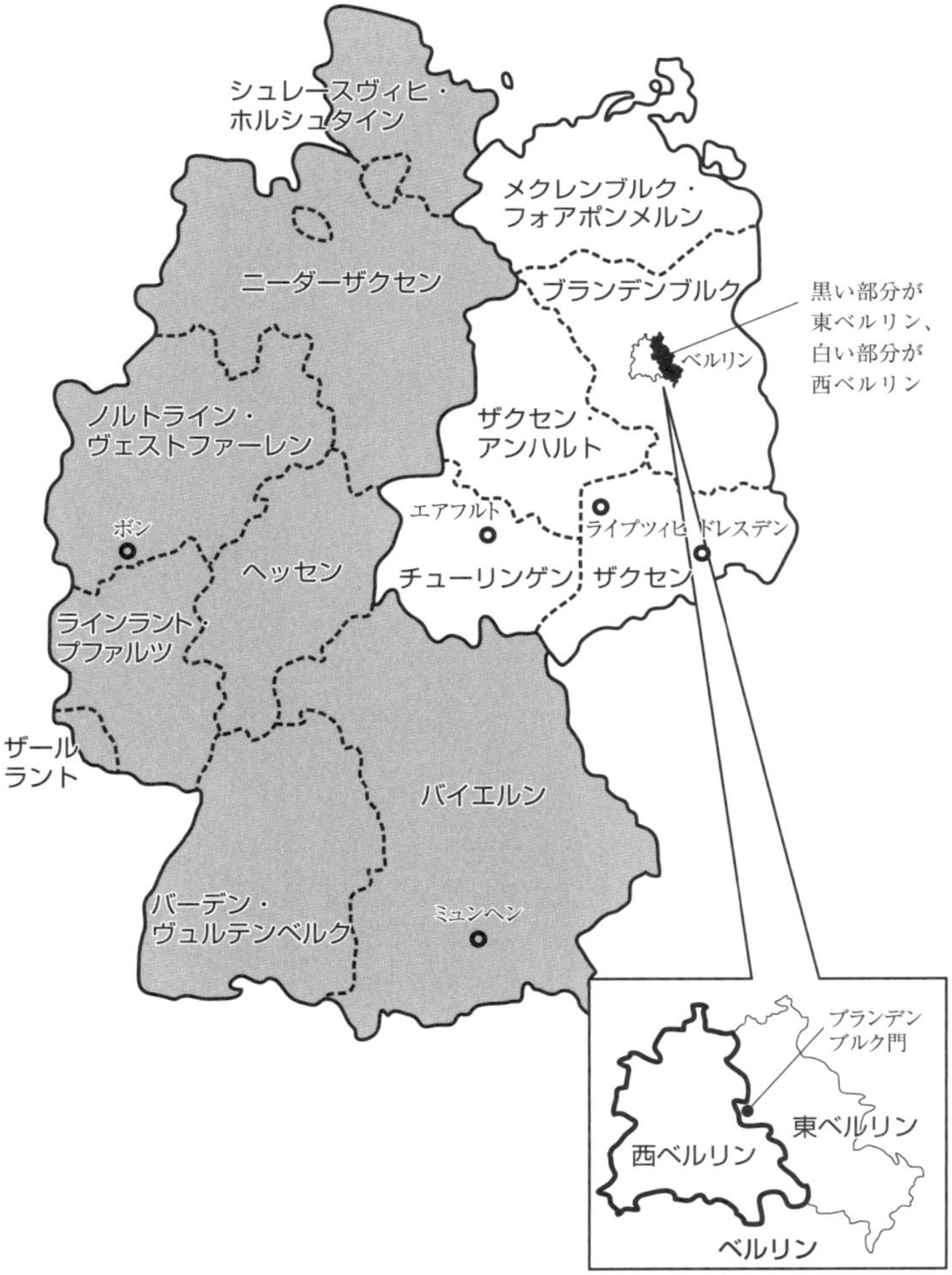

統一ドイツ（白部分が旧東ドイツ）

まさに西ベルリンは東ドイツの中の陸の孤島。太線で囲ったものが「ベルリンの壁」

【略語一覧】

ＥＣ　欧州共同体。93年に市場、通貨、政治の統合を目指す欧州連合（ＥＵ）に改変

ＮＡＴＯ　北大西洋条約機構

ＷＰＯ　ワルシャワ条約機構。ＷＴＯという呼称もあるが、世界貿易機関（ＷＴＯ）と混同するのでＷＰＯで一本化する

ＣＳＣＥ　全欧安保協力会議。95年に機構化し、全欧安保協力機構（ＯＳＣＥ）に呼称を変更した

ＣＦＥ　欧州通常戦力

ＣＩＳ　独立国家共同体

ＩＭＦ　国際通貨基金

『ドイツの政党名』

ＣＤＵ　キリスト教民主同盟

ＣＳＵ　キリスト教社会同盟

ＳＰＤ　社会民主党

ＦＤＰ　自由民主党

ＡｆＤ　ドイツのための選択肢

序　章　三〇年間の歴史的経過

個別の章に入る前に、三〇年間の欧州における歴史的経過を概観しておきたい。

一九八九年、雪崩を打って起きた東欧革命は、自由と民主主義、さらには経済的繁栄を求めた東欧諸国の民衆が、圧制を続けてきた共産党政権を打倒したことにより達成された。

この流れを受け、東西二国に分かれていたドイツでは、両国を分断していた「ベルリンの壁」が同年一一月九日に崩壊した。

一連の出来事の背景には、当時のミハイル・ゴルバチョフ＝ソ連共産党書記長（後のソ連大統領）が、ソ連による東欧支配を事実上放棄したことがある。

壁崩壊後、一か月もたたない一二月、マルタで開かれた米ソ首脳会談において、ゴルバチョフと米国のジョージ・ブッシュ大統領は、「東西冷戦の終結」を宣言した。これにより東西が核兵器を所持してにらみ合う対立が解消されたのである。

東西ドイツは、壁崩壊と冷戦終結による共産主義イデオロギーの消滅により、統一への機運が一気に高まった。そして、さまざまな曲折を経ながらも九〇年一〇月三日、両ドイツが一つになった。

統一ドイツは、西欧からソ連に至る広大なユーラシア大陸のほぼ中央に位置し、欧州最大の人口を抱える国家になった。

統一当時、第二次世界大戦の体験者が多く存命し、ナチス時代の忌まわしい記憶が消えぬ中、欧米諸国には、ドイツが再び新たな覇権を目指すのではないかとの危惧が強かった。

このため、フランソワ・ミッテラン仏大統領は、ドイツの大国化を防ぐ手立てとして、ドイツ統一を欧州統合の枠組みの中で実現すべきだと主張し、この考えが西欧の主流を占めるに至った。ドイツもこれに呼応し、欧州共同体（ＥＣ）とＮＡＴＯの一員に徹することをあらためて誓った。欧州の経済統合を進めてきたＥＣは、通貨や政治統合をも目指す欧州連合（ＥＵ）へと発展させる工程を描いていたが、統一ドイツはこの欧州統合の推進力となっていった。

東西融和を象徴するドイツ統一から一か月余り後、米国からソ連までの三五か国首脳がパリに集って開いた全欧安保協力会議（ＣＳＣＥ）は、「民主、平和、統合」を旗印に、「対話と協調」を重視した新しい世界を築き上げる決意を謳いあげた。

ところが、それからわずか二か月後の九一年一月には湾岸戦争が始まった。ＣＳＣＥ首脳会議に参加した英仏を含む数か国は米国主導の多国籍軍に加わり、イラクとの戦闘に入った。

さらに同年六月には、欧州内でユーゴ紛争が勃発した。「欧州の火薬庫」と言われ、第一次世界大戦の引き金にもなったユーゴスラビアが、九〇年代に入って再び火を噴き、当初の内戦から独立国家間の戦争へと発展したのである。第二次世界大戦後、欧州で起きた初めての戦争となった。

東欧革命の影響を受け、ユーゴ連邦にいくつもの非共産党共和国が生まれ、独立機運を高めていった。そして、共産党が政権を担う連邦の盟主・セルビア共和国と対立したことがユーゴ紛争の発端となった。

安全保障に目を転ずると、冷戦終結を受け、九一年二月には、ソ連、東欧の軍事機構であったワルシャワ条約機構（ＷＰＯ）の解体が決まり、東欧諸国は防衛上の空白地帯となっていた。

一方、第二次世界大戦後の東西勢力圏を確定した「ヤルタ体制」も、ドイツ統一によって崩れ去った。東西ドイツの国境線が消滅したことで、欧州国家間では、「国境線の変更は可能」とする認識が広まった。また、旧東欧諸国では共産主義体制の枠組みが崩れ、それとともに封印されてきた「民族意識」の高まりが顕著になっていった。

ユーゴ紛争は、こうした変化の象徴的出来事だった。劇的な政治的変化と複雑な歴史的背景により、起こるべくして起きたと言えるかもしれない。足掛け九年にもわたる紛争の結果、ユーゴスラビアは、六つの共和国と一つの未承認国家に分裂してしまった。

同紛争勃発直後の九一年八月、ソ連では保守派によるクーデター騒ぎがあり、それを契機にゴルバチョフの権力基盤は弱まった。そして同年末には東西冷戦の片翼を担ってきた「ソビエト社会主義共和国連邦」（ソ連）という国が、あっけないほどの経過で崩壊してしまった。

東欧革命の民主化エネルギーが、ブーメランのようにソ連に跳ね返ったと言える。ソ連はロシア、ウクライナなど一五の共和国に分裂した。誰もが想像しえない政治的大変化だった。

九三年一月一日にはチェコスロバキアが「チェコ」と「スロバキア」の二つの国に分裂した。八九年一一月、チェコスロバキアで起きた政変は、流血の惨事となったルーマニアとは対照的に平和裏に行われ、「ビロード革命」と呼ばれた。その後、平和的に二つの国が分離、独立したことから、これも「ビロード離婚」と呼称された。

こうしてソ連、東欧地域では国家分裂が進む一方で、西欧では統合が進んだ。九三年にECが欧州連合（EU）に発展し、二〇〇二年には、欧州一二か国が参加する統一通貨「ユーロ」の流通が始まった。ドイツが欧州最強の通貨「ドイツマルク」を放棄したことにより、「ユーロ」実現に結びついたのである。

二〇〇四年からは東欧諸国も続々とEUに加盟している。

ところが、二〇一〇年代に入ると、EU加盟国のギリシャ、イタリア、スペインなどで財政問題が起き、その対応を巡り、各国間の思惑の違いが顕在化した。

そして、現在、コロナ禍やウクライナ戦争によって多少影を潜めているが、EU参加国をはじめヨーロッパの国々の政治に、依然として大きな影響を及ぼしているのが中東からの難民問題だ。二〇一一年に端を発したシリア内戦から逃れようと、大量の難民が欧州に押し寄せたのである。彼らをどう受け入れていくかが、今もEUの重要課題の一つになっている。難民問題に関しては本書の中で詳述する。

難民問題を引き金に、二〇二〇年一月には、主要加盟国の一つだった英国が、紆余曲折を経てE

Ｕからの離脱を決めた。いわゆる「ブレグジット」である。加盟国が脱退したのはＥＵ発足史上、初めてのことだった。

「自由、民主主義、法の優位、人権の尊重」という設立時の基本理念を掲げるＥＵは現在、国家連合として存続していくことの難しさに直面している。

ゴルバチョフは、八七年、「大西洋からウラル山脈まで」の欧州新秩序と平和安全システムの構築を目指す「欧州共通の家」構想を提起した。しかし、この構想は九〇年のＣＳＣＥパリ首脳会議以後、顧みられることはなくなった。

それどころか、ウクライナ領土だったクリミア半島をロシアが一方的に併合した。現在のウクライナ戦争の端緒である。ロシアのクリミア併合に対し、欧米諸国は経済制裁を科し、先進国首脳会議（Ｇ８）からも排除した。ロシアは新たな活路として中国や北朝鮮、「グローバルサウス」と呼ばれる国々に接近している。

クリミア併合はロシア・中国と欧米が対立する「新冷戦」の始まりと言われる。対立はより先鋭化し、ウクライナ戦争に至ったのである。

同戦争では二〇二三年一月の時点で、ウクライナから国外に逃れた人は八〇〇万人を超えた。国内避難民を加えるとウクライナ総人口の三〇％を上回る。新たな「難民問題」の発生である。

ウクライナ戦争の背景にはＮＡＴＯの東方拡大政策がある。冷戦の終結により、東側に対峙してきた西側の軍事組織・ＮＡＴＯは存在意義を問われていた。

しかし、その後発生したユーゴ紛争において、ＮＡＴＯは、激しい空爆を実行して戦争を終わらせるという実績をあげた。

こうした動きに呼応し、かつてソ連の支配下にあった東欧諸国は、ロシアへの積年の不信感からＮＡＴＯ入りを切望し、その多くが加盟した。さらにロシアを除く旧ソ連共和国も同様にＮＡＴＯ入りを希望した。まだ加盟を果たしていないウクライナもその一つである。

ウクライナ戦争は、旧共産主義国家にとどまらずＮＡＴＯ拡大の流れを加速させた。戦争が周辺国の危機意識を高め、第二次大戦後、一貫して中立を守ってきたスウェーデンとフィンランドまでも二〇二二年、ＮＡＴＯ加盟を申請し、二〇二三年四月にフィンランド、そして二〇二四年三月スウェーデンの加盟が実現した。

第二次大戦後、兵力増強に慎重だったドイツも国防費を急増させるなど、欧州の安全保障を取り巻く状況は一変している。欧米諸国は、ロシアへの経済制裁などで再び結束したかに見える。しかし、今後の安保体制の在り方を含めてこの戦争をどう終わらせるかに苦慮しており、意見の違いも目立ち始めている。

さらに二〇二三年一〇月には、中東で、パレスチナ・ガザ地区を実行支配する武装組織「ハマス」と、イスラエル軍による戦闘が勃発し、一般市民が多数殺されているという大きな「人道危機」が生じている。この紛争によって世界の目は中東に移り、ウクライナへの注目が弱まっているかに見える。

西側諸国ではウクライナへの「支援疲れ」が出始めていたが、中東での紛争はこの流れを加速させた。この事態を反映して、ウクライナへの実際の支援額も減っている。侵略者（ロシア）に有利な情勢は好ましいことではなく、世界政治の行方は、ますます予断を許さない事態に陥りつつある。

本書は、三十数年前の状況を、取材をもとに詳述、分析することにより、現在の欧州を巡る事象を考察していきたいと考える。

第一章　ドイツ統一

ドイツ統一は、東欧革命とベルリンの壁崩壊を受けて実現したもので、一見ウクライナ戦争とはつながりがないように思われる。西ドイツは一九五五年にNATOに加盟していたが、統一ドイツは中立の道を取らず、一九九〇年に正式にNATOに帰属した。このことが、NATOの存在意義を高め、その後の東方拡大へのステップとなった。NATO拡大はウクライナ戦争勃発の大きな要因と言える。

統一前夜（ベルリン＝一九九〇年九月）

ドイツは九〇年に入っても「統一は数年後」（ヘルムート・コール西独首相。後の統一ドイツ初代首相）と想定されていたが、どんどん前倒しされてしまった。まさかこの年の一〇月に統一が実現するとは、同年初頭には誰も予想していなかった。

しかも、新しい統一国家は、米英仏ソの第二次世界大戦戦勝四か国の管理から外れて完全な主権を確立した。

四か国はドイツが降伏した後、ドイツ地域を四分割して占領してきた。一九四九年に東西ドイツが独立した後も、四か国は「権利と責任」を有し、ソ連は東ドイツに、米英仏は西ドイツにそれぞれ軍隊を駐留させてきた。そして両国は東西冷戦の最前線に立たされてきたのである。

このように、東西ドイツは、「制約された主権国家」だったのだが、統一によって、このくびきから逃れることができた。

最大の問題だった軍事同盟への帰属も自らＮＡＴＯ加盟を主体的に選び取り、コール政権が望む通りの統一を勝ち取ることができた。

それはなぜなのか？

「壁崩壊」後、東ドイツから西ドイツへ移り住む人が毎日三〇〇〇人規模に上り、東ドイツ国内の労働力が急速に失われていった。三月に行われた東ドイツ人民議会選挙では、ドイツ・キリスト教民主同盟が第一党になり、同党のロタール・デメジェールが連立政権の首班になった。同党はコール首相率いる西ドイツのキリスト教民主同盟（ＣＤＵ）の友好党であり、民意が統一を求めていることがはっきりした。

さらに西ドイツマルクと東ドイツマルクを統合する通貨統合が七月一日に始まったことで、東ドイツ経済の崩壊が加速した。東ドイツは経済面から国家の形態を維持できなくなったのである。

九〇年に入り、東ドイツ崩壊の動きが急激だったことから、外交交渉も加速せざるを得なかった。

西ドイツを中心に米ソ英仏などとの二国間交渉や三国間交渉、さらには2プラス4（東西ドイツと米ソ英仏）の形態で、交渉が精力的に行われた。NATO、WPOの東西両軍事同盟もこの交渉を後押しした。こうしてわずか九か月ほどの交渉で、統一の姿が出来上がったのである。しかし、統一後のドイツは苦難の道を歩むことになる。

統一を一か月後に控えた九月上旬、私は、事前取材のために東西ベルリンを訪れた。壁崩壊から一年近く経っても、壁があった時代と同じような状況が続いていた。ベルリンという一つの都市が、完全に二つに分かれている状態のままだった。

取材では主にウィーンから東ベルリン側にあるシェーネフェルト空港（現・ベルリンブランデンブルク空港）への空路を使った。同空港から西ベルリンのホテルまで鉄道で行くと、料金は二〇ペニヒ（日本円で約一八円）。ところが、帰りは同じ駅間で二・七マルク（約二四〇円）かかった。鉄道は壁崩壊によって東西間が開通したものの、料金体系はかつてのままだったのだ。

インフラの状況も同じく分断されていた。一旦、東ベルリンに入ると、西ベルリンへの電話はほとんどつながらなかった。国際電話ができる場所も国際記者クラブ（プレスセンター）などわずかだった。六一年、西ベルリンを取り囲むように建設された全長一五六キロの壁は、通信網の断絶をも意味していた。

交通ルールも違っていた。西ベルリンは酒酔い運転の基準が緩やかで、アルコールが呼気量の〇・八％（ビールでコップ四杯分）まで許されていた。しかし、東ベルリンは厳しく、少しでもアルコールが検出されれば罰せられる。西ベルリンでビールを軽く飲んで運転したドライバーが東ベルリンで捕まるケースも多く見られた。

こうした状態は、統一後もしばらく続いた。

東ベルリンの中心部にある、旧東ドイツ秘密警察（シュタージ）の本部を取材した。盗聴や密告などを通じて個人の思想や生活様式を国家が秘密裡に把握し、反政府分子を弾圧した悪名高い組織だったが、壁崩壊とともに解散した。私が訪ねた時、その本部の建物を、ちょうど東ドイツの人権活動家たちが占拠していた。

彼らに占拠の目的を聞いてみた。取材の概要はこうである。

本部内には、シュタージが密かに収集していた六〇〇万人に上る東西ドイツ国民の個人記録が保管されていた。人権活動家たちは、彼らが「シュタージ」同様の組織と見なしていた西ドイツの「連邦情報局」に資料が渡ることを防ぐのが狙いだった。彼らは「新しい政府が、東独のように個人資料を悪用するのを阻止したい」と主張していた。

個人データについては、今後も保管する必要があるという点では活動家グループ内で一致していた。しかし、個人記録の公開については意見が分かれていた。プライバシー保護の観点から公開しないという考えと、公開すべきという考え方だ。後者は東独時代に自分のデータがどのように利用されていたかを見たい人がいることを勘案したものだった。

彼らは、資料の扱いが具体的に決まるまで占拠を続ける姿勢だった。

東ドイツは徹底した監視社会だった。シュタージの非公式民間協力者であった人たちは、夫婦や親子の間柄でも、家族の行動や考え方を密告するケースが多かった。シュタージの正規職員と非公式協力者を合わせると、東ドイツ国民の一〇人に一人が関係していたと言われる。

人権活動家の占拠活動が奏功したのか、あるいは大半のドイツ人の意向を汲んだのか、結局、これらの個人情報は西ドイツ連邦情報局が秘蔵することにはならなかった。

ドイツ政府は結局、「非公開」という考え方を取らず、翌九一年に、この旧本部建物を「シュタージ・アーカイブ」として、希望者が申請すれば資料を見られることにした。資料に触れたことで、それまでの家族関係が壊れた人たちも出たと聞くが、閲覧に訪れる人は絶えず、二〇二一年までの申請者数は七〇〇万人以上に上った。

同年に「シュタージ・アーカイブ」の形式は廃止され、保管されていたファイルはデジタル化されてドイツ連邦公文書館の資料として、東部五州にある分館に移された。

この経緯から真実に真摯に向き合うドイツ人の姿勢を垣間見る思いがする。

当時、東ベルリンのプレスセンターでは、政治、経済、文化など様々な分野で東西ドイツを問わず関係者が毎日のように記者会見を開いていた。

「東ドイツ文化・芸術・メディア労組会議」の会見に出ていた司会業のユルゲン・グローサーさん

（48）と、同労組職員のハートムット・ヘアニングさん（43）に統一ドイツに対する考え方を聞いた。

「私たちの仲間の俳優や劇場関係者、メディア関係者は統一の後に、失業するかもしれないという大きな不安を抱えている。新政府は文化・芸術には関心がないように見える。東独政府が出していた文化関係の補助金を打ち切ったからだ」。「ベルリンの壁崩壊の原動力になったライプツィヒの月曜デモを中心になって呼びかけたのは音楽家や俳優などの文化人だった。彼らはあの時、一生懸命動いたのに、今は敗北感しか残っていない」と、二人が、統一への期待を裏切られたという感情を抱いていたのが印象的だった。

「西ドイツの驕り」を肌で感じていた人は、東側にはかなりいて、その数はドイツ通貨同盟以後には着実に増えていったようだ。

フンボルト大学（東ベルリン）の学生、アンドレ・フェアスターさん（23）は「通貨同盟は拙速であり、我々東ドイツにとっては建設的な側面が少ないと思う。西ドイツ側の強引なやり方が目につく」と指摘した。さらに東ドイツ失業者連盟のクラウス・グレン議長（49）は「東ドイツ経済を悪くすればするほど、西ドイツ側は、東ドイツ国家の資産を安く買いたたけると思っているようだ」と、話していた。

九〇年九月には、ドイツ統一を規定する外交面での取り決めが完了した。モスクワにおいて東西ドイツと旧戦勝四か国（米英仏ソ）との「2プラス4」の六か国外相会議が開かれ、ゴルバチョフ・ソ連大統領の立ち会いのもとでドイツ最終規定条約が調印された。

条約の主たる内容は、統一ドイツの領域と主権の規定だった。新国家の領土を東西ドイツとベルリンのみに限定し、ポーランドとの国境「オーデル・ナイセ線」以東の旧ドイツ領を放棄する。さらに東西ドイツにおける米英仏ソ戦勝四か国の権利と責任は消滅し、統一ドイツが完全な主権を獲得することが明記された。

最も難航していた統一ドイツの軍事同盟帰属問題は、「ドイツの自決権に委ねる」とした。統一ドイツで国政を担うことになるコール政権（当時は西独政府）は新国家のＮＡＴＯ入りを希望しており、旧東ドイツを含めた統一ドイツのＮＡＴＯ加盟が事実上承認されることになった。

また、統一ドイツは、核・生物・化学兵器を保有しないこととし、東ドイツ地域の非核化も明記された。

さらに三七万人に上る東ドイツ駐留ソ連軍の撤退費用についても合意した。統一ドイツはソ連軍の完全撤退までの四年間にわたり、一二〇億《マルク》（約一兆一〇〇〇億円）負担することになった。東ドイツ地域では、ＮＡＴＯによる大規模な軍事演習は行わないことも付記された。

ポーランドとの国境画定も、重要な政治問題だった。というのも、第二次世界大戦におけるドイツ敗北により、ドイツ・ポーランド国境が大きく西に動き、ポーランド領となった地域に住んでいたドイツ人は、西ドイツ側に追放された。その数は一二〇〇万人とも言われる。こうした歴史を踏まえ、ドイツ保守派の大半はポーランドに旧ドイツ領の返還を求めていたからだ。

コールは、保守派に配慮して国境線についての言及を長らく避けていた。しかし、最終規定条約では、オーデル・ナイセ線以東の旧ドイツ領の完全放棄を決め、約二か月後の一一月、ワルシャワにおいて両国が国境条約に調印し、この問題が最終決着したのであった。

周辺国の反応（ブダペスト、ブラチスラバ＝一九九〇年九月）

九月下旬、私は、ドイツ統一に対する東欧諸国の反応を取材するために、ハンガリーと、当時チェコスロバキアの一部を構成していたスロバキア地方を訪ねた。

スロバキアの首都ブラチスラバに行ってみて驚いた。路面電車（トラム）は一度も清掃したことがないのではないかと思うほどの汚さだった。乗り込むと、煤煙と泥で薄汚れた車窓から外が見えない。道路のあちこちにひびが入り、建物も半ば朽ちたように古びていた。街は住宅の暖房燃料である褐炭から出る煤で真っ黒だった。ウィーンとはわずか六〇キロしか離れていないのに別世界に迷い込んだ気分にさせられた。

真夜中でも店のショーウィンドーが煌々と明るいウィーンと比較して、東西の経済格差の大きさと国境の持つ意味を痛感した。

ブラチスラバでは様々な人にドイツ統一についての考えを聞いた。最も特徴的だったのは、統一ドイツに対して軍事的な脅威を感じている人は少なく、経済的な不安を口にする人が非常に多かったことだ。

ブラチスラバの新聞「ナロドナ・オブロダ」のイヴァン・ホルスキー政治解説委員は、「チェコスロバキアは東西ドイツと国境を接している。東西ドイツはＷＰＯとＮＡＴＯにそれぞれ加盟していて、もし東西の緊張が高まれば、直接チェコスロバキアの危機につながる恐れがあった。冷戦が終わり、そのドイツが統合するのだから危機が減り、とても安心した。チェコスロバキアは六八年に『人間の顔をした社会主義』を目指した民主化運動『プラハの春』の歴史を持つ国だ。それをソ連の戦車がつぶして以来、東ドイツはソ連の顔色をうかがい、我々国民にも圧力を強めてきた。これからはその圧力もなくなると思う」と、前向きに受け止めていた。

経済については「チェコスロバキアにとって、東ドイツはソ連に次いで経済関係が深かった。これまでの東ドイツとの貿易は、経済相互援助会議（コメコン）の下で、ソ連の貨幣・ルーブルで決済してきたが、ドイツ通貨統合によって東ドイツは西ドイツマルク圏に入ってしまった。混乱を避けるため、しばらくの間はルーブルを使えるようにしてほしい」との希望を述べていた。

「ドイツ通貨同盟以来、東ドイツからの輸入品の価格が高騰している。特に電気製品は高過ぎる」と指摘したのは、スロバキア共和国労働組合連合のマリアン・ミフニカ広報担当（36）だった。「スロバキアの失業率は現在、東ドイツほど高くはないが、これから企業の民営化が始まるので、失業者はどんどん増えると思う。西ドイツは新生ドイツの国力を強めるために、東ドイツへの投資にシフトするだろう。反対に東欧への投資を減らすのではないか。我々は強力なパートナー国がいないので、自らの新しい道を探っていくしかない。これからは私たち労組が中心になって職業紹介所もつくっていきたい」と危機感を募らせていた。一方で、「スロバキアは武器製造が盛んだったが、東欧革命でその需要が無くなってしまった。これまでの武器工場に、西側の大手自動車メーカーが進出してくれれば、ありがたいのだが」と、わずかな期待感も抱いていた。

東欧改革の旗手と言われたハンガリー。東ドイツから逃げてきた人たちのためにオーストリアとの国境を開放して西側諸国に送り出し、「ベルリンの壁崩壊」に大きな役割を果たしたことでも有名だ。この国は、統一ドイツをどう見ていたのか？

外交問題を研究するバラーシュ・ヨーゼフ氏（58）に統一ドイツへの見解を聞いた。当時、同氏は、ハンガリー外務省の外郭団体「外交研究所」副所長や、同省機関紙「外交政策」編集長などを歴任していた。ソ連崩壊前の東欧諸国における経済、軍事などを多面的に分析しており、三〇年前のインタビューだが、ウクライナ戦争を含む現在の状況との対比においても示唆に満ちているので記述しておきたい。

――これまで、世界における西ドイツの政治的役割は経済ほど重要視されていなかった。それは「ヤルタ体制」という足かせがあったからだ。しかし、一〇月三日のドイツ統一は、この足かせの無効化を意味し、統一ドイツは今後、政治的にも経済的にもヨーロッパにおいて決定的な役割を果たすことになるだろう。

将来は恐らく国連安全保障理事国にもなり、ソ連との間にも政治、経済、軍事面での関係ができるのが現実的な考えだと思う。これは米国にとっての不安材料となろう。

世界が関心を強く寄せているのは、新生ドイツの軍事的な役割だ。私はこれまで、「統一ドイツはＮＡＴＯの一員になるべきだ」と言ってきた。ＮＡＴＯの主役は事実上、米国であり、その傘下にドイツが入ることを英国は安心材料と捉えるからだ。

ＷＰＯが機能しなくなった現在、対極にあるＮＡＴＯの存在価値も問われているが、私はＮＡＴＯのみが、新生ドイツを軍事的枠組みの中に封じ込めておけると思っている。

とはいえ、ＮＡＴＯの役割は暫定的だ。ドイツ国内にはまだ軍国主義的な考えの人が少なからず存在している。だからこそ今は必要だ。そして、一〇～一五年後にはソ連も含めた集団安全保障体制が出来上がると思う。

しかし、ハンガリーはじめ東欧諸国がＮＡＴＯに入ることには反対だ。入ればソ連に脅威を与えるからだ。安全保障はイデオロギーの問題に集約されるだけではなく、経済的、政治的、軍事的、地政学的な要因が複雑に絡み合っている。ＮＡＴＯに属さない我々東欧諸国は、当分の間、安全保障がない状態に置かれることになろう。

そこで、ハンガリーは欧州集団安保体制が早く機能するように外交努力をすべきだ。隣接諸国との二国間安保協定を結び、ヨーロッパすべての国との正常な外交関係を構築することに力を注がなければならない。

欧州各地に民族主義的傾向が強まっているだけに、隣接諸国と仲良くすることは難しい作業だと思うが、私は、ハンガリーのこうした対外政策が実現されることを強く希望している――。

バラーシュ氏は、ドイツがソ連圏までを含む全欧州の中心部にあるという地政学的な意味と、統一を実現させるためにドイツが莫大な対ソ経済支援を行い、それによって独ソ関係が緊密になったと分析した。彼は、統一によって、かつてのような大国ドイツに生まれ変わることが、欧州における懸念材料となっていることを挙げ、西側から見て「大きな脅威」にならないように、NATOに封じ込めておくべきだという東欧の人ならではの独特な視点を持っていた。さらに、NATOの守備範囲を東ドイツ以外の東欧圏まで広げることは、ソ連に脅威を与えることになるため反対だとも指摘していた。

同氏にとっても、東欧諸国に住む人々にとっても、インタビューから一年余り後に、ソ連があのように、いとも簡単に崩壊するとは考えもつかなかったことだろう。

その後生まれたロシアは、かつてのような超大国を目指して強権的な対外政策を取るようになった。その背景には、NATOの東方への拡大に対する警戒感があり、その意味で同氏の懸念が不幸にも当たってしまったことになる。

ウクライナ戦争を含め、現在の東西対立が、かつてのようなイデオロギーの違いではなく、地政学的な側面が強いことも同氏は見抜いていた。

欧州全体、さらに米国では、統一ドイツに対し、期待とともに警戒心も根強かった。英国のマーガレット・サッチャー首相のように当初はドイツ統一に反対する政権当事者もいた。

当時、フランスの「フィガロ」紙はフランス国民を対象にドイツ統一についての世論調査を行っている。この中で「ドイツ統一で誰を一番先に思い浮かべるか?」との質問に、四八%が「ヒトラー」と答えている。フランスはじめ欧州国民は、第二次世界大戦の引き金を引いた「狂信的な指導者」を忘れてはいなかった。コール首相ら西ドイツ首脳が再三「ドイツ人の土地から二度と戦争を起こしてはならない」と、不戦の誓いを繰り返し表明しても、ユダヤ人大量虐殺の記憶は、欧州の人々の脳裏に深く焼き付いていたと言える。

コール首相は当時起きていたペルシャ湾岸危機の対応策として、一二月の統一ドイツ選挙後に西ドイツ基本法(憲法)を改正し、海外派兵する意思を明らかにした。当時の西ドイツ憲法は、ドイツ軍をNATO域外に派兵することを禁じていた。

コールの「域外派遣」発言は、「ヤルタ体制」崩壊後の大国を意識したものと受け止める欧州人も多く、一段とドイツへの警戒感を高める結果になった。米国内部にも統一への過程で見られた西ドイツの性急さや、独ソの緊密過ぎる関係への不安があった。

一方で欧州では、統一ドイツが、NATOだけでなくECの有力メンバーになることを望む声も強かった。

「ハンガリー労組全国連盟」のバーリントトン・アッチラ報道官は「統一ドイツが独立した一つの単位として世界で重要な地位を占めようとしているのか、ECの一員として米国、日本と並ぶ経済の推進力になるのかはこれからの問題だ。ハンガリーの将来を考えると、EC加盟への道を取ってほしいと思う」と話した。

九月に東ベルリンで取材したポーランド外務省のスタニスワフ・ボレク＝ドイツ部長も、「ポーランドの最終目標はEC加盟である。そのためにはドイツの援助が必要だ。統一ドイツはECと我々の懸け橋になってほしい」と要望していた。EC委員会も、統一ドイツがECの主要メンバーになることを希望していた。

好むと好まざるとにかかわらず、統一ドイツがその地理的条件や経済力から見て、将来、ソ連を含めた全ヨーロッパの中心になるとの見方で欧米は一致していた。大国ドイツが将来独走しないように、政治、軍事、経済面において、欧州各国や米国が、ドイツとどのような新しい関係を築いていくかが当時の大きな課題だったのだ。

国家なき開放空間（東ベルリン＝一九九〇年九～一〇月）

一〇月三日の統一が刻一刻と近づいていた。私は、一週間前に再度、ベルリンに入った。

私が見た統一直前の東ドイツは、政府が無きに等しい状態に陥っていた。そして、この無政府的状態は、東ベルリンに一種の解放区を作り出していた。

東ドイツの代表的な教会である「ベルリン大聖堂」前に広がるルスト広場。たくさんの人々がそこかしこで集会を開き、さまざまな主張を繰り広げていた。中には楽器を鳴らしているグループもあった。

私は全共闘運動が活発だった一九六〇年代末から七〇年代初めに学生生活を過ごしている。学園内や街のあちらこちらで若者が議論する自由な開放空間に身を置いた経験を持つ。そのため、ルスト広場をはじめ東ベルリンを取材した時には、学生時代に味わったのと同様な感覚にとらわれた。

「おぉ、素晴らしき我が祖国ドイツ。なんと矛盾多き世の中なのか！」「皆さん、困ったことがあったらぜひ当方へ。よろず相談受け付けまーす！」セーターにジーパン姿の青年二人が聴衆の間を行ったり来たりしながら時には詩を吟ずるように、時には歌いながらジョークを飛ばして笑いを誘っていた。彼らは「カバレット」の芸人だった。「カバレット」は政治風刺をする日本の寄席のようなもので、長い伝統を持っている。

芸人のゲルト・ホフマンさん（30）とマティアス・キールさん（26）は、これから行われる自分たちの公演を宣伝していたのだ。

特に東独時代のエーリッヒ・ホーネッカー政権下の東ベルリンには「カバレット」が多くあり、

笑いに包まれながらも、ピリッとした風刺の効いたパフォーマンスが市民のストレス解消の場になっていた。ところが、壁崩壊によって市民が気兼ねなく発言できるようになると、その存在価値は薄れて店をたたむところも出てきた。独自の表現方法で間接的に体制を批判したり、皮肉ったりしてきた作家や演劇人たちが改革後、市民からあまり顧みられなくなったのと同じ運命をたどっていた。

だが、二人はいたって元気だった。

「だってそうじゃないか。みんな分かってきたんだよ。対等な統一じゃなくて、西ドイツによる東ドイツの吸収という現実が。それで不満が一杯なんだ。これからもネタには困らないよ」「カバレットの芸人はいつでもどこでも野党だし、左翼なんだ」と口をそろえた。

ルスト広場はもちろん、東ベルリンの街のあちこちに、ローマ法王ヨハネ・パウロ二世が妊娠中の女性のように大きなおなかを抱えて微笑んでいるポスターが張られていた。その下には「男が子供を産めたら、妊娠中絶は以前から人間の基本的な権利になっていたはずだ」と書かれていた。中絶を認めないカトリックに挑戦するような過激なポスターで、東ドイツの婦人運動家たちが作ったものだった。

実はドイツ統一によって大きな社会問題になりそうだったのが妊娠中絶の是非だった。西独基本法（憲法）では中絶が禁止されているが、東独の憲法は、受胎一二週以内なら可能としていた。

統一条約の起草段階でも、その取り扱いで揉め、結局、統一後二年間は東独地域と西独地域でそれぞれの憲法の条項を生かすことになった。つまり、西ドイツの女性が東ドイツで中絶しても、二年間は罪に問われないとの内容だ。しかし、当時、西ドイツの「中絶禁止」の考えに同調した東ドイツのある病院で中絶を拒否するケースがあった。そして、これが東ドイツ各地に広がる現象も出ていた。このため、婦人運動家たちは「中絶は女性の権利」と、それらの病院に撤回を求めたと同時に、前述のポスターを作り、東独憲法条項の継続を求めていたのであった。

東ドイツ独立婦人同盟のマリカ・ケルツェンデルファーさんは「中絶禁止は、キリスト教的道徳観を反映する保守的な考えだと思う。非合法下で中絶し、死んだり、病気になったりする人が多いのも事実。世界の趨勢は中絶を認めているのに、西ドイツが自分達の道徳観を、私達東ドイツ人に押し付けてくることは許せない」と話していた。

当時、西ドイツでは中絶が自由なオランダへのツアーが流行っていた。また東ドイツも失業による生活苦から中絶が増えそうだったので、この問題は東西双方の女性たちにとっての大きな関心事だった。九月末には、東西ベルリンの女性たちが連帯し、西から東へ数万人がデモを繰り広げた。

中絶論争は、統一後も続き、紆余曲折を経て九五年に「受胎一二週間以内なら中絶可能」という旧東独に近い法律が成立し、決着した。

現在、米国でも州によって中絶への対応が分れており、この問題は今でも普遍性を持っていると言える。

大国意識（西ベルリン＝一九九〇年九〜一〇月）

統一直前は西ドイツ国民の間では「大国になる」というある種の高揚感があったことは否めない。ブランデンブルク門の裏側にある西ベルリンのドイツ歴史博物館では、折しも「ビスマルク展」が開かれていた。開催して一か月余りで入場者は五万人を超え、この種の展示会としては記録的なヒットとなっていた。

ビスマルクは一八七一年に樹立された「ドイツ帝国」の宰相であり、ドイツ統一の中心人物だった。それまでのドイツは多数の領邦国家や自由都市に分かれていたが、プロイセン王国を中心に統一国家を作り上げた。

一九九〇年のドイツ統一が「再統一」と言われる由縁でもある。軍備拡張とフランス孤立化政策を推進してヨーロッパ外交の主導権を握り、国内では社会主義運動を弾圧する一方、産業資本主義を育成した「鉄血宰相」として有名である。

九〇年は生誕一七五年で、特別な節目とは言えないが、三年前から準備していた計画が、奇しくもドイツ統一にぶつかったのだ。会場には絵画、彫刻、手紙、本、制服などビスマルクにちなんだ資料が展示されていた。

当時、ドイツ国内ではコール首相が、その外交手腕などから度々、ビスマルクに擬せられ、本人もそれを意識して振る舞っている様子がうかがわれた。見学者の一人、ライナー・ブランクさん（58）は「ビスマルクは鉄血宰相の名の通り『強い人』という印象だね。それだけに今の時期、見学客にも強いドイツをという意識を植え付けるのではないかな?」と懸念していた。

ビスマルクが基礎を作ったオーストリア、イタリアとの三国軍事同盟が第一次世界大戦に結び付いた歴史もあり、ベルリン市民の中には統一のタイミングでのビスマルクブームの過熱に対し、彼のように戸惑う人も見受けられたのだった。

統一によるドイツの大国化に、切実な不安を抱く人は他にもいた。第二次世界大戦で、ナチスに大量虐殺された歴史を持つユダヤの人々だ。

一九九〇年当時、ドイツ在住のユダヤ人は西で三万六〇〇〇人、東で三〇〇〇人。戦前の三分の一以下に減少したと言われた。それにもかかわらず、東西両ドイツではベルリンの「壁崩壊」後、「ネオナチ」の動きが活発化していた。ユダヤ人が最も恐れていたのは、統一によってこうした排外意識が一気に高まることだった。

なかでも、ユダヤ人の気持ちを複雑にしていたのは、本来喜ぶべき「壁崩壊」の記念日となった一一月九日は、五二年前に起きた「水晶の夜」と同日だったからだ。ナチスは、この日、ユダヤ人の住宅や商店、シナゴーク（ユダヤ教会）などを次々に襲い、放火した。破壊活動によって粉々に砕けたガラスが月明かりに照らされて、水晶のように輝いて見えたことからこの名が残っている。

当時、東西両ベルリンにおいて、独自に映画や舞台での活動を続けたユダヤ人のスピラ老姉妹の講演が話題になっていた。彼女たちは演劇界の重鎮として知られていたが、ぬぐい切れない不安を率直に語り、市民の大きな関心を呼んでいた。

妹のステフィ・スピラさんの友人、イルゼ・ミュンツさん（75）＝東ベルリン在住＝は「具体的には想像できないけれど、今のネオナチの活動を見ていると、これから大変なことが起きるかもしれないと不安になるわ」と私に打ち明けた。

イルゼさんはユダヤ人であり、生粋のベルリンっ子だ。戦時中には反ファシスト運動に身を投じ、パリに亡命した。それから、二〇年余りソ連で暮らし、その後、東ドイツに帰ってきた。ソ連では、夫が一二年間も強制収容所に入れられたスターリン政策の犠牲者でもある。

彼女は共産主義者なので、もともとユダヤ教会とは縁が薄かったが、最近入信したという。「ユダヤ人は孤立せず、連帯を強めなければ自分たちを守れない」との意識からだ。九月二九日は「ヨム・キプル」と呼ばれるユダヤ教の大きな祭りの日だった。イルゼさんは「宗教的な理由からではなく、みんなと手を結ぶために」出席した。

現在、イスラエル軍による「ガザ攻撃」を見ると複雑な気持ちにとらわれる。

一つの国へ（東西ベルリン＝一九九〇年一〇月三日）

統一イベントは前日の一〇月二日から始まった。歴史的出来事の取材には、ロンドン駐在だった同僚記者が応援に駆けつけてくれた。

東ベルリンでは、ブランデンブルク門から中心部にあるアレクサンダー広場につながる目抜き通りの「ウンター・デン・リンデン」が、朝から歩行者天国になった。ビヤガーデンやソーセージなどの食べ物の屋台がずらりと並び、多くの人でにぎわっていた。

この中の一人、西ドイツ南部からやってきた学生ゲラルトさん（24）は「六年前にも東ベルリンに来たことがあるけど、当時より街の雰囲気がずっと開放的になったね。統一ドイツはヨーロッパのどこの国とも仲良くやっていけると思っている。今日は東ドイツの人たちとビールを飲みながら話をしたいんだ」と興奮気味に言った。

夜になると、東ベルリンの代表的コンサートホール「シャウシュピールハウス」で、東ドイツ政府と「人民議会」が主催する統一前夜式典が行われた。

東ドイツ最後の首相となったロタール・デメジエールは演説の中で、統一への道を開いた前年秋の「壁崩壊」に触れ、恐れることなく民主化への意思を表明した人々に感謝の意を表した。統一後の政治、経済の変化に不安を抱く東ドイツの人々の気持ちを汲み取りながら、「将来への道は希望の兆候に満ちている」と市民を励ました。

コール首相もテレビを通して演説した。統一の実現に当たり、西側諸国が示してくれた理解と連帯や、東欧諸国の民主化運動に謝意を伝えた。そして、ゴルバチョフ・ソ連大統領がドイツの自決権を容認したことを高く評価した。

その上で、「ドイツ人は歴史から大きな教訓を得た」として国際社会での良き一員になることを宣言。「祖国愛、自由への愛、善隣精神は、我々ドイツ人にとって一体のものである」と述べて、統一に伴う大国意識の増長がないことを強調した。

その後、ライプツィヒ・ゲヴァントハウス管弦楽団によるベートーベンの交響曲第九番が演奏され、クライマックスの合唱「歓喜の歌」によって統一の喜びを表現した。「歓喜の歌」の、「すべての人々は兄弟となる」というフリードリヒ・フォン・シラー（ドイツ古典主義の詩人、思想家）の歌詞は、統一にふさわしいものであった。

指揮棒を振ったのは同楽団の首席指揮者、クルト・マズーア（63）だった。彼は、前年のライプツィヒ月曜デモでも積極的に声を上げ、楽団ホールを市民の討論の場として開放し、ベルリンの壁を崩壊に導いた指導者の一人でもある。東西ドイツ両国民からの信望も厚く、「次の大統領候補」としての呼び声も高かった。

クラシックファンである同僚記者も式典に出席し、感激した面持ちで帰ってきた。

同日深夜。かつて「壁」に隣接していた東ベルリン側のブランデンブルク門と西ベルリン側の旧帝国議会議事堂周辺には、統一を祝う十数万人の群衆が集まっていた。私は多くの人々へのインタビューを試みた。

最も特徴的だったのは、答えてくれた人々のほとんどが、西ドイツ人か、さもなければ外国人であったこと。東ドイツ人は極めて少なかった。

一年前の「壁崩壊」に歓声を上げた東ドイツ市民には、「壁」を崩壊させた主役は自分たちであるという強烈な自負があった。しかし、統一までのほぼ一年間で、西ドイツの持つ圧倒的な経済力に打ちのめされてしまった人が多かったようだ。

私が取材した東ドイツ人の一人は、「これは二国家の対等な統一ではなくて、我々の国が西ドイツに乗っ取られたんだ」と話していた。他の東ドイツ人も、ほぼ同じような意見を持っていた。彼らによると、多くの東ベルリン市民は外に出ず、家で統一のテレビを見ているか、テレビも消しているとのことだった。

三日午前零時の統一の瞬間、「旧帝国議会議事堂」前の巨大ポールには、黒、赤、黄の西ドイツ国旗が統一ドイツの国旗として高々と掲揚された。

同議事堂のテラスには統一ドイツ初代大統領となったリヒャルト・フォン・ヴァイツゼッカーや、コール、デメジエールなどが一堂に会した。

ヴァイツゼッカーは「自由な意思決定によって、我々はここに統一と自由を完成する」と演説。式典に列席した新旧政府要人がドイツ国歌を斉唱し、統一を祝った。

近くではロック・コンサートも開かれ、花火も打ち上げられた。

これにより、人口七八〇〇万人（西六一四〇万人、東一六六〇万人）＝当時＝の統一ドイツが誕生した。

西ベルリンにおける統一祝賀行事は、同僚記者が取材した。私はその頃、東ドイツの共和国宮殿

（国会議事堂）前にいた。東ドイツ側の様子を見たかったからだ。統一ドイツが誕生した零時ちょうど、建物に掲げられていた東ドイツ国旗が静かに下りた。正にドイツ民主共和国（東ドイツ）というひとつの国家が、世界から消滅した瞬間だった。

その場にいた二人連れの西ドイツ人に感想を聞いてみた。ミュンヘン在住の男性は「祖国を失うなんて東ドイツの人はどう思っているのだろう。気の毒だ」と同情していた。西ドイツによる東ドイツの併合という実情を踏まえたうえでの感慨だったのだろう。

私も数日間の取材体験を通して、彼と似たような気持ちになっていた。

しかし、西ベルリンに住んでいる彼の友人は「何を言うんだよ。僕はずっと壁に囲まれて暮らしてきたんだ。ドイツが一つになるほど素晴らしいことはないじゃないか」と反論した。私の取材をきっかけに、友人同士の口論になってしまった。

ベルリンの壁は、二八年の長きにわたって東西を分断し、西ベルリンは、東ドイツの中にある孤島のような状態だった。それを思うと、西ベルリンで生まれ育ち、常に不安感と閉塞感を抱いてきたその友人の気持ちも少しは理解できるような気がした。

統一ドイツの象徴となったブランデンブルク門に戻ると、門の真下で、大きな統一ドイツ国旗（西ドイツ旗）を体に巻き付けて大喜びしている中年男性に出会った。聞くと、東ドイツ人だった。彼には娘がいて、西ドイツ人の恋人がいるという。「これで娘と彼は、一つの国民として自由に付き合える。結婚も近いね」とはしゃいでいた。彼は、東ドイツ時代に厳しい体験をしたのかもしれない。東ドイツの人々の感情をひとくくりにして推し量ることはできないとあらためて思った。

ドイツ統一のこの日、門周辺では左右両派の様々なデモがあった。夜が更けていくにつれて、パトカーのサイレンがけたたましく響き渡っていた。そんな中、大声で「日本人か?」と声をかけてきたグループがいた。十数人全員がオートバイに跨り、メタルをたくさん付けたジャンパーを着ている。スキンヘッドの若者もいた。どうやらネオナチの集団のようだった。私には女性通訳が同行していたが、彼らの危ない雰囲気に恐怖を感じたのか、いつの間にかいなくなってしまった。

リーダーらしき若者がドイツ語から英語に切り替え、私に「日本にはユダヤ人はいるのか?」と聞いてきた。「いるかもしれないが、外国人をユダヤ人かどうか意識する日本人はほとんどいない」と答えた。

それに対して「俺達ドイツ人は、ユダヤ人と一緒に住むことなんて絶対にできない! もし誰かがユダヤ人だと分かったら、囲い込まなければダメなんだ。彼らは何をするかわからないからさ」と言った。さらに「ドイツと一緒に戦った天皇ヒロヒト(昭和天皇)はえらい!」と付け加えた。「失業問題は大変だけど、外国人労働者を追い出せば、俺達の職場は確保されるんだ。もともとヒトラーが負けていなければ、ドイツは分断されることもなく、大国のままでいられたのに!」とも話した。

彼はウィスキーをラッパ飲みしながら、「あんたも飲めよ」と勧めた。極めて野蛮な雰囲気だったが、どこか気のいい表情も見せていた。

統一がなった一〇月三日の朝。ベルリンは抜けるような青空だった。西ベルリンにある「フィルハーモニー・ホール」において、統一式典が行われた。ヴァイツゼッカー大統領は「統一ドイツは、近隣諸国の懸念を真剣に受け止めるとともに、我が国に向けられた期待にもこたえなければならない」とし、「国家社会主義（ナチズム）が引き起こした戦争は、全欧州とドイツに多大な損害を与えた。その犠牲になった人々のことを常に心に銘記しなければならない」と演説した。

その上で、「一国家だけでは諸問題を解決できない。今日、国家主権とは諸国家の共同体における協力をも意味する。ECはそのための説得力を持ったモデルであり、欧州統合は促進されるべきだ」と強調した。さらに「ドイツはECの一員として、革命を体験した東欧諸国の経済社会の発展にも貢献したい」と述べた。

一方で、「ドイツは西欧と米国の同盟に深く結びついており、米国との協調関係と欧州同盟をゆるがせにしない」と、米国を含む西側の一員としての節度ある行動をとっていくことを約束した。

その後の三〇年を振り返ると、統一ドイツは、この宣言通り、独走することは控え、NATOとEC（後のEU）の主要メンバーとしての役割を果たしてきた。ヴァイツゼッカー大統領の理念が反映された形になっているといえよう。

「東西の懸け橋になる」という同大統領のもう一つの考えを受け継ぎ、コール、その後のゲアハルト・シュレーダー、アンゲラ・メルケルとドイツの歴代首相は、ロシアとも友好関係を築いてきた。

しかし、この親ロシア政策が、ウクライナ戦争ではドイツを苦境に陥れる皮肉な結果も生まれている。

統一の背景

統一直後、「国際情勢の大転換を受け、日ソ関係はどう変わるか」という新聞での連載が企画された。「違った視点から見れば、ドイツ統一とは、西ドイツがソ連との交渉を通じ、東ドイツの返還をかなえたとも捉えられる。その文脈から日本も、ドイツのように領土（北方四島）返還を実現できるのか」というのが連載の狙いだった。その中での私の仕事は、東西ドイツがなぜ統一を達成し、統一ドイツのNATO加盟をなぜソ連が認めたのか、その背景を取材することだった。

ボンに赴き、ドイツ政府関係者をはじめ、地元ドイツの記者や、ボンに支局を置く外国人記者から様々な話を聞いた。この中から、ドイツ統一が実現した経過が見えてきた。

九〇年七月にソ連・カフカス地方で開かれた独ソ首脳会談において、ゴルバチョフは完全なる主権を持つドイツ統一を認めると同時に、最大の難関だった統一ドイツのNATO加盟も容認した。

当時、会談に同行したコール首相側近によると、「ドイツが信用供与という名目でソ連への経済協力に応えたことがゴルバチョフを大きく動かした」という。さらに「コール首相自身も『会談では、統一に向けてもっと難しい宿題が出されると思っていた』と語り、ゴルバチョフの素早い決断にはかなり驚いていた様子だった」とつけ加えた。

この時に公表されたソ連への経済援助は五〇億マルク（約四五〇〇億円）。しかし、その二か月後には、駐留ソ連軍の撤退経費として一五〇億マルクが上乗せされた。さらにその後の独ソ善隣友好協力条約調印の際にも、かなりの信用供与がなされ、結局、ソ連への経済支援は六〇〇億マルクに上ったといわれる。

ゴルバチョフ時代のソ連はかなり困窮していた。ドイツはじめ西側からの経済支援を強く欲していたことは確かで、ドイツの経済援助が、ドイツ統一を実現する大きな要因であったことは間違いない。

しかし、別の要素も大きかったと指摘するのは、板橋拓己・東大大学院法学部教授だ。彼は、著書『分断の克服』の中でドイツ外相だったハンス・ディートリッヒ・ゲンシャーの外交手腕が大きく貢献したことを強調している。以下、板橋氏の分析を引用する。

ゴルバチョフ＝ソ連共産党書記長（九〇年三月から大統領）は、九〇年二月にドイツ統一を、止めることができない時代の趨勢として容認した。ジェイムズ・ベイカー米国務長官がこの時期、ゴルバチョフに「ＮＡＴＯ軍を旧共産圏諸国に一インチとも拡大させない」と言明したことも大きかったと指摘する。

しかし、ソ連は、統一ドイツのＮＡＴＯ加盟にはぎりぎりまで反対した。エドゥアルド・シェワルナゼ＝ソ連外相は、同年五月下旬のゲンシャーとの会談でも、①ドイツ統一が実現した後、五年程度の移行期間を設け、旧西ドイツはNATO、旧東ドイツはWPOにとどまり、その間は米英仏ソ四か国の軍隊がドイツ駐留を継続する②移行期の後、全ヨーロッパの安全保障構造が形成されることを条件に、両地域はNATO、WPOから同時脱退し、併せて両軍事同盟も解体する――などを提示したという。

これに対して、ゲンシャーは、まずソ連側の「移行期」の考えに異議をとなえた。次に一九七五年のCSCE首脳会議で採択された「ヘルシンキ最終文書」が「いかなる国にも同盟に参加する権利を保障している」と、明記されていることを挙げ、ドイツにもこの権利があると主張した。統一ドイツには、NATOに入るかWPOに入るかの選択の自由が備わっているという主旨だ。

その上で、「NATOは今後、戦略や目的の再検討に取り組む考えのようだ」と伝えた。NATOが軍事同盟から政治的な同盟に変容していけば、仮に統一ドイツがNATOに加盟しても、ソ連に安心感を与えるのではないか、との含みでの発言だったと板橋氏は分析する。

その直後に行われた米ソ首脳会談では、ブッシュが「ヘルシンキ最終文書」を前提に「同盟を選択することはすべての主権国家の権利だ。米国は統一ドイツのNATO入りを望むが、ドイツが他の選択をしても受け入れる」と述べた。これに対し、ゴルバチョフも「ドイツがどの同盟に帰属するかを自ら決定することに賛同する」と、やっと同調したという。

コール政権は当初から統一ドイツのNATO入りを望んでおり、このゴルバチョフ発言は、事実上、ドイツのNATO加盟を認めたことになる。

ブッシュは会談後すぐ、コールにこの旨を伝えたが、コールは経済支援ばかりにこだわり、ゴルバチョフ発言の真意をよく理解していなかったようだと、板橋氏は記述している。

私が取材したコール側近の発言とも符合する。

ゲンシャーが独ソ外相会談でシェワルナゼに通知したように、この年七月にロンドンで開かれたＮＡＴＯ首脳会議は、ＮＡＴＯの防衛的性格を強調するとともに、全欧州の安全保障構造を構築するための軍縮の推進とＣＳＣＥの制度化に向けた用意をすると表明した。ソ連やＷＰＯを敵対視することをやめ、パートナーとみなす趣旨だった。

ＷＰＯの方も、ＮＡＴＯ首脳会議の一か月前、「ＮＡＴＯとＷＰＯの対立的要素はもはや時代精神に対応していない」と宣言しており、両同盟の歩み寄りが進んだ形になった。

ＣＳＣＥの制度化は、四か月後に行われたパリでのＣＳＣＥ首脳会議で実現することになる。これについては後述する。

こうした経過をたどり、先述した七月半ばの独ソ首脳会談に至ったのである。板橋氏は「ヘルシンキ最終文書」を外交交渉の材料として引き出してきたのもゲンシャーだと指摘する。統一ドイツのＮＡＴＯ加盟はゲンシャーの地道な外交の積み重ねが効を奏したのであろう。

ここで連載企画の目的である日本との北方領土交渉に目を転じたい。当時ソ連に対して経済支援が最大限効果を発揮するという視点に立てば、当時、日本も領土返還の糸口をつかめたように考えられる。

ソ連はその頃、合弁事業やサハリン共同開発、外債発行など日本からの経済支援を働きかけていた。ルドヴィグ・チジョフ駐日ソ連大使は、渡辺幸治外務審議官に「困難な時に与えられた援助は、誰でも特別に評価するものだ。喫緊にソ連経済を安定させ、生活を改善させなければならない。なんとか援助をお願いできないか」と強く要請していた。

しかし、日本は北方領土交渉については「政経不可分」の原則を堅持していた。領土問題の進展がなければ経済協力も進められないという方針である。実際、この原則にのっとって、日本は援助しなかった。この時期に日本がもっと柔軟な姿勢で対処していればと残念に思う。

噴出した問題点（一九九〇年一〇月～一九九一年一〇月）

私は、統一後も新生ドイツの状況を取材するために、当時、ベルリンはじめドイツ各都市を何度となく訪れた。

統一から少し経った頃、ブランデンブルク門に行ってみた。いくつかのイベントが催されており、大きなビニール製の遊具の中で、子供たちが跳びはねながら大はしゃぎしていた。東ベルリン時代の暗さや窮屈さはなく、西側諸国のどこの街にも見られる平和な光景だった。

ベルリンの街には、その特異な歴史から、ある種の迫力と緊張感があった。それが薄れていくようでもあった。旧東ベルリンでは、東ドイツ製の小型車「トラバント」が少なくなり、西ドイツ製の「ベンツ」や「フォルクスワーゲン」が目立つようになった。一見すると、東西の融合が進んでいるように見えた。

だが取材してみると、実情は違った。統一による問題が顕在化し、むしろ深まっていた。最大の問題は旧東国地域の経済だった。失業者が記録的な数字に膨らみつつあった。九〇年七月からのドイツ通貨統合によって東ドイツマルクが西ドイツマルク圏に組み込まれたことでソ連、東欧向けの輸出がほぼストップした。このため、旧東独企業の倒産が相次いだ。国有企業の民営化によって大量の解雇者が生み出されていた。これらが失業の原因だ。

この問題は三〇年後の現在でも尾を引いており、ドイツ国内の人口動態にも大きな影を落としている。

今年六月に旧東独地域を訪れた。観光客でにぎわうライプツィヒ、ドレスデンなどの大都市から一歩郊外に出ると、廃屋と化した工場や倉庫が目に付いた。旧東独企業が再興されたとは言い難い姿だった。

そこで当時の失業問題を詳述してみたい。

私は統一直前にクラウス・グレン東ドイツ失業者連盟議長に取材していた。

要約すると、「現在の東ドイツの失業保険申請者は三六万人。失業率は四・五%と、驚くに値しない数字だが、この二か月間で短時間労働者が急激に増え、一四四万人を数えている。実態はこの人たちの九〇％が労働時間ゼロなので、完全失業者と変わりがない。これらの人々を含めた実質的な失業率は二〇％強で、欧州で失業率が最も高いと言われるスペインをしのいでいる。東独政府は統一前、外聞を気にして、短時間労働者という項目を設けて、数字の操作をした。

七月の通貨統合以後は、一分間に四人の失業者と一〇人の短時間労働者が発生していることになり、これらを合わせると年末には二〇〇万人を超える。最終的には三五〇万人になっても不思議はない」という内容だった。

三五〇万人と言えば、失業率は五〇％近くになる。労働者の二人に一人が失業しているという桁外れの数字だ。だが、現実はグレン氏の予想をも上回った。

私は、通貨統合から一年が経つ九一年七月、ベルリンを訪れていたが、政府が公表していない当時の実質的な失業者は、四〇〇万人に上っていた。これはかつてナチスが政権を握る直前の失業者数に匹敵していた。

東ドイツ経済の実力は統一前には、西ドイツの三分の一から四分の一と言われていた。それにもかかわらず、通貨統合では、平均すると西ドイツマルク一に対して、東ドイツマルク二という交換レートが適用された。

そして個人貯蓄では、四〇〇〇《マルク》までは一対一の等価交換が実現した。つまり四〇〇〇東ドイツマルクを四〇〇〇西ドイツマルク（当時の日本円換算で約三三万円）に交換できたのだ。東側から見れば、実質三〜四倍のお金をいきなり手にしたことになる。多くの東ドイツ人は急に金持ちになったような気分を味わったのだ。

東ドイツ時代の統制され、常に物不足に悩んでいた人々は、統一後、旧西ドイツ側から供給される豊富な商品に驚き、買い物に走った。商品を選択できる自由という喜びを手に入れたからだ。だが、「東」より「西」の商品は高価だった。

東ドイツ市民は、西ドイツの四〇〇〇マルクを手にして買い物に走った挙句、失業の憂き目に遭うという結果になってしまった。

この交換レートは産業部門にはさらに致命的な打撃を与えた。一対二という平均交換レートでみると、東ドイツマルクがいきなり二〜三倍の通貨高になることを意味した。このため、東欧圏への輸出を主力にしていた商品は全く売れなくなってしまった。

しかも、西ドイツマルクが導入されたことにより、企業はいきなり国際競争にさらされることになった。競争力のないほとんどの国営企業は壊滅的な状況に陥った。

通貨統合一年の取材で、共産圏最大だった家電メーカー「シュテルン・ラジオ」社を訪れた。東ベルリン周辺部にある広大な工場は人影が少なかった。生産がすでに前年に停止されていたからだ。同社は西側との競争には勝てないことを悟り、倒産を覚悟していた。三二〇〇人の従業員のうち一七〇〇人を解雇し、ミュンヘンの不動産会社に会社自体を売却した。残る一五〇〇人は在庫整理などに当たってきた。私が訪れたのは、その雇用期間も数日で切れるという時期だった。再就職先が決まっていたのは最初の解雇組と残留組を合わせて一七〇〇人だけだという。社内を歩くと、廊下の壁には数十枚の求人票が張られていた。そのほとんどが四〇歳までか四五歳までの年齢制限付き。しかも「英語、イタリア語、フランス語に堪能なこと」などの条件が付けられていた。簡単に再就職できる状況ではなかった。

旧東独企業の大半は、これと似たり寄ったりの状況だった。通貨統合以後、多くのオフィスや工場は閉鎖を余儀なくされていた。

旧東独全体で生き残った企業は光学機器の「ツァイス」や磁器の「マイセン」など、世界ブランドとして通用しているメーカーか、「コンズム」のような内需向けの協同組合型小売業など、わずかしかなかった。

東ベルリンに本社がある「コンズム」を取材した。同社は、一八九九年創業。旧東ドイツの小売販売額の三分の一を占めた同国最大の小売業だった。旧体制時代には、会員二八万人から集めた会費を基礎に経営し、政府補助金を一マルクも受けたことがなかったことで定評があった。

当時の理事長、ベルナー・ボルフ氏（62）に生き残りの秘訣を聞いてみた。

「常に効率化を心掛けてきたことが結果的に幸いした。通貨統合直前に自分たちが扱う東ドイツ製の商品を売却して負債を整理したので、統一後は、借金ゼロでスタートできた。それでも西側スーパーと競争するのはきつい。我々が取れる手段は、人員整理しかない。半年後には一万二八〇〇人いる従業員を半分以下に減らすつもりだ」

同社は東ドイツ内に六六のスーパー、二五五の食料品店、二七八の日用雑貨店、さらにソーセージ工場などを持っていた。通貨統合直後に、西ベルリンのスーパー「ボレ」の全店舗一二〇店を買収していた。

「市場を拡大するために西側の経営ノウハウを吸収するのが買収の最大目的だった。魅力的な店舗デザイン、販売組織網、商品の販売期間など市場経済についての知識を全く持っていなかったからだ。買収後は、西側店舗の売上高も七％ほど伸び、この一年間の売上高は二〇億マルク（当時、日本円換算で約一八五〇億円）あり、全体としての経営は軌道に乗っている。今後はきめ細かなサービスを心掛け、『婦人会』や『友の会』などの組織を立ち上げて、様々な情報を提供するとともに会員との触れ合いを大事にしていく。我々の最大の課題は、ともかく生き残ることだ」と意気軒高だった。

企業が潰れてしまえば、当然、失業者は増えるが、企業が生き残ったとしても、「コンズム」のように人員を削減せざるを得ない状況だった。いずれにせよ雇用が減ることに変わりはなかった。

それを見越して連邦政府とベルリン市は、統一直後には、経済と雇用の混乱を緩和するための対策に乗り出していた。インフラストラクチャー（経済基盤）の整備を進め、西側から東側への投資を促し、膨らむ失業者を雇用し、再教育することがその柱だった。

投資を呼び込むうえで、最大のネックは通信網の不備だった。連邦政府は東西間の電話網拡大に取り組み、九〇年からの七年間で五五〇億マルク（約四兆三〇〇〇億円）を投じ、電話網整備集中プログラムを全国で実行することにしていた。「東」の電話を八〇〇万台（当時一八万台）、ファックスを三六万台（同二〇〇〇台）に増やす。統一前には申し込んでも一〇年間も待たなければ架設されなかった電話を、頼めばすぐ設置される水準に持っていく計画だった。

また、道路交通網整備などのハード面だけではなく、「東」を低賃金区域に指定し、投資減税を行うなどのソフト対策にも力を入れた。しかし、こうした公共投資を「東」に集中的に行っても、一朝一夕では「西」のインフラに追い付けないのが実情だった。

「東」全体を低賃金地域に指定することは、そうでなくても厳然とある東西間の賃金格差を固定化しかねない。「西」よりかなり低い賃金水準であっても、旧東独は他の東欧諸国よりも割高だった。賃金における東西格差を段階的に解消しようとするドイツ政府の労働政策は、旧西独資本や外国資本にとって魅力はなかった。

事実、賃金が安いハンガリーや、チェコスロバキアのチェコ地域（現在はチェコ）に比べると旧東独への投資は極端に少なかった。

失業問題は、統一から一年を経ても一向に改善しなかった。また失業率については、統一ドイツ政府も旧東独政府同様、「数字のマジック」を使った。九一年八月末に、政府が発表した旧東ドイツ地域の失業者は一〇六万人、失業率は一三％台。しかし、短時間労働者や年金繰り上げ受給者などを含めた実質失業者はその四倍だった。

東ベルリン最大のマルツァン職業安定所も訪ねてみた。当時、ここでは毎月三〇〇〇人ほどが求職していたが、実際に就職できたのは八〇〇人程度。しかも、そのうちの七〇％は失業対策事業でまかなわれていた。芝生植えや老人介護など約四〇〇種類の仕事を政府が用意し、雇用期間も一～二年と短かった。労働時間も極端に短く、週に二～三時間という仕事さえあった。彼らは有職者にカウントされたが、実質は失業者と変わりがなかった。

ドイツの大手研究機関「ドイツ経済研究所」（在ケルン）は統一直後、旧東独地域の経済成長予測をまとめていた。これによると、経済は九一年後半から上昇に転じる。その後の一〇年間の経済成長率は平均七～八％を持続し、ドイツ全体の経済を押し上げるという。そして二〇〇〇年の「東」の経済水準は、「西」の八〇％まで上昇するとの楽観的な見通しだった。

その根拠として、旧東独は東欧諸国より賃金は高いが、旧西独よりは低く、一七〇〇万人の市場規模があることを挙げていた。当面は、サービス関連の中小企業を中心に投資が活発化するため、労賃、地価は上昇する。その半面、通信や道路などのインフラ整備が進み、投資環境が整う。さらに東欧諸国の市場経済化の進展に伴い、旧東独がこれら諸国への輸出基地として発展するという予測だった。

取材した時から、この見方は極めて甘いのではないかとの思いを抱いていた。「東」の企業の実態や、失業問題をしっかり分析しているとは思えなかったからだ。前述したように、統一政府の失業率の算定はまやかしである。その政府見解の上で意図的に論理を構築しているように見えた。

現実に、その後の歩みは、同研究所の予測通りには進まず、もっと停滞したものとなった。

九〇年一二月に行われた統一後初のドイツ総選挙では、コール首相率いるキリスト教民主同盟（CDU）と、ゲンシャー外相率いる自由民主党（FDP）の連立与党が過半数の得票率を獲得し、圧勝した。第二次世界大戦後、東西ドイツ国民の悲願だった統一を実現した功績はもちろん大きい。だが、選挙戦では、旧東独の経済をどう活性化するのか、莫大な統一コストをだれが負担するのかなど具体的な課題を明示せず、統一ドイツの明るい将来だけを強調していた。コールが採ったその手法が選挙戦を勝利に導いた面も否定できなかった。

厚い心の壁（ベルリン＝一九九一年四月）

統一後、経済が疲弊している「東」の人々に対して、「彼らは二級市民だ」との認識が「西」の人々の中に広がりつつあった。「西」の人々が「東」の現状と人々の思いを真剣に理解しようとする姿勢が薄いと指摘されることも多くなっていた。一部で「本当の意味で一つの国になるには半世紀はかかるのではないか」という見方も出ていた。当時、東西双方の人々にそうした意識のずれがあるのか、取材してみた。

シュツットガルトに住む会社員、トーマス・フィークさん（29）とその妻ベアトリクスさん（同）は当時、結婚したばかりのカップルだった。同市出身のトーマスさんが「壁崩壊」後の東ベルリンを見学に訪れ、ベアトリクスさんと知り合ったのが縁だ。彼女は東ベルリンの高校で数学を教えていたが、結婚後は、「西」での新たな教員資格を取得するために勉強中だった。教員だけではなく、看護師、通訳など「東」で取得した職業資格は「西」では全く通用しない。教員になるためにも一からやり直さなければならなかった。

「人間の能力には変わりがないし、統一政府になったのになぜこんな理不尽な目に遭わなければならないの？」と、怒りを込めて話すベアトリクスさんは、「東」出身の自分に対する近所の人々の目に見えない差別をも敏感にかぎ取っていた。

「私のアクセントで、『東』の出身だということがすぐ分かるらしく、どこか貧しい人間を見るような目を感じるわ」と言った。

「東」に対するあからさまな蔑視ではなくとも、「西」の「東」に対するネガティブな見方は当時からあった。フランクフルト・アム・マイン（旧西独）に住む航空電気技師のウドゥロー・ロスさん（24）は「旧東独企業は非生産的だし、技術や設備も古いよ。競争力をつけるためには労働者の解雇もやむを得ないと思う。『東』の人々はもっと自由経済に慣れなければ駄目だ」と、日ごろの思いを口にした。

しかし、こうした発言は「東」から見ると驕りにしか映らない。「もっと働けというけど、企業が次々と倒産している中で、どこで働いたらいいのよ」と、ポツダム（旧東独）のアネッテ・トゥランぺさん（26）はコール政権の経済政策に反発していた。

東西を分けていた壁が壊れたベルリン。だが、統一後は、意識の壁ができつつあった。東ベルリン地域の交通局に勤めるベルンハルト・ヴァースさん（42）は、壁が壊れてからも西ベルリン地域にはほとんど足を踏み入れていなかった。「派手な商品が並び、『西』から購買を押し付けられているような圧迫感を受ける」と言っていた。こうした感情は東ベルリン地域に住む多くの人が持っていたようだった。

前述のベアトリクスさんの夫、トーマスさんは「この四〇年間、『西』の人間は『東』に関わりたくないと思ってきたし、『東』は『西』を敵と考えてきたんだ。全く違う国が統合したのと同じで、一緒になるには数十年以上かかるんじゃないかな。『西』の九〇％の人は『東』の問題を真剣に考えているとは思えないしね。私は妻と結婚したおかげで、『西』の少数派になってしまったのかもしれない」と話していたことが、今も強く印象に残っている。

取材した当時、旧東独地域から一か月間で一万人余りが職を求めて旧西独地域に流入していると言われていた。それまでに、すでに一三万人以上が旧東独地域を後にしていた。「西」は、統一による好景気のために求人が増え、ウェーター、秘書など資格の要らない職種は引く手あまたの状態だった。「東」からの流入者が増えたこともあり、一部の都市では住宅問題も起きていた。

取材余話①「思いやる心」

こうした社会状況を別として、当時「旧東独」の人々はどんな思いで暮らしていたのか？　もちろん、「壁崩壊」以前の東独は、前述したように「シュタージ」（秘密警察）の監視の目もきつく、いったん「シュタージ」に関係すると、夫婦や恋人同士でも相手の行動を当局に通報するということが実際に行われていた。しかし、その一方で社会主義的な相互扶助の関係を大事にして、家族や近所が助け合いながら仲良く暮らしていた人たちが圧倒的に多かったと言われる。

私も、旧東独地域で数多くの人々に取材したが、親切な人が多いという印象を持っている。取材の後、「うちに寄っていって！」と、気軽に声をかけられ、紅茶やお菓子をいただいたことも一度や二度ではなかった。他人を思いやるという独特の気風が残っていたと思える。

しかし、世代別にみると事情は少し違っていたようだ。あの頃から、民族主義に傾倒し、「ネオナチ」運動をする若者も出始めていた。

東ベルリン婦人連盟のザビーネ・タウシュさん（43）は「『東』が『西』に吸収されたことで、統一ドイツでは社会主義を罪悪視する風潮が一気に広がったのではないかしら？　数はそれほど多くはないとは思うけど、アイデンティティーを無くし、現状に不満を持っている人たちには『ナチズム』が魅力的に見えるのでしょうね」と分析していた。

独ソ戦で勝利を収めたソ連をはじめ、東欧諸国の共産党政権は「第二次世界大戦中、ナチスを打倒したのは共産主義者だ」と、宣伝してきた。このため、旧東ドイツでは、ドイツ人としての加害者意識は旧西ドイツより弱いと言われていた。また、外国に出る自由が奪われていた旧東ドイツの人々は、ナチスに対する世界からの厳しい批判にさらされてこなかった。こうしたことが今のネオナチ運動を現出させる背景にあったようだ。

さらに「東」の人々の不満や自信の無さを土壌に、旧東ドイツ地域では民族主義者が活動しやすい雰囲気が醸成されていったといえる。ただし、「ネオナチ」に旧東独出身の若者の方が多いという確証はない。というのも、「ネオナチ」運動の舞台を「東」に置いている「西」のグループもあったからだ。

コール首相とゲンシャー外相（ボン＝一九九一年五月、七月）

東西ドイツを統一国家に導いた立役者は、無論ソ連のゴルバチョフだが、ドイツ側はコール首相とゲンシャー外相の二人だった。

コールは、ゴルバチョフとの度重なる首脳会談を通して「ドイツ統一」を実現した。ゲンシャーは、一九七四年以来、十数年にわたって外相を務め、東ドイツやソ連を始めとする共産主義諸国との関係改善を図る「東方外交」を推し進めてきた。統一ドイツのスキーム作りにも多大な貢献をしてきたことは先述した通りである。

私はコール首相とゲンシャー外相への単独インタビューを試みたが、ゲンシャー外相にのみ実現した。コール首相については、九一年五月、ボンで初めて開かれた日本のメディア向け記者会見に出席し、外交政策や内政について詳しく知ることができた。

コールは会見の中で、当時、ドイツ国内最大の関心事だった「ドイツ軍をＮＡＴＯ域外に派兵する」ための憲法（ドイツ基本法）改正問題に触れた。「国連の一員としての義務と責任は増しており、国民のコンセンサスを得ながら慎重かつ積極的に進めたい」と改正に前向きな見解を述べた。ドイツは、同年初めに起きた「湾岸戦争」では、憲法上の制約からドイツ軍を派遣せず、日本政府と同様の資金援助だけにとどめた。この外交政策については批判も多く、ドイツ国内での憲法改正をめぐる論議をさらに加速させる事態となっていた。

また、国連憲章の「旧敵国条項」についても触れた。これは、第二次世界大戦において枢軸国として戦ったドイツや日本などを「旧敵国」としたものだ。コールは、この条項を「時代遅れであり、現状にそぐわない」と前置きしつつ「国連憲章の改正問題は、旧敵国条項だけではなく、他の分野も含めた憲章全体として見直されるべきだ」との見解を示した。

ドイツが「国連安保理」の常任理事国になる考えがあるかについては「それよりも五年ないし一〇年後に、ドイツが加盟しているＥＣが一つの組織として常任理事会の一メンバーになった方が現実的だ」と答えた。

ドイツ統一の推進力になったソ連支援については、「ソ連がペレストロイカ（改革）を今後も進めていけるような援助をさらに強めたい」と積極的だった。

コール首相は身長一九三《センチ》、体重一三〇《キロ》の巨漢だった。最後に、会見に参加した一人一人に握手を求めた。私も握手したが、非常に大きく、分厚い手だったことを覚えている。

そのコール首相について少し述べてみたい。

彼は統一半年後ぐらいから人気に陰りが見え始めていた。前年の総選挙では増税をしないと公約しておきながら、所得税の引き上げを決めた。明らかな公約違反だった。さらに、統一後しばらくは一度も、旧東ドイツ地域を訪問せず、家族と共にオーストリアにある別荘で休暇を楽しんだことなどが批判されていた。

そのためか、首相の地元であるラインラント・プファルツ州の州議会選挙ではCDUは大敗した。その当時、さまざまな世論調査が行われ、いずれも芳しくない結果だった。ドイツの有力雑誌「シュピーゲル」(ドイツ語で『鏡』の意味)も、世論調査をしている。「首相適任者として誰がふさわしいか」との問いに、五二%の人々が社会民主党(SPD)新党首のビョルン・エングホルムを挙げた。コールは四一%だった。

コールは巻き返しに懸命となった。当時、ボンかベルリンかで世論を二分していた首都機能移転問題を持ち出し、突如、ベルリン移転支持を明確にした。とりわけ旧東独市民の間で、自分の人気が芳しくないことを意識してのことだった。遊説中、失業者から卵を投げつけられるというアクシデントに見舞われながらも、旧東独地域訪問に精を出し始めた。

日本メディアとのインタビューでも、「私を辞めさせたいなら議会全体の賛成が必要だ」「『シュピーゲル』は真の鏡ではない」などと熱くなる場面も見られた。

会見の主要テーマとなったＮＡＴＯの「域外派兵」問題と「旧敵国条項」の現在までの状況について触れてみたい。

ＮＡＴＯの「域外派兵」については、ドイツはその後、基本法を改正せず、「解釈変更」の形で派兵を可能にした。

会見の一か月後に、ユーゴスラビアで紛争が勃発し、九五年にはボスニア・ヘルツェゴビナ東部のスレブレニツァで、イスラム教徒約七〇〇〇人が虐殺されるという事件が起きた。その際、ドイツは、第二次世界大戦後初めて、ＮＡＴＯ軍の一員として欧州の戦争に加わるかどうかの選択を迫られた。結局、「人道的介入」という「解釈」で派兵し、後方支援と医療支援に携わった。九九年のコソボ紛争ではさらに一歩進め、ＮＡＴＯ軍による空爆に参加した。ドイツ政府は「人道的介入」だと主張したものの、地上部隊と空軍機の派遣は「防衛の枠を超えている」と国内外から批判を浴びた。

その後も、案件ごとに連邦議会の承認を得ながら、アフリカ、アジア、ヨーロッパ各地で活動する国連軍やＮＡＴＯ軍に物資や兵員を送ってきた。平和維持活動に限定した派遣が多いものの、「もっと積極的に軍事行動にかかわるべきだ」という各国からの要望も強まり、ドイツは複雑な立場に置かれてきた。

二〇二二年、ウクライナ戦争が勃発し、この問題は別の局面を迎えている。

二〇二一年一〇月、首相になったばかりのオーラフ・ショルツ（ＳＰＤ、緑の党、ＦＤＰによる連立政権の首班）は、これまでの抑制的な国防政策を大きく転換し、防衛予算を三〇％余り増やした。

衝撃的だったのは、二〇二三年一月、ドイツの最新鋭戦車「レオパルト2」をウクライナに直接供与することを決めたことだ。「レオパルト2」を所有する欧州各国が、ウクライナにこの戦車を輸出することも認めた。これはウクライナ戦争の戦況を変えるとも言われた強力兵器で同年春から最前線に投入されている。

一方、「旧敵国条項」については、九五年になって、日本やドイツなどが国連総会で削除を求める決議案を提出し、賛成多数でようやく採択された。しかし、この採択に効力を持たせ、正式に削除されるためには、「安全保障理事会」のすべての常任理事国、そして国連加盟国の三分の二の批准が必要である。批准した国は必要数には及ばず、現在も「敵国条項」は依然として憲章に姿を留めている。

ゲンシャー外相には同年七月にインタビューした。先進国首脳会議（ロンドン・サミット）の直前だったので、サミットへの対応や欧州統合について聞いてみた。

ここでゲンシャーの経歴について簡単に触れてみたい。ゲンシャーは東ドイツの中核都市ハレ近郊のライデブルクで生まれた。第二次世界大戦後、二〇代で西ドイツに逃亡し、ＦＤＰに入党した。二〇年近く、同党党首を務めてきた老練の政治家だ。ＦＤＰは長年、ＣＤＵ、ＳＰＤに次ぐ第三党の立場で、現在に至るまで連立政権の組閣においてキャスティングボートを握ってきた。

彼はFDPと連立を組んだSPDのヘルムート・シュミット政権時代（七四年～八二年）から外相に就き、その後、連立の相手がCDUに代わっても外相を続け、ドイツ統一を迎えた。一貫して東方外交を進めてきたことは前述した通りである。

「東方外交」は一九六九年、戦後の西ドイツで初めてSPD出身の首相になったウィリー・ブラントが提唱したものだ。東ドイツを国家として承認し、対等な立場で関係改善を呼びかけた。また、ソ連を含む東欧諸国との友好関係樹立を目指した。

ゲンシャーはブラント政権では内相を務めたが、ブラント後継のシュミット政権で外相に就くと、ブラントの外交政策を引き継いだ。「東方外交」は彼の政治理念となった。

ゲンシャー外相はインタビューの中で、九〇年代の世界の安定実現には「先進国と発展途上国の両面から考えることが必要だ」と主張した。先進国においては、「東西冷戦が終わった現在、政治や経済の新たな協力関係を構築することが喫緊の課題だ。そのためには、ソ連を世界的な経済、環境政策の中に組み込んでいくべきだ」と述べ、九一年の「ロンドン・サミット」で初めて、東側からゴルバチョフ大統領を特別招待した意義を強調した。

その上で、「ソ連や旧東欧諸国においては、経済改革の成功が政治改革につながる」と述べ、「ソ連が本格的に市場経済に移行できるためには先進七か国がソ連を援助すべきだ。これにより、世界の平和と安定がもたらされる」との考えを明らかにした。

発展途上国問題については「人口増加抑制、貧困救済、環境保護の推進が大切だ。先進国は途上国援助の共同責任を負っている」とした。インタビューの中でECにも深く言及した。「欧州統合の過程を世界に示すことは政治、経済の平和的なモデルとなり得る。そのうえで南北問題の解決に向けて努力すべきだ」とECの役割を重視した。「統合されるECは開かれた社会だ。特に東欧の新しい民主主義諸国もECのメンバーになれるように努力することはドイツの歴史的責任である」と、ゲンシャー外相が得意とする東方政策を視野に入れた持論を展開した。

また、「軍事だけに限定せず、政治、経済、社会、環境面などから総合的に安全保障を考えていくことが欧州の新たな道である」と、ECやCSCEの理念と役割を強調した。一方で、米国主導のNATOについては「NATOの役割を、(加盟していない)東欧諸国もよく認識している」と述べ、「NATOは引き続き欧州全体の安定に貢献する」との見解を示した。

東西冷戦終結後の新しい世界秩序の中でECやCSCEをはじめとする欧州の役割に大きな期待をかけるとともに、現在グローバルサウスと言われる国々にも目配りを忘れなかった。また、NATOの必要性についても言及していた。

ネオナチの影・統一後一年（ベルリン＝一九九一年一〇月三日）

コールが総選挙で訴えた統一ドイツの経済に対する楽観論に逆行するように、ドイツ国内の

「東」と「西」の経済面、意識面での格差は大きくなるばかりだった。それに連動するようにドイツ国内における「ネオナチ」の運動も活発化しつつあった。

旧東ドイツ北部の町・ロシュトックで、トルコ人の家が「ネオナチ」によって焼かれ、家族が焼死するという惨事が起きた。この事件はドイツ国内に大きな衝撃を与えた。六〇〇人もの右翼がベトナム人やモザンビーク人を襲ったホイヤースベルデ（旧東独の町）事件もあった。統一から一年、こうした「ネオナチ」による暴力事件がドイツ各地で頻発していた。

私にも「ネオナチ」の暴力性に驚いた記憶があった。旧東独のポツダム駅でのことだ。構内にビニールマットを敷き、たくさんのタバコを並べて売っているベトナム人が数人いたので「商売はどうか？」と声をかけた。彼らはタバコの入手ルートを確保しており、一日の売上も順調だと快活に答えた。

そのうちの一人である若い男が、突然、髪を掻き分けて頭部を見せた。頭頂部の右から左にかけて長さ一〇《センチ》ほどの真一文字の傷があり、傷口が生々しく盛り上がっていた。

驚いて説明を求めると、「東ベルリンの街中を歩いていたら、革ジャンパーにメタルをたくさん付けたスキンヘッドの若者集団に出くわしたんだ。その一人と目が合った瞬間、彼らは『このベトナム野郎』と叫びながら、いきなりナイフで僕の頭と首を刺してきた。僕はその場で失神したらしくて、気が付いた時には病室にいた」という。命は取り留めたが、一か月間もの入院生活を余儀なくされ、「やっと、こうしてタバコを売ることができるようになった」と言った。

旧東独政府は、労働力不足対策として、国家間協定により、主に社会主義圏からの労働者を受け入れてきた。統一前の一〇年間余りは特にモザンビークとベトナムから大量の労働者を招き入れていた。彼らのほとんどは、統一後、母国に帰ったが、彼を含む一部のベトナム人たちは帰国しなかった。

「こんな危ない目に遭ったのに、なぜ残っているのか?」と尋ねたら、「ベトナムに帰ったたって良いことはない。ドイツにいた方がビジネスチャンスに巡り合えることもあるからね」と話した。頭に残った傷跡と、それでもドイツで生きようとするたくましい若きベトナム人の言葉が、今も印象に残っている。彼はその後、どう生きたのだろう。

というのも、ベトナムは現在、「ドイモイ政策」が成功し、アジアの中でも経済が安定しているからだ。私の取材時のベトナムはまだ発展途上段階にいた。このため、彼は、こうした人生の選択をしたのだろう。

今から一〇数年前にベトナムのホーチミン市を訪れたことがある。市民の台所ともいえるベンダイン広場に行ってみると、流暢なドイツ語でドイツ人のツアー客を案内している中年のベトナム人男性に出会った。ドイツ語を得意とするこうしたベトナム人は他にも見られた。彼らは恐らく統一前の旧東ドイツで働いていた人たちだったと思われる。

それでは、ベトナムなどの外国人に対して暴力事件を起こす「ネオナチ」の人々は、どのような思いや考えを持っていたのか? 統一後一年を期して「ネオナチ」の動向を記事にまとめることにした。そこで、私は当時「ネオナチ」のたまり場として知られていた東ベルリンのリヒテンベルク地区に行ってみた。

賑やかそうな居酒屋を選んで入ってみた。たくさんの男たちが酒を飲み、ワイワイ話しているのは、どこでも見られる風景だ。店内を見渡し、普通の若者に見える四人組に声をかけた。すると「何だ、お前、アジアの『カナッケ』か?」という声が返ってきた。意味が分からなかったので聞くと「外国人のクソ野郎」という意味だと教えてくれた。侮蔑的な言葉のようだった。

もう一人のひげ面の大男は「統一は『西』にも『東』にも悲劇だった」と決めつけた。彼は西ベルリンの機械メーカーで働くオットー・ラウさん(26)。東には大量の失業者、西には増税を残しただけというのだ。

四人とも西ベルリンから来ていて、仕事も持っていた。しかし、政治への不満は相当強く、その目は外国人に向けられていた。

旧東独の失業者に対してはしきりに同情していた。「まずドイツ人全体の暮らしが良くならなければ駄目だ」と、ドイツ人が社会で最優先に待遇されるべきことを強調し、ホイヤースベルデ事件に対しても理解を示していた。

前述したように、当時の旧東ドイツ地域では失業者が急増し、職を求めて旧西ドイツに移住した人は二〇万人近くを数えていた。さらに旧西独地域への出稼ぎも増えていた。平日は「西」のニュールンベルク、ハンブルクなどで働き、週末には列車で十数時間も揺られ、「東」の自宅に帰る生活をしている人も多かった。

別の男は、「ポーランドから来た『カナッケ』には一番困っているよ」と、私に畳みかけるように話してきた。「あいつらのせいで我々ドイツ人は失業させられたんだ」「女にもてないのもあいつらのせいだ」と真顔で言った。

一人が「面白い冗談を教えてやる」と、切り出した。

英国人、フランス人、ドイツ人の三人が乗った車が高速道路を走っていたら、事故を起こした車が倒れた壁に挟まって立ち往生していた。中にはローマ法王のヨハネ・パウロ二世が乗っていた。助け出された法王は感謝の言葉と同時に、『何かしてあげられることはないか』と尋ねた。

すると英国人が『パブをくれ』、フランス人は『ビストロを』とねだった。最後のドイツ人は『車いすをくれ』と頼んだ。「ポーランド出身の法王を助けたら、ドイツでは袋叩きに遭うからさ」と話し、みんなでゲラゲラと笑った。

八一年、ポーランドの共産主義政権は民主化運動を抑圧する戒厳令を敷いたが、これを逃れてかなりの数のポーランド人が政治難民として隣国ドイツに流入していた。さらにその後起こった東欧革命により、移民としてその数を増やした。八八年から九〇年にかけての三年間は特に多く、年間一〇万人台と東欧諸国の中では最多であった。

ドイツ国内では国民の意識上の「東西格差」が鮮明となり、さらにドイツ人とその周辺国民との間にも差別感情が生まれていた。多くの国が国境を接する欧州では、同じ欧州人でありながらも互いを分断するような複雑な意識構造が横たわっていた。

急増した難民（一九九一年一〇月）

九一年に入っても、ドイツへの難民はさらに増え続けた。この年の六月からユーゴスラビアで紛争が起き、他にもルーマニアなど政情不安な国が増えていた。それに加え、経済難民も多くいたからだ。この年の難民総数は、九〇年より三割程度増加し、二五万人になるだろうと予測されていた。ドイツにおいて難民問題が社会問題としてより顕在化していった時期に当たる。

私はドイツ統一から一年の取材に合わせ、西ベルリンのシュパンダウ地区にある難民キャンプを訪れた。ドイツは各州に大規模難民キャンプを一つずつ設置し、その周辺にいくつかの小キャンプを置いていた。ここはベルリン市内の大規模キャンプであり、バルカン諸国など東欧の一部のほか、アフガニスタンやアフリカ諸国からやってきた人々が五〇〇人ほど収容され、「政治難民」としての認定を待っていた。

紛争地域であるクロアチアからやってきたばかりの男性（45）は「一八歳になる息子のために逃げてきた。私はクロアチアで農業をしていたが、戦況を見ると、近い将来、子供たちが武器を持たなければならなくなると確信した。ユーゴ人同士で殺し合うのはあまりにもむごい。殺し合いを強いるセルビアとクロアチアの政治家が悪いのだ。戦況は悪くなる一方で祖国には帰れず、私はドイツで働きたいが、そのチャンスは極めて少ない。先行きは真っ暗だ」と悲痛な顔を見せた。

セルビア共和国ボイボディナ州で鉄鋼会社に勤めていたハンガリー系セルビア人（32）は、「今回の紛争で父が殺された。あの国には帰りたくない。このキャンプでの生活は思っていた以上に良好で、ほっとしている」と話した。

当時、クロアチア紛争の激化で、九月からドイツにやってくるユーゴ難民が急増していた。収容されている人たちは難民と認められると、ドイツ人と同等の権利が与えられ、ドイツ国内での就職も自由となる。しかし、実際に認められるのは全体の五％程度に過ぎず、この限りでは前述の「ネオナチ」の批判は当たらなかった。

当時のドイツでは、難民認定までに六〜七年かかり、審査の結果、もし認められなくても他の欧州諸国のように本国に送還されなかった。

また、政治的意見、思想を理由とした迫害や内戦などを避けるため、他国に逃れた政治難民より、困窮などが理由の経済難民は、難民認定が難しいのが一般的だ。しかし、ドイツでは経済難民も人道的に扱われた。そして、この年の夏からは、認定者以外でも制限付きで就職活動ができるようになっていた。

こうした背景によって、様々な国からの難民がドイツに集中するようになった。

連邦議会は増え続ける難民に対する新たな政策を模索していたが、人道的配慮の継続を掲げていた野党ＳＰＤが、この年に行われたブレーメン州議会選挙で惨敗した。一方、「難民排斥」を訴えた極右政党が躍進するなど、ドイツの一部では、排外主義への傾斜が顕著になっていた。

こうした社会風潮においても、平和主義的立場から右翼への警戒感を解かない市民も多くいた。「統一ドイツが歴史から何も学ぼうとしなければ、最後にはドイツ人同士の戦いになってしまう」。ヴァイツゼッカー大統領の演説を引用しながらベルリン市にあるクロイツベルク地区で知り合った会社員・ペーター・シュルツさん（39）は話していた。クロイツベルクは旧西ベルリンの中でも多種多様な人たちが集まるリベラルな地区として昔から有名だった。

とはいえ、彼の考えは、当時、ドイツに住むごく一般的な市民に共通する想いだったのではないだろうか。

この頃、コール首相は、「『東』の経済は底を打った」と発言した。それを受けてかシュパンダウ難民キャンプのソイケン所長も「経済の立て直しとともに『右』（排外主義）への振り子は真ん中に戻るだろう」との楽観的な見通しを明かしていた。

民営化の問題点

九二年夏、旧東ベルリン地区にある「ドイツ信託公社」ビルを労組員約一五〇人が取り囲んだことがあり、取材した。

旧東ドイツ企業の民営化を担当する同公社が、その管理下にある従業員一五万人を半年余りで解雇するという方針を公表したことに対する抗議行動だった。当時のビルギット・ブロイエル同公社総裁は、労組員に同情しながらも「旧東ドイツが失敗した経済政策を修復するためにはやむを得ない措置だ」と方針を曲げなかった。

これに対し、取り囲んだ造船労組員は「既存企業の立て直しをしようともせず、カネをかけずに済む売却にだけ重点を置いた安易なやり方が問題なのだ。買収する西側企業の中には土地にしか関心を持っていない経営者も多く、買収後に従業員を解雇してしまう確率が高い。これが我々の不安と不満だ」と批判していた。

「東」「西」両地域の経済格差を拡大させた原因に、東西ドイツ通貨統合に合わせ国営企業民営化の進め方があった。

「ドイツ信託公社」は、九〇年三月、東ドイツ政府によって設立され、統一後は連邦政府の下で活動を続けた。民営化を完了したとして九四年に解散した。一万二〇〇〇社の国営企業が売却または清算された。売却先は八五%が旧西独資本、一〇%が外国資本であり、旧東独資本に売却されたのはわずか五%に過ぎなかった。

同公社が保有した企業価値は当初、六〇〇〇億ドイツマルク（約五四兆円）と見積もられていた。しかし、公社解散時にはその六分の一の価値しかなかった。というのも売却契約の際、公社は売却先に労働者の雇用保障を約束させ、投資しやすいよう企業に補償金を拠出していたので、実質的には低価格で売却したことになった。

結局、一五〇万人の雇用は維持したが、三五〇万人の失業者を生んだ。「企業の立て直しどころか売却目的だった」と抗議していた造船労組員の指摘は的を射ていたと言える。

統一前には、「国営企業の弱点をじっくりと検証したうえで経営を改善しつつ、徐々に民営化を進める」という構想が旧東ドイツ政府をはじめ東西の識者の間に広くあった。しかし、「統一」へのスピードが速まる中で、十分な討議や準備、シミュレーションが行われなかった。これが、企業の倒産、失業、旧西ドイツへの人口流出という形で旧東ドイツ市民を苦しめることにつながった。

新首都はベルリン（一九九一年三月〜一九九二年六月）

統一時点で、コール首相は「ドイツの首都はベルリン」と宣言したものの、具体的な審議は進まず、政府、国会等の首都機能は旧西ドイツの首都・ボンに置かれたままだった。

新たな官庁と国会議員宿舎の建設、電話や道路などのインフラ整備のために多額の費用がかかるうえ、九四年末までソ連軍が旧東独地域に駐留することが審議遅滞の大きな理由だった。

「早急に決めてほしい」という民意を受けてようやく、連邦議会は移転についての審議を始めた。ベルリンかボンかで与党内部でも意見が割れていた。「ボン派」は、ベルリンへの移転費用が膨大になるうえ、ベルリンはナチス・ドイツの暗いイメージにつながると主張した。当初は「ボン派」

が、やや優勢と伝えられていた。

こうした中、ヴァイツゼッカー大統領が首都問題に一石を投じた。

同大統領は、「大統領府だけでなく、『政府』『連邦議会』とも九五年までにボンからベルリンに移すべきだ。そうしない限り、大統領府はボンから出ていかないだろう」という書簡をコール首相に提出したのである。一部で有力だった大統領府と各国大使館のみをベルリンに移転し、議会や他の省庁はボンに残すという主張を完全に否定した。

その理由として「ボンからの視点だけでドイツや世界を見ていても旧東独問題を理解できない。かつて東西に分かれていたベルリンに実質的な首都機能を置いてこそ、統一ドイツは初めて『東西』の懸け橋になれる」ことを挙げた。統一式典で語った自らの演説を具体化した内容だった。

この書簡に対して、「首都ボン」派は、「ドイツの大統領は象徴的な役割しか持たないはずだ。(首都移転という政治問題に口を出すのは)越権行為だ」と批判した。一方、当然のことながらベルリン市民は書簡を歓迎した。ことに旧東ベルリン地域は、膨大な失業者を抱えており、首都機能が移ればそれに伴う雇用拡大が見込めるからでもあった。

さらに、前年の暗殺未遂事件で下半身不随になったヴォルフガング・ショイブレ内相が国会で「ベルリンあっての統一。統一あってのベルリンだ」と演説したのが、多くの議員の心に響いたようだった。

結局、九一年六月、政府と連邦議会をベルリンに移すことに決まり、「ベルリン派」が勝利した。

内容は、連邦議会を九六年まで、そして残りの省庁も二〇〇四年までには移転を完了させるというものだった。これにより当面の間、ボンを暫定首都とすることが明確となった。

ベルリンに首都機能を移すためには約六〇〇億マルクにも上る巨額の費用がかかる。これは、旧東ドイツ経済の再建という難題を抱えるドイツ政府にとって重い負担となる。また、政府機能の大半をベルリンに移すことは、ベルリンに行政権力を集中させることになり、ドイツ基本法（憲法）の屋台骨である連邦制と、集中排除の原則を損なうとの指摘もあった。

しかし、仮に新首都がボンに決まっていたら、旧東ドイツ市民の落胆は甚だしく、旧東西の分断がさらに進んだのではないか。

旧東独地域全体への投資を促し、旧東ドイツ市民の不安解消にもつなげたいという考えが、さまざまな懸念に打ち勝ったとも考えられる。

議会はその後移転に関する審議を進めた。結局、議会や主要官庁の所在地をボンからベルリンに移すこととしたものの、官僚の三分の二はボンに残す方針で決着した。これは実質的には首都機能をベルリンとボンとに分割することを意味していた。

この決定を受けてヴァイツゼッカーの大統領官邸は、九四年、いち早くベルリンに移された。その後、「連邦議会」は、予定の三年遅れで九九年に移転した。使われた建物は、旧西ベルリンにあった旧帝国議会議事堂を衣替えしたものである。ここは一九世紀末に建てられ、帝政ドイツ、ワイマール共和国時代を通じて下院の議事堂として使われた由緒ある建物だ。

他の省庁移転も九九年から始まり、「首相府」の移転が実現したのは二〇〇一年になってからだった。

省庁でベルリンに移ったのは「外務省」「財務省」など。ボンに残ったのは「国防省」「食料農業省」など。移転省庁でも一部機能はボンに残した。

ドイツ政府は、ボンを「連邦市」と名付け、ボン周辺のラインマイン地域に所在していた「連邦会計検査院」「連邦農業食料局」などをボン市内に移転させ、「気候変動枠組条約事務局」など一二の国際機関もボンに集中させた。

ドイツ政府は、こうした形態を「混合モデル」と呼び、移転に伴うポストの見直しと精査が行われた結果、行政改革が進んだとした。ベルリンへの一極集中を避け、ドイツ国家の基本である連邦制にのっとった首都の在り方に腐心したのだと思う。

膨大な財政支出

コール政権は、旧東ドイツ経済の立て直しを「西」の豊富な財力で補おうとした。この中には首都機能移転のための費用も含まれていた。旧西ドイツからの財政支出は毎年一二〇〇億マルクを超えた。

これらをまかなう財源の一つが九一年から実施された「連帯税」だった。これは、旧西ドイツ国民の所得税、法人税から五・五％（初年度は七・五％）を支払うというものであった。

これに対して旧西ドイツ地域では、労働者の負担を少しでも軽減したいと九二年春には、一八年ぶりとなる大規模な公務員の賃上げストが実施された。交渉の末、政府側の予想をかなり上回る五・四％アップで決着した。

「賃上げ交渉は、ドイツ統一のコストをだれが負担するかが最大の争点だった」と話していたのは、「金属・電機労組」のクリストフ・ボルシェルトさんだ。「増税や失業保険の掛け金引き上げと、これまでは労働者ばかりが負担を強いられてきた。でも、この交渉妥結で経営側もやっとその一部を担うことになった」と振り返っていた。

結局、九割の納税者を対象とした連帯税が廃止されたのは三〇年余りを経た二〇二一年になってからだった。同税が導入されたとき、「膨大な資金を注ぎ続けなければ、『東』の再建は不可能だ」と指摘する声があったが、この見通しは当たったと言える。

その理由として、経済対策はインフラ整備や失業対策を中心とし、「財務改善」「新技術導入と開発」などの産業や企業育成への視点が弱かったことが挙げられる。これが今なお、旧東ドイツに強靱な企業が生まれにくい要因となっている。二〇一九年のドイツ株価指数（ＤＡＸ。ドイツトップ銘柄三〇社からなる）には、旧東ドイツ企業は一社も含まれていない。

インフラ整備によって、建設景気は上向いたが、一般産業にはあまり波及せず、高い失業率をなかなか解消できなかった。なかでも首都機能移転関連の工事がベルリン地域に集中したため、地方には恩恵が及びにくかった。

長い間、連帯税を徴収されたことにより「経済が破綻した旧東ドイツのため、なぜ我々が高い税金を払わなければならないのか」という不満が旧西ドイツ国民の間に蓄積していった。

その一方で、旧東ドイツ人も、前述した短時間労働や職業訓練の補助金などにより、たとえ失業してもすぐには路頭に迷うことはなかったが、「東ドイツ人」としての誇りが傷つけられ、いら立ちとあきらめが広がっていった。

現在のドイツ

今も続く東西格差

「東西の経済格差」は、三〇年以上を経た現在、概ね改善されつつあるとドイツ政府は発表している。

統一以来、インフラ投資などで、連邦政府と州政府が旧東ドイツ地域につぎ込んだ資金は、累計で二兆ユーロ（約二八〇兆円）に上ると言われる。二〇〇〇年代半ばまで、ドイツ全体の国内総生産（GDP）の三~四%が旧東ドイツ地域の経済支援に使われてきた。

こうした施策により、「東西」間の一人当たりの名目GDP格差は現在、統一時の七割程度から二割程度まで縮まってきている。これに伴い、「東」の世帯収入は、全国平均の九割近くまで上昇している。二〇二二年の失業率も六・七%と、「西」（五・〇%）と、差が縮まっている。

しかし、ドイツ経済は大きな矛盾をはらんでいる。「東」の生産性が上がり、賃金が上昇すればするほど、「西」の企業は、「東」に投資しにくくなる。その構造は統一時と変わっていない。

後述するが、ドイツの自動車産業は、旧東ドイツ地域のいくつかの都市に電気自動車工場を建てたが、主たる生産拠点をチェコ、ポーランド、ハンガリー、スロバキアのいわゆる「東欧先進国」に集中させている。人件費が旧東ドイツの半分以下で済むことが大きな理由だ。

旧東ドイツ内に「経済特区」を設置し、税の優遇措置や補助金、低利融資などの根本的施策を講じなければ、投資は進まないとの見方も出ている。ただ、そうした「東」への優遇策を「西」の人々が許容するかどうかは未知数だ。

さらに今でも、国民感情では、旧東ドイツ出身者は「西」から「二級市民」と見られる状態が続いている。「東」から「西」に移住し、西側の企業で長年働いても、なかなか経営トップや管理職になれない人が圧倒的に多い。このため、ここ数年、「西」の企業で働いていた人が「東」に戻る事例も増えていると聞く。

とはいえ、日本のある研究所の調べでは、一九九〇年から二〇一九年までの三〇年間で、旧東ドイツ地域の人口は、ベルリンと一部大都市を除き、減少が続いている。中でもザクセン・アンハルト州は二五％減った。

ドイツ公共放送が二〇二〇年秋に行った世論調査によると、「あなたは自分をドイツ人と思うか？それとも西ドイツ人、東ドイツ人と見るか？」との問いに、旧西ドイツでは七八％が「ドイツ人」

と答えた。しかし、旧東ドイツでは、「ドイツ人」と答えた人が五五％にとどまり、四一％は「東ドイツ人」と答えている。

連帯税が廃止されたとはいえ、「東西」の格差意識が簡単に解消に向かうとは言い難い。「東西」ドイツが真に一つになるのは、さらに二〇年以上かかるとの悲観的な見方も出ている。

変容した難民問題

統一ドイツ政府の寛容な移民・難民政策については前述したが、この伝統は旧西ドイツ以来のものだ。

ここで移民と難民の違いを簡単に説明したい。諸説あると思うが、私は「難民」とは、紛争や迫害から逃れるため、国外などに避難した人々のことと考える。「移民」とは、一般的に職を得るためや教育など、直接的な迫害や死の危険を伴わない理由で、移動を選択した人々のことを指す。

この概念に基づき、戦後のドイツ移民・難民政策を概観し、現在の状況を説明する。

第二次世界大戦後すぐは、ナチス・ドイツの敗戦によってポーランドに明け渡したオーデル・ナイセ川以東の旧ドイツ領や、ヒトラーが強引に割譲した後、敗戦によってチェコスロバキアに返還したズデーテン地方などから一千数百万人に上る大量のドイツ人が、ソ連軍に追われて旧西ドイツに流入した。

その旧西ドイツは、戦後、経済が急成長を遂げ、労働力が不足したため五〇年代から七〇年代初めにかけては外国人労働者を大量に募集した。

八〇年代に入ると、トルコの軍事クーデター（一九八〇年）やポーランドの戒厳令布告（一九八一年）が引き金になり、両国からの難民が増えた。東欧革命前後は、ルーマニアやアルバニアなどからも難民が流入した。旧西独政府はこうした移民や外国人労働者に対しても一貫して受け入れに前向きな姿勢で臨んだ。

統一ドイツも、この方針を踏襲し、政策を推し進めた。ユーゴ紛争が始まると、クロアチア人を中心に数十万人単位での難民を受け入れた。

これに、中世から一九世紀まで東欧諸国に移住していた在外ドイツ人の受け入れが加わる。彼らの多くは第二次大戦でのドイツ敗北とともに、シベリアやカザフスタンに強制移住させられたほか、東欧に残った人も特定地域での居住しか認められていなかった。

彼らは、東欧革命やベルリンの壁崩壊によって移動の自由が拡大すると、ドイツを目指すようになる。旧西ドイツおよび統一ドイツ政府は、本人の希望に応じてドイツに受け入れたり、各国に残った人たちにも手厚い保護を講じたりした。

一方で、コール政権の後、社会民主党（ＳＰＤ）のゲアハルト・シュレーダー政権（一九九八～二〇〇五年在任）になると、移民、難民に関する法整備も進めた。ドイツで出生した外国人の子供は、一定の条件があればドイツ国籍が自動的に与えられ、成人した段階で故国とドイツのどちらかの国籍を選ぶことができる。帰化手続きの要件である滞在期間も短縮された。

こうしてドイツは現在、八四〇〇万人の総人口の約四分の一が、外国人か、過去に移民の背景を持つドイツ人で占められるに至っている。ドイツ統一後の三十数年間で人口は約六〇〇万人増えたが、これは主に難民も含めた移民の増加に依っている。ドイツが「移民の国」と言われる所以でもある。

背景にあるのは、第二次世界大戦中、ナチス・ドイツがユダヤ人を迫害し、多くの難民を発生させたおぞましい歴史への反省だ。さらに戦後、経済が急成長し、労働力不足を移民で補う必要性もあった。

このドイツの移民・難民政策が、他の欧州諸国と際立って違ったのが二〇一五年にピークを迎えた中東からの難民問題だった。

中東難民の急増は、二〇一〇年から始まった「アラブの春」と呼ばれる中東諸国の民主化運動の活発化に起因する。この運動を弾圧する動きも強まり、中東諸国や北アフリカの政情は不安定化した。特にシリアでは、パッシャール・アル＝アサド政権が反政府勢力の拠点都市を無差別爆撃したことにより、戦争に発展した。戦火を逃れようとしたシリア人をはじめ、中東から大量の難民が欧州に押し寄せたのである。

彼らの主な避難ルートの一つが、トルコ、ギリシャ、東欧経由でドイツを目指すものだった。

しかし、欧州人にとってイスラムは異文化であり、歴史的に人的交流の経験がほとんどなかった。自国がイスラム化し、自分たちが育んできた文化が損なわれるのではないかという危機意識が難民数の増加と共に強まり、難民排除の考えを抱く人間が増えていった。欧州の存立基盤が崩されるという不安の高まりだった。

中でも反発が強かったのはハンガリー、チェコ、スロバキアなどの東欧諸国だ。社会主義時代には西側の国々との外交関係が少なく、とりわけイスラム圏への理解が薄かったからだと思われる。ピークの二〇一五年には、欧州全体で一五〇万人の難民が欧州に流入した。しかし、ドイツ政府はこれまでの政策を変えなかった。

当時のアンゲラ・メルケル＝ドイツ首相は、同年九月、ハンガリーで立ち往生し、ドイツへの亡命を申請していた多数のシリア難民に入国を許可した。こうした措置の結果、欧州に押し寄せたこの年の難民総数の三分の二がドイツに集中した。

同年末、私は、ハンス・カール・フォン・ヴェアテルン駐日ドイツ大使（当時）にドイツの難民政策について話を聞いたことがある。

「ドイツは移民の国だ。移民によって我が国は発展してきた。多様性こそが発展の推進力だ。今年（二〇一五年）、ドイツは一〇〇万人以上の移民を受け入れたが、今後もそのペースで受け入れを続けていく」と明言していた。彼の言葉は、メルケル政権が実施していた当時の難民政策と第二次世界大戦後の歴史を反映したものと思われる。

しかし、翌年にはこの流れが変わった。欧州で難民受け入れに対する反発が強まり、ドイツといえどもこれに逆らえなくなったからである。ハンガリーのオルバーン・ヴィクトル現首相は、メルケルの難民政策を「間違っている」と激しく批判した。

ＥＵは、欧州における難民規制強化の世論に押され、この年、トルコと協定を結んだ。トルコ経由でギリシャに到着した難民を再びトルコに送還し、トルコに滞留する難民をＥＵ諸国が各々受け入れるという内容だった。欧州各国は受け入れの可否を厳正に審査することとなった。この結果、この年から欧州における難民数は激減した。

ＥＵはさらに、難民受け入れ目標値を年間二〇万人と定めた。メルケル政権は難民の受け入れ制限に転じた。

ドイツ国内でも、それまでの寛容なメルケルの難民政策に反発する動きが高まった。外国人排斥については、前述したように統一直後にはネオナチの暴力的な活動が目立ったが、中東難民に対しては政党も難民排斥に乗り出した。

二〇一三年に反ＥＵを掲げて旗揚げした政党「ドイツのための選択肢（ＡｆＤ）」は、二〇一五年の「難民危機」を契機に、難民排斥を声高に叫ぶようになった。党の主張も徐々に極右的な色彩を強め、勢いを増していった。初めは旧東ドイツ地域で勢力を伸ばし、その後旧西ドイツ地域にも拡大した。

二〇一六年に行われたバーデン・ヴュルテンベルク、ザクセン・アンハルトなど東西五州の州議会選挙で第二党や第三党に躍り出たほか、二〇一七年の総選挙でも第三党の得票率を獲得して初めて国政での議席を得た。

しかし、二〇二一年九月に行われた総選挙では、第五党に転落した。

この総選挙では、気候変動やコロナ対策が焦点となっていたが、ＡｆＤは「地球温暖化は人為的なものではない」と主張し、国民の支持が離れたようだ。

ウクライナ戦争によって、ウクライナから大量の難民が入ってくると、また状況が変わってきた。ＡｆＤは、「ドイツの難民政策は間違っている」と主強し、「反移民・難民」を掲げた。ウクライナへの武器供与の停止も求めている。この結果、再び支持を広げ、ドイツ公共放送が昨年行った世論調査では一八％の支持を得て、政党で二位をつけた。

次項では難民問題を含め、様々な観点からウクライナ戦争がもたらしたドイツの変化を記述する。

ウクライナ戦争の衝撃

ドイツはウクライナとは国境を接していないが、ポーランドという国一つを隔てた「至近距離」にある。ウクライナで起きた戦争は、自分達にも直接的な脅威になるため、国民に激しい緊張感をもたらした。その衝撃は、かつての西ドイツや現在の統一ドイツを形作ってきた政策や考え方にまで変更を迫った。

まず防衛政策である。ドイツの防衛政策は、ナチス・ドイツの反省と、ドイツが統一後、大国として覇権を振るわないような抑制的な態度が信条だった。その中で、ＮＡＴＯが統一ドイツの覇権を防ぐ重石としての役割を担った。

統一ドイツはこの三〇年余り、「軍備拡張をしない」という国是と「NATO傘下での軍事協力」という微妙なバランスの中で生きてきたとも言える。

ボスニア紛争では医療支援と後方支援を担い、コソボ紛争で初めてNATO軍の空爆に参加した。コソボでは「NATO協力」にウエイトを置いたことになる。

統一後の歴代ドイツ政権がどちらの政策に重点を移しても、国内外から批判を浴びた。ウクライナ戦争でもショルツ政権は開戦当初、ヘルメット五〇〇〇個をウクライナに送った。殺傷能力を持たない物資だった。この行為はNATO諸国の失笑を買った。

しかし、一方では防衛予算を三割増と一挙に拡大する方針を打ち出した。NATOは加盟国に対し、防衛費を国内総生産（GDP）比二％以上にすることが望ましいとしてきたが、ドイツはそれまで一・五％に抑えてきた。この増額でNATOの意志にかなった同二％を突破することになった。そして「コールとゲンシャー」の項でふれたように最新鋭戦車「レオパルト2」の供与に至るのである。

ショルツ政権が、ここまで大きく政策を転換したのはウクライナはじめ西欧各国からの風当たりが強まっていたからだ。大きいのはドイツ統一のけん引力になった「東方政策」が裏目に出たことだ。

統一時、当時のヴァイツゼッカー大統領は「ドイツが東西の懸け橋になる」と演説した。これを受けてコール、シュレーダー、メルケルの歴代首相もこの言葉を「国是」とし、ソ連、ロシアと友好関係を深めてきた。ドイツ歴代政権が、外交と経済を通じて国際平和を希求したことによる。

だが、独ロ関係が親密になり過ぎたことで、逆にウクライナの信用を失ってしまった。

特に二〇一四年のロシアによるクリミア併合の際、G7が中心になってロシアへ制裁を科したにもかかわらず、ドイツは、ロシアからの天然ガスを受ける海底パイプライン「ノルドストリーム2」の建設を続けた。そのうえ、シュレーダー元独首相が複数のロシアエネルギー会社幹部を兼ねてきたことにウクライナは強く反発した。

ロシアからの天然ガスパイプラインはウクライナも通っており、ノルドストリームはこの事業とも競合することから、ウクライナの怒りは一層募った。

ロシアと親交のあったフランク・ヴァルター・シュタインマイヤー＝ドイツ大統領は二〇二二年四月、ウクライナから訪問を断られた。これは、ドイツに対するウクライナが持つ反感の端的な表れだったといえる。

「レオパルト2」の供与を巡ってはドイツ国内では賛否が拮抗し、国会でも激論が戦わされた。結局、ショルツ政権は、米国が「エイブラムス」戦車を供与すれば、それに歩調を合わせるという条件付きで、「レオパルト2」を供与することを決定した。

ショルツは、ドイツの単独行動ではなく、NATOの枠組みの中で戦車を供与するという形式を取りたかったのだ。ロシアから敵として目立つことを避けたと言えよう。

これは軍事大国にならないというドイツの伝統に従った慎重な行動だったとも受け取れる。しかし、一方では米国に借りを作ったことになる。また、なかなか決定しなかったことが、武器供与に積極的なポーランドなど一部NATO加盟国からは「優柔不断」と映ったようだ。

結果として、米国にも欧州にもひ弱さを印象付けることになった。それまでドイツはフランスと並び、EUの中軸国であり、米国をけん制する役割を担ってきた。しかし、これも果たせず、ドイツの発言力低下が、欧州全体の外交力の弱体化にもつながったと言える。

つぎにエネルギー政策の変化がある。ドイツは、欧州の中でもエネルギーのロシア依存が最も高い国だった。それが、ウクライナ戦争の一年間でエネルギー問題における完全なる脱ロシア化に成功したのだ。

二〇二一年秋に完成した「ノルドストリーム２」は、ウクライナ侵攻によって稼働しないままの状態になっている。二〇一一年から稼働してきた「ノルドストリーム１」も、侵攻後、ロシアへの制裁とその対抗措置の双方が原因で当初、供給量が大幅に削減されたうえ、二〇二二年秋、何者かによる爆破で供給がストップしてしまった。

それまでドイツは、全天然ガス消費の五五％を「ノルドストリーム１」を通じたロシア産に依存してきた。しかし、これが二〇二二年秋以降ゼロになってしまった。この供給不足から抜け出すために、ドイツ政府は液化天然ガス（ＬＮＧ）基地を突貫工事で六つ建造し、すでに一つが完成した。そしてノルウェー、オランダを中心としたＬＮＧ輸入に切り替えるなど脱ロシアに全力を挙げたのだ。その代わり、ＬＮＧはパイプラインガスより割高のうえ、需要増大で急騰したことから、国民は高いガス価格に甘んじなければならなくなった。

一方で、火力発電や原発の稼働延長などの措置も併せて行った。二〇二二年から二〇二三年にかけての冬は暖かく、ガス消費量が減ったことも幸いし、産業用、家庭用とも供給面では急場を乗り切ることができた。

こうしたエネルギー危機に遭遇しても、ドイツ政府の脱炭素政策と原発廃止の基本方針に変わりはない。

前のメルケル政権は、二〇一一年に起きた福島第一原発事故を契機に、二〇二二年末までに一七基の原発を全廃する方針を打ち出していた。結局、ショルツ政権は稼働を四か月延ばしただけで二〇二三年四月に全廃を実現した。

火力発電の稼働延長も一時的なもので、二〇三〇年までに全廃する方針だ。再生エネルギーを二〇三五年までに一〇〇%にする方針も揺らいでいない。

とは言え、二〇二三年は二十一年ぶりに電力が輸入超過に陥り、原発再稼働を求める声もくすぶっている。

ウクライナ戦争によって生じたもう一つの大きな問題は、ポーランドに次いで多いウクライナからの難民への対処だ。

ドイツは長い難民受け入れの歴史から、宿泊や食料供給などで知識や経験が豊富で、自治体やNPOを中心にウクライナ難民を積極的に受け入れてきた。ドイツに避難してきたウクライナ人は、一時一〇〇万人を超えた。キリスト教という土壌が共通なだけに中東難民より歓迎の気持ちが強かったと言える。しかし、戦争が泥沼化して終わりが見えなくなっていることから、受け入れ側にも疲れが見え始めているようだ。

一方で、旧東ドイツを中心にウクライナ難民を拒否する姿勢も目立っている。「ウクライナ難民は大型ＳＵＶ（スポーツ用多目的車）で乗り付け、我々よりも豊かだ。それなのに様々な援助を受けている」などと不満を募らせているのだ。

旧東ドイツの場合、社会主義の時代が長かっただけに旧西ドイツ地域の人々よりソ連やロシアへの親近感が強い。これが、ウクライナに対する厳しい見方につながっている側面も否定できない。

一方で、ウクライナ戦争に反対する平和運動も、旧東ドイツ地域を中心に活発化している。特に二〇二三年一月、ショルツ政権が「レオパルト２」をウクライナに送ることと決めてから、ドレスデンなど旧東ドイツの都市で反戦デモが度々繰り広げられるようになった。

デモ参加者は、「これ以上戦争を続けていては死傷者が増えるだけだ」として一日も早く和平を求める声が強いが、親ロ感情からデモに参加している人もいるようだ。

奇妙なことに前述したＡｆＤは、これらのウクライナ難民排斥運動と反戦平和運動の両方に参加している。総選挙での敗北後、ウクライナ戦争を党勢再拡大の好機と見ているのかもしれない。

反戦運動には「リンケ」と呼ばれる「左翼党」も参加しており、左翼と右翼が同じデモに参加するという不思議な現象も起きている。

ドイツ統一後三〇年たっても解消されていない「東西間の格差」がウクライナ戦争への受け止め方にも反映されているようだ。

こうした動きにまたもう一つの大きな変化が加わった。二〇二三年一〇月に勃発したパレスチナ人自治区「ガザ」での「ハマス」とイスラエル軍との戦闘だ。「ガザ」を実効支配するパレスチナ武装集団の「ハマス」がイスラエルを先制攻撃したが、これに報復するイスラエル軍の攻撃が熾烈を極めている。病院や難民キャンプなどを爆撃し、ガザに住む一般のパレスチナ人が大量に殺されるという人道上の問題が発生している。死者の半数近くが子供であるという異常な事態だ。

このため、攻撃の手を緩めないイスラエルへの反発が引き金となり、欧州全体に「反ユダヤ」感情が広がっているのだ。ナチスがユダヤ人を大量虐殺した歴史を持つドイツは微妙な立場にある。

ドイツ政府は、ナチス・ドイツの行為への反省から一貫してイスラエルを支持してきた。今回も「ハマス」を批判すると同時に、「反ユダヤ主義」の取り締まり強化にも乗り出した。

しかし、イスラエル軍によるパレスチナ人犠牲者が増え続けるにつれ、反ユダヤ感情は高まり、ユダヤ教関連施設や、ユダヤ人に対する嫌がらせは収まる気配がない。これとともに「反ユダヤ主義」かどうかを鮮明にしていないＡｆＤも息を吹き返し、最近の世論調査では、連立政権を組む与党三党の支持率を上回るに至っている。

第二章　新たな安全保障

全欧安保協力会議（ＣＳＣＥ）首脳会議（パリ＝一九九〇年一一月一九日〜二一日）

ここで、ドイツ統一直後に戻り、当時の欧州安全保障の状況について記述しておきたい。安全保障の問題は、実際の戦争とも密接に関わるので、当時勃発したユーゴ紛争とウクライナ戦争を例に引きながら記述したいと思う。

ドイツ統一から一か月余り後、パリでＣＳＣＥ首脳会議が開かれた。鎖国を続けていたアルバニアを除き、米国、カナダ、西欧、東欧、ソ連までを含む米欧三五か国の首脳が一堂に会し、政治、経済、安全保障など欧州新秩序をどう構築するかについて協議した。私も三社連合（道新、東京中日、西日本）取材陣の一員としてパリに赴いた。

首脳会議は七五年のヘルシンキに次ぐ二回目で実に一五年ぶりだった。

ＣＳＣＥは、五四年、米英仏ソ四か国外相会議で、ソ連のヴャチェスラフ・モロトフ外相が欧州の安全保障に関する国際会議を呼びかけたことが始まりだった。その後、東西対話の重要な枠組みとして事務レベルや外相レベルで協議を続けてきた歴史がある。

ヘルシンキでの第一回首脳会議が実現したのは、七二年に東西ドイツによる「ドイツ基本条約」が締結され、緊張緩和（デタント）が進んだからだ。同条約は、「我が国こそドイツ唯一の国家である」と主張し、相手を認めてこなかった西ドイツ、東ドイツ双方が互いに主権を認め合い、関係を正常化しようとするものだった。その結果、翌年には両国の国連同時加盟が実現している。

ヘルシンキ会議では、国家の枠を超えて個人の自由拡大や、人権問題を解決していこうとする基本姿勢を明確にし、主権尊重、武力不行使、現国境不可侵などを取り決めた「ヘルシンキ宣言」を採択した。

しかし、七九年に始まったソ連のアフガニスタン侵攻により、一時、東西関係が冷え込んだ。パリ会議が実現したのは、何といっても冷戦終結による。また、先に述べたように統一ドイツのNATO入りを容認する条件として、CSCEの制度化をソ連側が求めていたこともあった。

会議は統一ドイツを承認し、全会一致で「新欧州のためのパリ憲章」を採択した。同憲章は「欧州の対立と分断の時代が終結した」と宣言、武力によらない「対話と協調」の時代への幕開けを告げる歴史的なものとなった。

具体的には「人権・民主主義・法治」「経済的自由と責任」「参加諸国間の友好関係強化」などの一〇原則を掲げた。この中で、「少数民族の人権・文化・言語・宗教的アイデンティティを尊重する」「国連とその国際平和に果たす役割の強化を完全に支持する」「あらゆる形態の人種的・民族的憎悪、反ユダヤ主義、外国人排斥、差別に反対し、宗教、イデオロギーを理由とする処罰と闘う」「ECの重要な役割を認識する」などの基本理念をまとめた。

さらに、信頼醸成措置（CBM）を高める機構作りを目指すことにした。これは、各国の不信感が増幅しないよう、相互で軍事情報の公開や軍事交流を進め、透明性を高めていこうというものだった。そのための新しい機関としてウィーンに「紛争防止センター」を、プラハに「事務局」を、ワルシャワに「選挙監視センター」を置くことを決めた。

二年に一回、CSCE再検討会議を開き、その際には首脳会議も開く。さらに理事会としての外相会議を少なくとも年一回開くことにした。

CSCEは事前の協議で、従来の会議形態から全体の制度化、機構化を目指すことを決めていたが、パリ会議はそのワンステップとなった。これを発展させ、九四年にブダペストで開かれた第四回首脳会議で全欧安保協力機構（OSCE）へと衣替えし、機構化を実現した。

パリ会議主催国のフランソワ・ミッテラン＝フランス大統領は、「パリ憲章」が採択された際、やや紅潮した面持ちで「今日から二一世紀までの残る一〇年間、欧州は新しい歴史を刻むことになろう」と語り、「ヤルタ体制」から「パリ体制」への歴史的移行を強調した。

欧州通常戦力（CFE）交渉――東側が大幅削減

本会議に先駆け、NATOとWPOに加盟する東西合わせて二二か国は、欧州通常戦力（CFE）条約に正式調印した。CFEは、CSCEの枠組みの中で協議することが決められていた。東西冷戦時代、ドイツと東欧諸国を中心とした中部ヨーロッパの兵力削減交渉は全く進んでいなかった。戦力面で、西側を圧倒していた東側は、「東西同率削減方式」を主張した。これに対し、西側は東側の大幅な兵力削減を狙い、東西を同数の兵力にする「東西均衡削減方式」を求めて対立していたのだ。

そうした対立の中でも、すでに協議が進展する素地が出来上がっていた。ゴルバチョフ＝ソ連共産党書記長（当時）が二年前の八八年、ソ連地上軍五〇万人、戦車一万両を二年間にわたり一方的に削減すると発表していたからだ。九〇年六月にはWPOとNATOはそれぞれの会議で、「お互いを敵と見なさない」という認識で一致していた。

結局、交渉は西側の主張通り、東側の大幅な削減で決着した。

会議では、戦車、火砲など五部門における戦力に上限を設け、各陣営の国別兵器配分を新たに確定することになった。

通常兵器の主力となる戦車は、東西どちらも二万両とした。削減数は、WPOが三万二六〇〇両に上ったのに対し、NATOはわずか三六〇〇両だった。火砲、戦闘用車両、航空機、ヘリコプターの全ての部門でも同数になった。中部ヨーロッパに駐留する米ソ両国の兵員（ソ連五六万五〇〇〇人、米国二五万五〇〇〇人）も、各々一九万五〇〇〇人まで削減することで合意した。

ＣＦＥ条約調印は、冷戦終結を軍備面でも裏打ちすることになった。

湾岸危機で米ソが協調

パリ会議が開かれていた時期は、同年八月にイラクがクウェートに侵攻して起きた湾岸危機の最中だった。会議中にも、イラクのサダム・フセイン大統領が拘束していた外国人の人質を条件付きで解放すると発表して参加国にゆさぶりをかけていた。

そのためＣＳＣＥは欧州だけではなく、中東諸国などの域外の問題にどう対処するのかも問われることとなった。各国首脳は全体会議のほか個別会談も行い、湾岸危機打開への動きを活発化させた。

米ソ両首脳も会談し、忌憚のない意見交換を行った。その中でブッシュ大統領は危機が三か月以上も続き、対イラク経済制裁が十分効果を発揮していないことへの危惧を指摘し、イラクへの武力行使を容認する新決議採択を国連に働きかける提案をした。これに対し、ゴルバチョフ大統領はこの提案を承認せず、さらに粘り強く平和的解決を目指すよう主張した。結局、会談ではイラクへの制裁強化を図りながら、中東諸国などとの緊密な協議を重ね、武力行使を見合わせることで合意を見た。

国際紛争を巡っては、それまで米ソが対立する場面が多かったが、この時の首脳会談は、方法論の違いこそあれ、両国が紛争解決に向けて共同歩調を取ったことに大きな意義があった。これも冷戦終結ならではのことだった。

各国の思惑

しかし、本会議の内容に立ち入ると、各国の思惑の違いも見えてきた。ソ連、東欧、西欧、米国とそれぞれの国が置かれていた状況や立場が異なっていたからだ。当時は「西欧対ソ連・東欧」という対立の構図もまだ色濃く残っていた。

ソ連、東欧諸国は市場経済化が緒に就いたばかりで、経済的に困窮していた。西側による人道的「協力」という形ではあるにせよ、頭を低くして援助を仰がなければならない弱い立場に立たされていた。

一方、西欧は、統一ドイツを一つの核として、欧州での東西融和をどう図るかに心を砕いた。これに対して米国は、欧州新秩序の中でいかに米国のプレゼンスを維持するかに腐心していた。

「今は、西側から食糧を輸入しなければならない状況だ。ＣＳＣＥ会議は、西側諸国に対し、ソ連経済のための協力を要請する場にもなる」

パリへ向かう直前、ゴルバチョフ大統領はソ連最高会議でこう演説し、ＣＳＣＥが西側からの支援取り付けの好機になることを率直に述べていた。

ゴルバチョフの要請に、ＣＳＣＥ参加国は対ソ支援を議論し、これにこたえる姿勢を次々と示した。

ベイカー米国務長官は「困った人がいるなら助けるのが米国の人道的な基本姿勢だ」と、アピールした。ドイツも有事のために備蓄していたジャガイモ、マグロの缶詰、小麦などを緊急援助することを約束した。さらにカナダも大量の食糧を提供する方針を示している。

ソ連は他にも大きな問題を抱えていた。ソビエト連邦体制そのものの動揺と経済的困窮化が進むにつれ、ドイツやポーランドへ移住しようとする人々が見られるようになっていたからだ。西欧諸国からは、欧州における新たな難民問題を引き起こしかねないという危惧も出ていた。

ゴルバチョフは八七年には、前述したように「大西洋からウラル山脈まで」を含む欧州全域の安全保障の確立と経済統合を目指す「欧州共通の家」構想を打ち出していた。彼はＣＳＣＥを足がかりとして、この構想の主導権を握ろうとの野望を持っていたが、援助を受ける身であることから厳しい立場に立たされていた。

東欧各国は市場経済化を進めることで生じた失業者の増大、湾岸危機による原油価格の高騰などに苦しんでいた。

タデウシュ・マゾビエツキ＝ポーランド首相は、東欧の立場を西欧と比較しながら「豊かなA級ヨーロッパ、貧しいB級ヨーロッパ。この分断を回避しない限り、欧州の未来は不吉な雲に覆われるだろう」と演説した。

さらに東欧各国は安全保障上の不安も抱えていた。WPOの実質的空洞化で「(安全保障の)真空地帯に置かれた」(ヴァーツラフ・ハヴェル＝チェコスロバキア大統領)うえ、ソ連のくびきから逃れた反動として、これまで抑え込まれてきた民族問題が一気に噴き出していたからだ。

ハヴェル大統領はパリ会議での演説において、WPOを「時代遅れの遺物」と呼び、一方で、NATOを今後の欧州新秩序における「自由と民主主義を保障するもの」と評価した。とはいえ、NATOは西側の軍事同盟であり、もし東欧諸国の中で紛争が起きたとしても直接介入することはできなかった。

中・東欧諸国は、この不安定な状況を少しでも解消しようと、会議に前後して「中欧五か国首脳会議」「バルカン六か国会議」など二国間、多国間の同盟を結んでいる。ソ連も会議直前には、ドイツと「独ソ善隣友好協力条約」を調印している。

こうした中で、「東西の懸け橋」になることを宣言したコール＝ドイツ首相は、会議において「西欧は、チェコやハンガリーといった中欧とバルカン諸国の政治、経済、社会改革を支え続けなければならない」と発言した。

しかし、ECを中軸として統一に向かおうとする西欧と、国家内でも分裂が進む東欧との政治状況を巡る隔たりは大きく、CSCEが意図した「欧州新秩序」の脱落者が、すぐにも出かねない状況だった。

意見や立場の違いが端的に表れたのは、会議の目玉とも言える「紛争防止センター」の扱いだ。ソ連はこの機関の役割を更に高め、軍事と政治両面で紛争の調停ができるよう提案した。ソ連の狙いは、ソ連が西側に道を開く新たな足場としてCSCEを活用したいというものだった。

東欧各国も、異なった目的で「同センター」に期待をかけていた。公害防止や民族問題までをも協議できる幅広い機関にすることを求めていたのだ。ルーマニアのイオン・イリエスク大統領に至っては、「紛争防止センター」にとどまらず、「紛争解決センター」の設置をも要望していた。

しかし、米国は、各国における軍事上の透明性を確保する従来型の「信頼醸成措置」のみに同センターの機能を限定するよう求めた。

米国は、CSCEが政治や外交など幅広い視野で安全保障を追求することには賛同していたものの、軍事面でNATOをしのぐ組織になることには反対だった。米国は、欧州に対し、NATOを通じてのみ存在価値を示せると考えていたからだ。

結果は米国の主張が通った。協議方式についても全参加国の意見が一致しなければ重要事項を決定できない従来の「全会一致方式」を維持していくことになった。

このため、「紛争防止センター」は、実際に紛争が起きた場合、紛争当事国を含めた全加盟国のコンセンサスを得なければ活動できない。当事国の上に立って調停する権限を持てなかったので、あくまでも紛争予防のための組織にとどまった。

ゴルバチョフなど東側の指導者は、ＣＳＣＥをＮＡＴＯとＷＰＯの上に置き、政治、外交だけではなく軍事面での権限も持たせるという意見を持つ者が多かった。ＣＳＣＥが外交、安全保障両面で「東西の懸け橋」になり得る最も近い存在だったからだ。

前出の板橋氏によれば、ゲンシャー＝ドイツ外相もこの考え方に固執していたという。

しかし、結局は、経済面を中心に多くのハンディを抱えていたソ連・東欧諸国や、統一を認められたばかりのドイツは、「東西冷戦終結の勝利者」を自認する米国に押し切られた。

「パリ会議」は、「不戦宣言」や「人権擁護の観点に立つ民主化の促進」など軍事以外の分野でも安全保障を図っていこうとするところに大きな特色がある。これに加え、ゲンシャーが構想していたようにＣＳＣＥがＮＡＴＯ、ＷＰＯ両軍事同盟の後ろ盾を得ていれば、実際の紛争収拾にも大きな力を発揮できた可能性はある。

しかし、米国のＮＡＴＯ中心主義が結果として勝利したことから、ＣＳＣＥは実力を伴わない理念的な組織にとどまってしまった。このため、パリ会議から半年余り後に勃発したユーゴ紛争の収束にもほとんど貢献できなかった。

ＣＳＣＥを機構化したＯＳＣＥ（全欧安保協力機構）はユーゴ紛争後もボスニア・ヘルツェゴビナやバルト三国など東欧や旧ソ連共和国などで地道な活動を続け、それなりの成果を挙げてきた。

ところが現在のウクライナ戦争では、全く存在感を示せていない。

これに対し、NATOは激しい空爆を行うことによって、九一年から延々と続いたユーゴ紛争を終わらせた。さらにウクライナ戦争でもウクライナに最新兵器を送り続け、ウクライナを軍事的、精神的に支える大きな存在になっている。

パリ会議では、チェコスロバキアのハヴェル大統領に代表されるように東欧諸国の一部は早くもNATOを評価し始めていた。これが九九年、東欧先進国と言われたチェコ、ハンガリー、ポーランドのNATO加盟へとつながり、その後も旧東側諸国の加盟が相次いでいく。このNATOの東方拡大がウクライナ戦争の遠因となったことはよく知られるところだ。NATO東方拡大の経緯は後述する。

CSCEとNATOの間に彼我の差が生じてしまったのは、CSCEパリ会議での米国、欧州の主導権争いに端を発していると言えよう。

確かにゴルバチョフが指摘したように「ソ連での改革がCSCEパリ会議を成功させた」のは事実である。彼の平和路線とリベラルな政治姿勢が、冷戦終結やドイツ統一をもたらしたからだ。

しかし、パリ会議が開かれていたのは、ゴルバチョフの国内権力基盤が揺らぎ、国際舞台でも徐々に発言力が弱まっていた時期でもあった。

翌年にゴルバチョフを失脚させようとするクーデター騒ぎが起こり、同年末にソ連が崩壊してしまったため、ゴルバチョフが提唱した「欧州共通の家」構想も顧みられることは無くなった。

冷戦終結による「東西融和の時代」は、パリ首脳会議を起点に、早くも米国中心の「勝者が支配する時代」へと変質していったと言える。

湾岸戦争（一九九一年一月一七日～二月二六日）

ＣＳＣＥパリ会議からわずか二か月後、湾岸戦争が勃発した。私は開戦一週間後、カイロ支局の応援に赴いた。

同戦争には、米国を主力とする「多国籍軍」にＣＳＣＥ加盟国のカナダや、英仏伊、ギリシャ、オランダ、中欧三か国などが加わり、イラクと交戦した。ＣＳＣＥパリ会議で謳われた「対話と協調」の時代は、域外の問題とは言え、早くもほころびが出てしまったことになる。

ここで「湾岸危機」から「湾岸戦争」へと至った経緯を簡単に触れておきたい。

イラクのフセイン大統領は、九〇年八月、クウェートに侵攻。八〇年から八八年まで続いたイラン・イラク戦争で経済的に疲弊していたことから、良質油の産出量が多いクウェートの石油資源を確保するために無理やり同国を併合したのだ。

国連は侵攻当日、イラクの即時無条件撤退を求め、「国連安保理」もイラクへの経済制裁などを決議した。その中で、米国をはじめとする西側数か国はイラクに猛反発し、ブッシュ大統領は米軍をサウジアラビアに派遣することを決めた。

これに対し、イラク側は三〇〇人余りの日本人をはじめ、クウェートに在住する外国人を人質として拘束した。石油会社や航空会社に勤めていた私の高校時代の先輩や、上司の娘さんも人質になった。

米国はじめ西側各国は、人質解放に向けてイラクとの外相会談をはじめとする様々な外交交渉を進めた。その一方でイラクの侵攻を食い止めるべく国連の承認を経た米英両軍を主軸とする「多国籍軍」を組織し戦闘にそなえた。これが「湾岸危機」である。

結局、人質は全員解放されたものの、イラクは国連の定めたクウェートからの撤退期限を守らず、米国政府は開戦に踏み切った。ここから「湾岸戦争」が始まる。

占領意図をもって隣国に侵略した点で、湾岸戦争は、現在のウクライナ戦争の構図と似ている。どちらも明らかに侵略側の国際法違反である。

根本的に違うのは、湾岸戦争ではＣＳＣＥパリ会議の直後、国連安保理が武力行使容認決議を行っていることだ。冷戦終結を象徴して米ソが足並みをそろえた結果だった。こうして多国籍軍は国連のお墨付きを得てイラクを攻撃した。

一方、ウクライナ戦争は紛争当事国が安保理常任理事国であるロシアのため、こうした安保理決議が行えないところに難しさがある。

「湾岸戦争」の始まりは、九一年一月一七日だった。午前二時四〇分、「多国籍軍」は、イラクの首都バグダッドと、イラク軍が押さえていたクウェートの精油所、空港、軍事・通信施設などへの空爆を始めた。当時、最新鋭だった米国巡航ミサイル「トマホーク」も発射され、イラク側は対空砲火で応戦した。真っ暗な空の中で対空砲火の真っ白い光が次々と上がる光景をテレビ映像で目にした人は多いと思う。

一方で、イラク側は、サウジアラビアのダーラーンや、イスラエルのテルアビブなどの敵側都市にスカッドミサイルを何発も撃ち込んだ。

多国籍軍の迎撃ミサイル（パトリオット）は精度が悪く、スカッドミサイルを打ち落とす確率は低かった。このため、そのまま民家などに落ち、近隣国の一般市民が多く亡くなっていった。

ウクライナ戦争では、ウクライナ側の迎撃ミサイルの精度は、湾岸戦争時より高まってはいるものの、やはり打ち落とせずに着弾し、多くの市民が亡くなっている点は共通している。ただ現在はロシア、ウクライナ双方ともドローン（無人航空機）やＡＩ（人工知能）を活用するなど戦争がより機械化、高度化している点が違う。

ブラックボックス化した戦場

湾岸戦争では多国籍軍の爆撃機がピンポイントで軍事施設などを空爆する映像ばかりが流された。その場所がどこかもよくわからない。スカッドミサイルの攻撃を受けて泣き崩れる近隣国の市民の映像を除けば、実際に逃げ惑い、傷ついていくイラクの人々の姿を目にする機会は少なく、その苦しみを想像することは難しかった。

米国、イラク双方が敷いた戦場取材の制限がその理由だ。

ベトナム戦争においては、多くの戦場特派員やフリーのジャーナリスト、カメラマンが入り、戦争の悲惨な実態を多面的に報道した。それらの報道が引き金となって、米国内部では政府批判が起こり、反戦運動が全米のみならず世界的に広がった。

湾岸戦争において米国はベトナム戦争敗北の轍を踏みたくなかった。自主取材を認めないなど徹底的にメディアを管理した。多国籍軍の記者会見でも、ほとんど何も語らず、時には作戦を有利に運ぶため、偽情報を流した。

イラク側も西側のメディアは信用できないと判断し、報道記者へのビザ発給を厳しく制限していた。このため、イラクにとどまる西側の記者はほとんどいなくなった。日本のメディアも自粛して国外に退去するケースが多かった。

それでも欧米などのわずかな記者がバグダッドに留まり、爆撃される側の映像や記事を送り続けた。

こんなことから、湾岸戦争は、戦場であるイラク国内がブラックボックス化し、具体的に何がどう行われているのか見えない戦争だった。多国籍軍の攻撃の大半が「空爆」だったのでなおさらだった。

メディア事情については、ウクライナ戦争では、若干異なる。

侵略側のイラク国内が主な戦場（従って取材現場）になった湾岸戦争に対して、ウクライナ戦争は、被侵略国のウクライナが戦場であり、しかも日常的には戦場になっていない地域にもロシアのミサイルが飛んでくる状況だ。「惨状をできるだけ多く世界の人々に見てもらいたい」というウクライナ政府の考えもあって、最前線は別にしても、地元はもとより世界からジャーナリストが多くウクライナに入り、戦争の様子が比較的捉えやすくなっている。

ロシア・メディアも最前線ルポと称して現地入りしているが、こちらはロシアがやったことも「ウクライナの仕業」と真逆の報道をするプロパガンダに徹しているので全く信用ならない。

一方で、侵略側のロシア国内の取材は、当局によって厳しく規制され、実情が分かりにくいのは湾岸戦争時と似ている。

情報の隠ぺいと、偽情報やプロパガンダの氾濫などは、いつの時代でも戦争取材につきものだ。これをどう乗り越えていくかがメディアの大きな課題でもある。

幸い、現在はＳＮＳ（ソーシャル・ネットワーキング・サービス）を使って現場にいる市民や兵士が写真やコメントを全世界に発信できる時代だ。ウクライナ戦争でも彼らの努力によって戦争の実態が伝えられるようになった。

取材余話②「底流に汎アラブ意識」（カイロ）

カイロでは、私は、現場のイラクには入れず、主に支局でチッカー（24時間配信ニュース）を見たり、英国から二日遅れで送られてくる新聞を読んだりする事務仕事を続けていた。

私は、少しでも戦争の雰囲気を探ろうとカイロの街に取材に出た。エジプトは、多国籍軍に三万五〇〇〇人の兵士を送り、ホスニ・ムバラク大統領はテレビを使ってフセイン大統領を厳しく批判し、挑発的な言葉も多用していた。射程距離外なのでスカッドミサイルこそ届かないが、戦争当事国であることに変わりはない。

まず、支局のエジプト人助手と共に「イラク銀行」カイロ支店に行ってみた。かつてイラクで働いていたエジプト人労働者が、未払い賃金を受け取ろうと抗議活動を続けていると聞いたからだ。予想した通り、銀行前には数十人が集まっていた。

しかし、支店の門扉には「戦争によってイラクからの送金がなく、支払いは不可能」という紙が張られていた。イラクの軍事施設で四年間働き、前年夏に帰国したというモハメッド・アベヤルさん（28）は「この半年間、一度も賃金を受け取っていない。この張り紙はひど過ぎる。いつになったらカネをもらえるんだ」と怒っていた。

「イラン・イラク戦争」によって労働力不足に陥ったイラクは、エジプトから約二〇〇万人の出稼ぎ労働者を受け入れた。終戦になって相当数を強制的に帰国させたが、彼らへの賃金の支払いが滞っていた。そこへ「湾岸戦争」が勃発した。

集まっていた何人かに取材した。「イラク人は好きだが、フセイン大統領は悪い奴だ」などと大統領と国民を分けて考える見方が多かった。

彼らを写真に収めようと、カメラを構えた瞬間、警官隊に囲まれた。銃剣を突き付けられ、「フィルムをよこせ」と言う。当然フィルムは渡せない。しかし、下手に抵抗すればカメラを取られたり、拘束されたりしかねない雰囲気だった。

躊躇していると、労働者たちが警官隊に「彼は日本の記者だ。日本は戦争に参加していないんだから許してやれよ」と口々に言ってくれた。その声に押されてか、警官隊はあきらめて立ち去った。

カイロの中心にあり、多くの人が集まるタハリール広場にも行ってみた。ここは、二〇一一年に起こった「アラブの春」の反政府活動の中心舞台になったことで今は知られている。

何人かの人々に取材した。そのほとんどは、「我々はブッシュの味方だ」「フセインの侵略行為は許せない」などのイラク批判に終始した。市民の声は予想していた通りだった。

ところが、タクシーに乗ると、運転手が「フセインは正しい。ナセル（元エジプト大統領）同様、アラブのヒーローだ。ブッシュの方こそ侵略者だよ」と、話しだした。「タクシー」という限られた空間だからこそ、アラブの人々の本音を聞いた思いがした。

こうした声を裏付けるように当時、カイロでは野党・社会労働党の機関紙「アル・サーブ」が飛ぶように売れていた。この新聞は、イラクを擁護し、エジプトのムバラク大統領への批判を続ける論調だった。開戦後二週間余りで七万部から二〇万部に部数を伸ばしたという。

一月末に、イラク軍は一時、クウェート国境を突破し、クウェートとサウジアラビア両国が領有する中立地帯だったカフジの占拠に成功した。この作戦はフセインが自ら発案したもので、南部戦線に赴いて直接指揮を執ったと言われていた。これを受けて、ヨルダンやアルジェリアなどではフセイン支持のデモが巻き起こった。カイロでは大きなデモこそなかったが、アラブ世界全体ではフセインを英雄視する見方が広がっていた。こうした動きはムバラク政権の思惑に反するものだった。アラブ人としての連帯感や西欧に対する反感など、エジプト人の中にも複雑な思いが内在していると感じた取材だった。

欧州における温度差

「欧州」内でも、湾岸戦争に対する受け止め方には温度差が感じられた。英国と欧州大陸とに二分されたと言ってもよい。英国は米国に同調し、イラクと戦う姿勢を鮮明にしていた。一方、欧州大陸では反戦気運が強かった。

ドイツでは、開戦中、ボンで二〇万人以上が参加する反戦デモが行われた。デモは、「戦争による未来の破壊を許さない」をスローガンに市内を行進した。デモの主催者「平和コーポラティブ」

は「イラクの国際法無視を糾弾するが、武力解決にはあくまでも反対だ」と主張し、労組や野党の一部もそれに同調したのである。

オーストリアの友人たちと話しても、「湾岸戦争は米英による戦争。我々はこの戦争には反対だ」と言う人が多かった。

多国籍軍に参加したフランスは、行動範囲をクウェート領内に限定していた。「クウェートの主権回復のためにイラク軍を追い出すのが我々の使命であり、イラクを抹殺するのが目的ではない」（シュペーヌマン国防相）というスタンスを守った。

ミッテラン大統領は、和平の糸口を見出そうと「包括的中東和平国際会議」の開催を呼びかけた。CSCE「パリ会議」を主宰し、「武力不行使」を「パリ宣言」にまとめた自信に裏付けられた提案だった。しかし、米国によって拒否された。

結局、開戦から一か月余りでイラク軍はクウェートから完全撤退し、フセイン大統領は、クウェート領有も放棄した。これを受けてブッシュ米大統領は「イラクは敗北し、クウェートは解放された」と勝利宣言している。

「湾岸戦争」は、徹底的なイラク本土への空爆によって多国籍軍に勝利をもたらした。地上戦は最後の三日間のみで、全体としては四三日間の短期間で終結した。

米国は自国の犠牲者が少なくて済む空爆を、その後のボスニア紛争やコソボ紛争でも多用していくことになる。空爆作戦がユーゴ紛争の終結につながり、ＮＡＴＯは絶大な力を得て、東方拡大への道を開いていった。

中東をめぐる紛争は、かつては「米ソ」、今では「米ロ」の代理戦争と言われてきた。しかし、「湾岸戦争」は、ソ連が終戦間際に和平案を提案したほか、国連に和平のための緊急会議も要請した。多国籍軍には参加せず、米国とは距離を置きつつも、協力する姿勢が見られた。東欧革命やドイツ統一、さらには統一ドイツのＮＡＴＯ入りを容認した当時のゴルバチョフ大統領の存在が大きかったと今更ながら思える。

日本の関わり方

日本は、湾岸戦争とどう関わったのだろうか。

日本は、多国籍軍の主力となる米国などから求められ、一三〇億《ドル》もの巨額な資金支援をしたが、湾岸地域へ自衛隊を派遣しなかった。

九〇年頃の日本外務省・外交文書ファイルが二〇二一年末に公開された。その中で当時のブッシュ米大統領が海部俊樹首相に、自衛隊派遣を直接求めていたことが記されていた。

海部氏はブッシュ大統領に対し日本が「国連平和協力法」を制定し、「人的貢献」（自衛隊派遣）を検討していることに言及した。しかし、その後、同法案自体が日本の国会で廃案に追い込まれた。海部首相側近によると、首相自身も自衛隊派遣には消極的だったという。

こうした日本の外交政策に対し、クウェートは、戦後、米国の新聞に出した謝意表明の広告に、日本の名前を載せなかった。多国籍軍に参加した国々の一部は日本を非難した。それを受けて、日本国内では「カネを出すだけでは世界に認められない」との意見が活発化し、自衛隊の国際貢献が論議され始めた。

こうした流れを受けて、日本は「国連平和維持活動協力法」や「テロ対策特別措置法」を成立させた。そして、二〇〇三年のイラク戦争では、自衛隊がイラクのサマワに派遣されている。「非戦闘地域」に限定し、人道復興支援活動と安全確保支援を行うという名目だった。しかし、この「非戦闘地域」は実は戦闘地域ではないかという疑問の声も根強かった。こうした国際貢献問題はさらに、二〇一五年の「安保法制」成立にもつながっていった。

「湾岸戦争」時に私が取材したエジプトの出稼ぎ労働者も、日本が多国籍軍の一員でないことを知っていた。私はそれによって難を逃れた。

自分のことを抜きにして考えても、「資金援助」だけの政策は、それほど後ろめたいことなのか。援助額については論議を呼ぼうが、「憲法九条」を持つ日本の処し方として、当時の政府の対応は妥当ではなかっただろうか。

第二次大戦の敗戦国・ドイツも日本と同じような問題を抱え、湾岸戦争では資金援助だけにとどめた。

ワルシャワ条約機構解体（ブダペスト＝一九九一年二月二五日）

カイロからウィーンに帰着して間もなく、ハンガリーの首都・ブダペストに赴いた。「ワルシャワ条約機構（ＷＰＯ）」外相国防相会議の取材のためだった。三六年間の長きにわたって続いてきたＷＰＯを翌月、解体するのが会議の目的だった。

「ＷＰＯ解体」は東西冷戦の完全なる終結を意味した。

その三か月前のＣＳＣＥ「パリ会議」において、欧州通常戦力（ＣＦＥ）条約が正式に調印されたばかりだった。ＷＰＯの戦力を大幅に削減するという合意内容についてはすでに書いたが、「削減」どころか、いきなり「解体」することになったのだ。

ＣＳＣＥでの各国首脳演説において、ハンガリーのアンタル・ヨージェフ首相が「ＷＰＯ加盟のいくつかの国は『解体』の方向で合意している」とすでに述べていた。その言葉通り、九一年に入るとポーランド、チェコスロバキア、ハンガリーの三国はＷＰＯからの脱退を表明し、ブルガリアも続いて脱退した。東欧諸国のこうした動静は、ＷＰＯの存在意義を無効化するものであり、「解体」に向かわざるを得なかったのである。

ＷＰＯは五五年に設立。ソ連とポーランド、東ドイツ、ハンガリー、チェコスロバキア、ブルガリア、ルーマニア、アルバニアの東欧圏社会主義諸国がワルシャワで締結した「友好・協力・相互援助条約」（ワルシャワ条約）に基づいて結成した軍事機構だった。ＮＡＴＯと西ドイツ再軍備への対抗策だった。

しかし、ＷＰＯ設立の真の目的は、ソ連による東欧支配であり、本部がモスクワに置かれていたのは、その意味合いからだ。ソ連軍を加盟各国に駐留させたのは、加盟国内で反ソ活動などの騒乱が起きた場合の軍事鎮圧を容易にさせる目的もあった。

五六年に起きた「ハンガリー動乱」は、その象徴的な出来事だったと言える。当時、民主化を要求した市民や学生の支持を受けて発足したハンガリー新政府が、「ワルシャワ条約」からの脱退とソ連圏から離脱する政治的中立を宣言した。それに対し、ソ連が強引に軍事介入して運動を弾圧、多くの死傷者を出した。六八年のチェコスロバキアでの民主化運動「プラハの春」にもソ連は同様の軍事介入をした。

「ＷＰＯ解体」を決めた会議が、三五年前に「ハンガリー動乱」が起きたブダペストで開催された意味は大きい。後述するが、取材当時、動乱の記憶を鮮明に持っていた世代も多かった。いずれにせよ、時代は大きく移り変わっていた。

「ＷＰＯ解体」会議では、同時にソ連・東欧諸国間の経済協力を進めてきた経済相互援助会議（コメコン）を六月に解散することも決められた。

その日、ブダペストで

「WPO解体」が決められた日、ブダペストで取材を試みた。「ハンガリー動乱」の記憶が強かっただけに、ハンガリー国民の反ソ感情は根強く、「WPO解体」を心から喜ぶ声が圧倒的だった。

ブダペストは、広大なドナウ川をはさみ、高台の「ブダ」地区と下町の「ペスト」地区に分かれている。「ブダ」側には王宮や漁夫の砦、マーチャーシュ教会などの観光名所があり、ライオンの銅像を配したクラシックな「くさり橋」をはじめ、いくつかの吊り橋で「ブダ」と「ペスト」がつながれている。「ペスト」側には荘厳なゴシック建築様式が美しい「国会議事堂」が「ブダの丘」を見上げるように立っている。どちらから見ても目を見張るような美しい光景だ。

私は「ブダ」にある「ゲレルトの丘」に登ってみた。ドナウ川が蛇行しているため、「ペスト」と同時に「ブダ」も望める市内随一の絶景ポイントである。そこには「自由の女神」と名付けられた高さ一四メートルの女性の立像が天を仰いでいた。第二次世界大戦中、ハンガリーに「侵攻」したソ連軍への抵抗の記憶として建てられたものだが、ソ連は、その意義を反転させ、ハンガリーをナチス・ドイツから「解放」したソ連の顕彰記念碑とした。

「ブダペスト解放記念日（二月一三日）」を中心に、毎年二月は、市民による献花が記念碑の足元をぎっしり埋めていた。ところがこの年は違っていた。ソ連軍当局によるカーネーションの花輪が二つひっそりと置かれていただけだった。

「ソ連軍撤退が決まったからと言っても、こんなに花が少ないとは思わなかった」と、会社員のバーローグ・チボールさん（69）は感慨深げに語っていた。ユダヤ系のハンガリー人で、戦時中はナチスの収容所に入れられていたが、ソ連に救出されて九死に一生を得たという。それだけに「今でもソ連兵を尊敬している」と言うかたわらで、「ソ連のおかげで自由にはなったけれど、その後は自由が奪われた。特に『ハンガリー動乱』は本当に恐ろしい出来事だった。言葉には言い表せない」と振り返っていた。

顕彰碑の近くにいた中学教師のナデゥ・ユリアさん（67）もソ連軍に対しては、つらい経験しか持っていなかった。結婚式当日に夫がソ連兵に殺されたからだ。終戦直後のことだったという。「心の底では憎みながらも、生徒達にはソ連を賛美して教えなければならなかった。本当に苦しかったわ」と涙ぐんでいた。

こうした体験のない若い世代も、ソ連には親しみを感じていないようだった。ソ連兵とその家族は基地内に住み、ハンガリーの一般市民とはほとんど交流がなかったという。

冷戦終了後、東欧諸国に駐留するソ連軍の撤退交渉は国別で行われており、ハンガリーはすでに一部基地で完了していた。街の外れにある「マーチャースフェルド基地」に行ってみた。ここにはまだソ連軍が駐留していた。

近くに住む学生のフィリップ・トマーシュさん（21）は「ソ連兵とは話したことがないね。第一、ソ連軍が我が国を守ってくれているなんて一度も考えたことがない。みんなもそうじゃないのかな？」と話していた。

主婦のモニカ・イエナイさん（44）も「子供のために、義務教育教科だったロシア語の家庭教師をソ連人の誰かに頼もうとして基地を訪ねたら、その場で断られたわ。私たちと付き合う気などさらさらない感じだった。ソ連兵に恨みはないけど、いずれにしても早く出ていってほしい」と言っていた。

基地のガードは堅く、周辺を歩いていたソビエト人に意見を聞こうとしたが、「何も答えられない」とにべもなかった。それどころか監視兵がとんできて取材をやめるよう忠告されてしまった。

郊外にある「ゲデロー基地」にも行ってみた。ここは、一年近く前にソ連軍が撤退を済ませていた。見ると、基地は廃墟同然。窓ガラスはすべて割られ、床には崩れた壁が散乱していた。管理人のバルガ・ラヨシュさん（56）は「撤退する時にソ連兵が壊していったのだけど、どうしてなんだろうね。壊す理由が分からない」と話していた。基地内にはハンガリーで二番目に大きいと言われる歴史的建造物「グラサルコビッチ宮殿」があり、ソ連軍は管理棟として使っていた。往時はさぞ美しかっただろうと思われるのだが、宮殿の外壁ははがれ落ち、見る影もなかった。

ハンガリーからのソ連軍撤退は、この年の六月にすべて完了することになっていた。しかし、撤退のやり方がずさんだった。弾薬を地下に埋めたほか、使っていた化学薬品やガソリンを垂れ流し、それらが周辺地区の生活排水に流れ込むといった問題も起きていた。

ソ連軍は建物や備品などの「基地財産」の買い取りをハンガリー政府に求めていたが、同政府は逆に環境汚染の補償を要求。話し合いは難航していた。

取材余話③「歴史正義委員会」（ブダペスト＝一九九一年三月）

「ＷＰＯ解体」会議の後、「ハンガリー動乱」を経験した人たちに集まってもらった。「ハンガリー動乱」はもとより、「ＷＰＯ解体」とソ連軍撤退についての思いも聞いてみた。

話してくれたのは、市民団体「歴史正義委員会」（ＴＩＢ）のメンバーで、ナジ・エレク副委員長（65）、ティットマン・ヨゼフ同委基全部代表（61）、同委メンバーであり、当時のゲンツ・アールパード大統領の秘書官でもあったヤーノス・レーティー氏（57）、ギェライ・イシュトバーン氏（65）の四人。いずれもハンガリー動乱で投獄され、獄中で知り合った仲間たちだった。

同委員会は動乱時に弾圧された人や、亡くなった人たちの遺族で構成され、八八年五月に市民団体として公式に登録された。歴史の検証と共に犠牲者の名誉回復活動を行ってきた。

「ハンガリー動乱」は、スターリン路線を取る政府に反発した学生や労働者が全国規模のデモを行い、これを鎮圧しようとした治安部隊と衝突したことが端緒だった。共産主義独裁の「ハンガリー勤労者党」政府は、デモ隊の勢力に押され、改革派であるナジ・イムレを首相に据えた。彼は一党独裁体制の廃止、ＷＰＯからの脱退表明など次々に民主化政策を打ち出した。こうした反ソの動きに対し、ソ連は二度にわたって軍事介入したのであった。民衆側に大量の死者が出た。

ナジはユーゴスラビア大使館に逃れたが、結局、ソ連軍に拘束され、二年後に行われた秘密裁判で絞首刑に処せられた。共産主義を裏切った「反党分子」の烙印を押され、遺体の埋葬場所も極秘にされた。ハンガリー国内では長い間、ナジの名前を口にすることさえタブーとされてきた。

しかし、民主化の進展に伴い、一九八九年六月には、ナジの遺体が再埋葬された。葬儀には政府関係者を含め二〇万人が参加して弔意を表した。そして、この名誉回復の大きな力になったのが「歴史正義委員会」だった。その活動はハンガリー民主化の一翼を担ったのである。メンバーに集まってもらったのは、ナジの名誉回復からまだ二年もたっていない時期だった。

――WPO解体を聞いての感想は？

ティットマン　当時我々が掲げた要求の柱が実現したことになり、とても満足している。

ナジ　「ハンガリー動乱」は、WPOの軍事ブロックを壊す第一歩だった。しかし、解体決定の日を迎えるまでに実に三〇年以上待たなければならなかった。しかも人々の運動による直接的結果ではなく、共産主義の失敗による自滅だった。その意味においてWPO解体は喜びであり、悲しみとも言える。

ギェライ　ソ連軍がハンガリーから完全撤退した時に初めて、我が国は真に独立したことになる。

――ソ連支配下だった戦後のハンガリー史をどう振り返るか？

ナジ　第二次世界大戦で枢軸国に参加し、敗戦した我が国から、ソ連軍は工場設備や美術品を持ち去った。さらにハンガリーの戦死者（兵士と市民合計約六〇万人）とほぼ同数に上る人々をソ連に強制連行して過酷な労働に就かせた。その半数が亡くなっている。ハンガリーはソ連の東欧支配政策の犠牲になったのだ。私も「動乱」はWPOを解体に導く歴史的出発点と捉えている。

ティットマン　「動乱」以後、国民は沈黙せざるを得なかった。しかし、地下での抵抗運動は残っていた。ここから我が国の民主的変化が進んだと思う。

――（九一年）一月に、ソ連軍はバルト三国に軍事介入するなど、再び発言力を強めているのが気になる。

ヤーノス　ソ連の混乱はひどい。何が起こっても不思議ではない状況だ。しかし、ソ連がこれからどうなろうとも、今後、東欧諸国は従わないだろう。これまでのような役割を我々東欧諸国に押し付けることは無理だ。

――東欧諸国の安全保障をどうすべきか？

ティットマン　東欧諸国は互いに敵意を捨てて、隣国との協力を進めることが大事だ。欧州全体としての安保体制を作るしかない。しかし、ソ連を敵視することは禁物だ。

――「ハンガリー動乱」に皆さんは個人的にどうかかわったのか？

ナジ　当時、私はブダペスト市内の製鉄所で労組委員長を務めていて、「動乱」に参加した。その活動により懲役一二年の判決を受けたが、七年後に出所することができた。とはいえ、公民権ははく奪され、日雇い作業で細々と生きてきた。

ティットマン　私は六年間入獄し、拷問も受けたが、何とか生き延びることができた。

――最後に「歴史正義委員会」の今の活動について教えてほしい。

ナジ　「ハンガリー動乱」での犠牲者は、政府発表では三〇〇〇人から四五〇〇人となっているが、実際には二万人近くいるかもしれないと思っている。このほかにも二万五〇〇〇人が投獄され、八〇〇〇人がソ連の強制収容所に送られた。死者の中には処刑のほか、拷問や飢えで死んだ人たちも多くいた。委員会の仕事の一つは、犠牲者の死亡地や埋葬地を調べて彼らの墓を作ることだ。「動乱」に参加した人たちは就職や年金など、あらゆる面で差別されてきたので、これらの人々の地位と名誉を回復することも大事な仕事だ。委員会のメンバーは現在、約三〇〇〇人いる。

日本語通訳をしてくれたブダペスト在住の医師（41）は、インタビューの後、「ハンガリー動乱」での自らの体験を語ってくれた。内容は次の通りである。

――ソ連軍が侵攻してくる直前のことだった。朝、いつも通り職場に出かけた父から電話があった。切羽詰まった声で、「家族みんなで今から米国へ亡命しよう」と告げた。唐突な父の提案に、母は祖国を捨てられないと答えた。子供たちを祖国がないまま育てたくないとも言った。結局、父はそのまま亡命し、母と私たち子供はブダペストに残った。父とはその後一度も会っていない。

ソ連軍がブダペストにやってきた時のことは、今でも鮮明に覚えている。残された家族みんなで肩を寄せ合って身を潜めていたが、一晩中、銃声が聞こえていた。朝になり、静かになったので通りに出てみると、無数の死体が木にぶら下がっていた。今でもその光景を思い出すと震えが来る。

私は父の亡命のせいで医科大学を卒業した後、一〇年間、医師になれなかった――。

「歴史正義委員会」のメンバーに取材したのは、「ハンガリー動乱」から三五年が経っていた時期だった。彼らはソ連の抑圧に抵抗し、長い間収監されていたうえ、釈放後も公民権をはく奪されるなどして、厳しい生活を送ってきた。それでも「動乱」で亡くなった仲間たちを偲び、彼らの名誉を回復するために活動を続けてきた。その持続する意志には敬服を禁じ得ない。

彼らを武力弾圧したＷＰＯの解体を告げるニュースには特別な感慨があったに違いない。インタビューを通して「解体」に導いた東欧の民主革命への希求と熱い思いが強く感じられた。

それから三〇年が経った現在、ハンガリーではオルバーン・ヴィクトル政権による強権政治が復活している。しかもオルバーン首相は、他のＥＵ加盟国と違って、ウクライナ戦争が始まってからも親ロ的な対応を続けている。ウクライナからの戦争避難民は受け入れているものの、軍事支援や武器供与を行っていない。武器を供与するとウクライナに住むハンガリー系少数民族に危害が及ぶ可能性があるからだという。ロシア産天然ガスもこれまで通りの量を輸入している。

反ロ（反ソ）感情が強く、東欧諸国の中ではＮＡＴＯ加盟一番乗りを果たしたハンガリー。しかし、現政権の方針は、これまでの歴史を否定するような動きとも受け取れる。国民が反ロ感情を棚上げしてまで、親ロ的なオルバーン首相を支持するのは、それだけ民主化後の経済改革が貧富の格差拡大などの大きな弊害を生んできた証左とも言える。

「歴史正義委員会」メンバーの皆さんは、かなりの高齢になっているはずだが、今の政治状況をどのようにとらえているのだろうか？　さらにウクライナ戦争をどう考えているのか？　ご存命で願いが叶うならばぜひうかがってみたいところである。

第三章　ユーゴ紛争

ＷＰＯの解体は、東欧諸国をソ連の支配から解放した。しかし、同時に、「東西冷戦」という力の均衡によって生まれたある種の「安定した」状況から、「不安定な」多国間関係へと変質する転機となった。ブダペストでのＷＰＯ解体会議からわずか四か月後に勃発したユーゴ紛争は、まさにその「不安定さ」から生まれたものだった。

冷戦終結は、力の均衡が崩れただけではなく、欧州においては共産主義というイデオロギーの消滅をも意味した。イデオロギーに代わり、強まったのは「民族」と言うアイデンティティだった。その流れを象徴していたのもユーゴ紛争だった。民族としてのアイデンティティを求め、同一国家内において他民族同士が殺し合い、国家の解体にまで行きついてしまった。

紛争の解決に向けては米国とＥＣ（ＥＵ）間にも緊張関係が生まれ、二〇世紀末から顕著となった米国の世界一極支配を生む礎となった。また紛争を通して国連平和維持活動の限界も露呈された。

冷戦終結以来、蜜月が続いていた米ソ（ロ）関係も、この紛争を契機に亀裂が入り、後の「東西新冷戦」と呼ばれる状況を生み出す一因ともなっている。

こうした観点から考えると、ユーゴ紛争はドイツ統一にも匹敵する「事件」だったと言える。また、ウクライナ戦争におけるNATOの役割の重要性を見る上でも、ユーゴ紛争は多くの示唆を含んでいると思われるため、本章の記述に多くの紙幅を割いた。

ユーゴ紛争をウクライナ戦争との比較の中でも概観してみたい。

ユーゴ紛争は、ユーゴスラビア連邦が、連邦内共和国の独立を認めず、武力で独立運動を鎮圧しようとしたことに端を発する。国際社会が各共和国の独立を認めた後も、連邦の盟主を自負するセルビア共和国が、各共和国の主権を承認せず戦争を続けたことが大きな悲劇を生んだ。

ウクライナ戦争は、ロシアが、すでに独立を果たしていたウクライナの主権を認めず侵略した点で、より悪質であり、明らかな国際法違反の事案となった。しかし、両戦争はさまざまな点で共通点がある。

セルビアのミロシェビッチ大統領は、ユーゴ連邦の維持が困難になると「大セルビア主義」を旗印に掲げ、連邦内におけるセルビアの版図をできるだけ広げようとした。特にクロアチア共和国内のセルビア人集住地区であるクライナ地方を獲得しようとしたうえ、ボスニア・ヘルツェゴビナ共和国の領土も侵食した。

ロシアのプーチン大統領も「大ロシア主義」の立場から、二〇一四年にまずウクライナのクリミアを力づくで獲得、さらにロシア人が多く住む同国のドンバス地方（ドネツク、ルハンシク両州）のみならず南部二州も併合しようと戦争を続けている。

民族主義を掲げ、領土拡大の野心を持つ点で共通している。またセルビア正教とカトリック、イスラム教が三つ巴で対立したユーゴスラビアと、同じ正教であってもロシア正教中心のロシアに対し、独立志向の強いウクライナ正教を持つウクライナというように宗教が紛争の背景になっている点も同じだ。

決定的に違うのはユーゴ紛争では米ロ対立の構図はなく、結果的にＮＡＴＯの空爆が可能だったこと、そして、国連や、ＥＵ、ＣＳＣＥ（後のＯＳＣＥ）の介入余地があったことだ。

ウクライナ戦争は、ＮＡＴＯが直接手を下せばロシアが核兵器を使い、第三次世界大戦に拡大しかねないこと、ロシアが国連安保理の常任理事国であるため、紛争解決に向けた決議には拒否権を行使するので、国連も平和維持軍を派遣できない点だ。

ユーゴ紛争では度々停戦が実施されたが、ウクライナ戦争は初戦段階で停戦協議が行われたものの、停戦は一度も実現していない。

和平に向けた条件がかろうじて維持されていたユーゴ紛争では二〇万人を超える死者、四〇〇万人に上る難民が生まれ、終戦まで九年かかっている。中でもボスニアの戦禍がひどく、亡くなった人は一五万人とも一八万人とも言われる。その六割がモスリム人（現在の呼称はボシュニャク人）だ。クロアチア紛争では約一万二〇〇〇人、コソボ紛争では約一万人の死者が出た。

ウクライナ戦争は開戦一年半で同規模の死者が出ているうえ、しっかりした調停者が不在である。終結にはより難しい戦争なのだ。

ユーゴ紛争は、ウクライナ戦争の遠因になったとも言える。NATOは、ボスニア紛争、コソボ紛争で激しい空爆を実行し、軍事力の強大さを見せつけた。これによって、東欧各国はじめ、ロシアを除く旧ソ連共和国が雪崩を打ってNATO加盟を申請した。このNATOの東方拡大がロシアに脅威を与え、プーチンがクリミア併合やウクライナ侵略の挙に出るきっかけになった。

また、ユーゴ紛争では、米国が、反セルビアの旗幟を鮮明にして公平感を欠く対応をしたため、親セルビアであるロシアの感情を害した。対立までには至らなかったが、後の米ロ対立の伏線になったとも考えられる。

ユーゴ紛争の経過を見ることにより、ウクライナ戦争の終結と平和構築の手がかりを少しでも見つけていけないものかと願い、詳述してみる。

スロベニア戦争とクロアチア紛争（一九九一年五月～）

勃発の日（一九九一年六月二五日）

東欧革命を受け、ユーゴ連邦内でもスロベニア共和国、クロアチア共和国（以下共和国を省略）において九〇年後半から独立の機運が高まっていた。こうした中、クロアチア内のセルビア人居住地域でセルビア人がクロアチア人警官を撃ち殺すという事件が起きた。それを契機にユーゴ連邦軍とクロアチア武装部隊による戦闘が始まり、その一か月後に両共和国は各々独立を宣言したのである。連邦維持を図るべくユーゴスラビア連邦軍は、最初にスロベニアに進軍した。戦闘は短期間で終わった。停戦期間を挟んで再び戦闘が始まるとの見方もあったが、その後戦闘は起こらず、スロベニアは最終的に独立を勝ち取った。戦闘期間にちなんで、後に「十日間戦争」と名付けられた。ユーゴ連邦軍の真の標的はクロアチアにあった。この戦闘は徐々に苛烈さを増し、長期のものとなった。戦火はボスニア・ヘルツェゴビナにも拡大し、ユーゴ紛争は泥沼化していった。さらに戦火は、セルビア共和国の自治州だったコソボにまで波及し、「ユーゴ連邦」は完全に崩壊してしまった。

私はウィーン在任中、戦争勃発からボスニア紛争の初期までの一年余りユーゴ紛争の取材をしたが、現地に赴くことができたのは、停戦中のスロベニアと、各紛争の当事国だったセルビア、さらにクロアチア戦争を逃れた人々が収容されたハンガリーの難民キャンプだけだった。激戦地であったクロアチアやボスニアへの入国は難しく、実現できなかった。セルビアに入れたのはまだ戦火に見まわれていない時期だったからだ。

当時、紛争状況についての記事は、現地新聞や通信社情報、さらにはウィーン在住のユーゴスラビア専門家たちの分析を参考にして書いた。

本著はユーゴ紛争の全体像を記述すべく、私の離任後の紛争経過についても触れさせてもらう。さまざまな新聞記事やユーゴ紛争に関する著作などを参考にした。

まずは「モザイク国家」と言われた複雑極まるユーゴ連邦についての概略を示したい。国家の成り立ちを知らなければ、ユーゴ紛争を正しく理解することは難しい。

ユーゴ連邦は、セルビア、クロアチア、スロベニア、ボスニア・ヘルツェゴビナ、モンテネグロ、マケドニア（現在の北マケドニア）の六共和国で構成されていた。さらにセルビア共和国内にはコソボとボイボディナの二つの自治州があった。

民族としてはセルビア人、クロアチア人、スロベニア人、モスリム人、マケドニア人、モンテネグロ人、アルバニア人、ハンガリー人に大別される。アルバニア人はコソボ自治州に、ハンガリー人はボイボディナ自治州に多く住んでいる。

宗教的には、スロベニアとクロアチアは主にローマ・カトリックの信者が多く、セルビア、モンテネグロ、マケドニアはセルビア正教などのいわゆるキリスト教東方教会。ボスニアに多く住むモスリムはイスラム教を信仰している。

言語は、セルボ・クロアチア語、スロベニア語、マケドニア語、アルバニア語、ハンガリー語、ボスニア語などに分かれる。ボスニア語は、セルボ・クロアチア語に極めて近い。

文字はスロベニアとクロアチアがラテン・アルファベット、あとはロシアなどで使われているキリル文字である。

人口分布で見ると、当時のユーゴ連邦の人口二四〇〇万人のうち、セルビア人がその三六％と多数派を占めていた。次に多いのがクロアチア人の二〇％だった。

連邦の首都はセルビア共和国の首都でもあるベオグラードに置かれ、セルビアが政治の実権を握っていた。このため、他の共和国の人々はさまざまな面でセルビアに支配されているという被害者意識が強かった。

また、多数派であるセルビア人とクロアチア人の対立も根深かった。というのも、第二次世界大戦中にクロアチアの民族主義集団「ウスターシャ」にセルビア人が虐殺され、同様にクロアチア人はセルビアの右翼民族主義集団「チェトニック」に虐殺された歴史を持つからだ。互いに虐殺し合った民族が、その記憶の癒えないまま一つの国を形成するのは元来、困難である。しかし、その困難を克服したのは、ヨシップ・ブロズ・チトー元大統領の功績に追うところが大きかった。彼については後述する。

各共和国は、支配的立場にいたセルビアへの反感に加え、経済格差を原因とする共和国間の反目もあった。最も豊かなスロベニア。次に繁栄していたクロアチアに対する妬みのような感情をセルビアやマケドニアなどの貧しい共和国は抱いていたと言われる。また、反対にスロベニア、クロアチア人も、自分たちの「富」が連邦に吸い上げられているという不満を持っていた。

ユーゴ連邦の各共和国は、東欧革命とドイツ統一に刺激され、セルビア支配からの脱却と自治の実現を目指そうとしていた。一九八〇年にチトーが死ぬと、六共和国と二自治州が一年交代で大統領を代える輪番制が行われていた。チトーに代わる後継者が見当たらず、統治を行う上で、ある意味、民主的な制度が導入されたのだ。しかし、東欧革命の影響を受け、これら共和国のいくつかに非共産党政権が生まれ、共産党が支配するセルビアと対立して独立機運を高めたのだ。

こうした中で、これまで封印してきた民族間の歴史的怨念が蘇った。とは言っても、各共和国の人々がみな、急に民族主義者や独立支持派になったわけではなく、それまでは多民族がおおむね平和裏に暮らしていた。

私は、こうした人々の暮らしがありながら戦争にまで発展したのは、各々の共和国の指導者が過去の民族間の殺し合いの歴史を掘り起こし、メディアを通じて民族意識を煽ったことが大きな要因だったと考える。

クロアチア共和国には大きな問題があった。クライナ地方などの南部と東部にセルビア人の集住地域を抱えていたからだ。しかも、それがクロアチア全国土の三分の一をも占めていた。とはいえ、セルビア人居住地域が孤立していたわけではなく、クロアチア人との共存を図る穏健派の人々が多かったといわれる。

ユーゴ連邦軍とクロアチア間の戦争の引き金となった前述の事件の詳細を説明する。クロアチア北東部のスラボニア地方にあるボルボ・セロ村で、一人のセルビア人がクロアチア人警官を撃ち殺した。同地方にはセルビア人が多く住んでいた。事件を仕掛けたのはセルビア住民ではなく、セルビア共和国から来た右翼民族主義者だったという話を多くの人から聞いた。

クロアチアは九一年五月に、共和国の独立と主権国家への移行の賛否を問う国民投票を行っていた。圧倒的多数が「独立」への賛成票を投じた。しかし、セルビア人居住地域に住むセルビア人は投票をボイコットした。というのもクロアチアの国民投票の一週間前に、独自の住民投票を強行し、「セルビア共和国への編入」を表明していたからだ。

だが、この時点では、クロアチアは「連邦の解体」までは主張しておらず、他の共和国との「主権国家連合」の構想を持っていた。

ここで、当時のクロアチア人が抱いていた典型的な心情を紹介しておきたい。

クロアチアの首都ザグレブで英文学の翻訳を仕事とするズビィエズダナ・ボラホビチ・フジムラさん（34）。彼女はご主人が日本人であり、北海道に縁のある人だ。国民投票直後に北海道新聞ウィーン支局に次のような一文を寄せてくれた。

「ベオグラード（ユーゴ連邦の首都）からのニュースは連邦政府によってすべてが情報操作されている。クロアチア人の胸の内を直接、世界の人々に伝えたいという気持ちでこの手紙を書いた」と、最初に記されていた。

クロアチア人警官殺害事件にも触れており、この書簡を要約する。

「戦後四五年間、クロアチアは毎年、国民総生産の六～八％を連邦政府に拠出してきた。この数字は、かつての英国植民地以上である。連邦政府による搾取だ。連邦政府の要職の大半をセルビア人が占めながら、『我々は一つの国民である』と欺瞞的な教育を行ってきた。

こうした思想の背景には、クロアチアや他民族の居住地域をもセルビア人が支配するという『大セルビア主義』がある。第二次大戦後、クライナ地方などにセルビア人を入植させたこともセルビア拡張主義の表れだ。

クロアチアの『民族主義政党』が勝利した昨年（一九九〇年）の自由選挙後、クロアチア共和国はかなりの自由を得ることができた。これから我々は近代国家へと発展するだろう。クロアチアの経済、社会、財政には変化を伴うが、セルビアの特権的立場の喪失は我々にとっては喜ばしいことだ。

五月には、セルビア人がクロアチア人警察官を殺す事件が起きた。これに対し、クロアチア共和国は抑制的な態度を保持している。それこそがユーゴ連邦の真の破壊者が誰なのかを世界に示すことのできる方法だ。

クロアチアが独立し、他の共和国との『主権国家連合』をつくるにしても、それは、スロベニア、マケドニア、ボスニア・ヘルツェゴビナの各共和国とだけで、セルビア共和国とは決して手を組まないだろう」

書簡はこう結ばれていた。

セルビアとクロアチアは歴史的な対立関係があり、その根は深い。

ユーゴ連邦軍と、スロベニア、クロアチア両共和国が戦闘に入った直後、ＥＣは調停に乗り出した。七月初め、クロアチア共和国のブリオニ島で、ユーゴ連邦政府とスロベニア、クロアチアの三者を前に調停案を示した。三者はひとまずこれを受け入れた。

調停案は、「両共和国の独立の三か月間凍結。ＥＣ停戦監視団の受け入れ。共和国間の国境管理の厳格化。ユーゴスラビアの将来について協議するための円卓会議開催」などがその内容だった。三か月後の凍結解除時に、両国の独立を認めるかどうかを最終的に判断することになった。

ＥＣは内戦の激化によって大量の難民が欧州各地に流入してくるのを懸念していた。ＥＣ統合を進める上で、周辺国の紛争は大きな障害となる。調停に乗り出した背景には、「湾岸戦争」において、ＥＣがイニシアチブを取れなかった反省もあった。

七月半ばには五〇人の停戦監視団が、クロアチアの首都・ザグレブに集結した。彼らは、青地に一二（当時のＥＣ加盟国数）の金の星をかたどったＥＣの腕章を巻いていた。ブリオニ合意が遵守されているかどうかを監視するためだった。

スロベニアは停戦を遵守した。しかし、クロアチアは、セルビア人居住地域を巡り、激しい戦闘をそのまま継続したのだった。

スロベニアの勝利（リュブリアナ＝一九九一年八月）

八月初め、私は停戦中のスロベニアの首都リュブリアナに赴いた。停戦中ではあったが、独立を達成できるのか、連邦政府へ逆戻りしなくてはならないのかの大事な時期だった。街の中には所々に土嚢が積まれ、その上に機関銃が置かれていたほかは、思いがけないほど平穏な雰囲気だった。

そして驚いたことには、赤、白、青の三色に染め分けられ、アルプスの山をあしらった「独立スロベニア」の新しい国旗が街のいたる所に掲げられていた。旧東欧の街としてはモダンな商店街の一角には露店が並び、独立を記念するTシャツや、パスポートを模したもの、まだ実現していない「スロベニア紙幣」の土産用レプリカさえも売られていた。

ミラン・クーチャン大統領が独立を宣言した共和国前広場に行ってみた。通りがかった女性に独立問題の感想を聞いた。アニカ・ポゼッカさん(21)は「独立式典の時には新時代が来ると思って喜びで一杯だったわ。でも、独立宣言直後に始まった戦争にはがっかりしてしまった。(停戦協定の期限である)一〇月初めに本当に独立できるのかしら?」と、心配していた。

こうした不安は市民に共通しているようで、これがリュブリアナの街の奇妙な静寂の一因にもなっていたようだ。

当時、イボ・ワイゲル=スロベニア共和国外務省報道官はユーゴ連邦外務省の副大臣を務めていたが、スロベニアの独立宣言を機に「母国」に戻ってきたという。ベオグラードにあった自宅、家財は帰国後、そっくり連邦警察に没収されたと話した。「私のような例は他にもたくさんある。実質的にはセルビア人中心の連邦政府だからだ。これからも連邦軍は、スロベニアに対して何をするか分からない」とスロベニアからの連邦軍撤退の実現を危ぶんでいた。

スロベニア政府は当初、ユーゴスラビア連邦を「主権国家連合」にする案を提唱していたが、私が訪れた時期には、これを言う人は見受けられなくなっていた。セルビア政府への不信感の増幅が原因だった。

当時、反共産党連合によるスロベニア政府は穏健派が主流であり、国民の信頼も厚かった。「独立達成に向けて政府はうまく交渉してくれると思う」。会社員であるアンドレア・トビアックさん（24）のこうした期待が市民の間では高まっていた。

独立宣言の後、スロベニア共和国はユーゴ連邦銀行との関係を断たれた。そこで、二週間前から連邦共通通貨の「ディナール」を四〇％も切り下げたレートを設定して外貨獲得に乗り出していた。経済的自立と独自通貨発行への布石であり、官民一体となった独立への準備が着々と進められていた。

スロベニア政府や軍隊の幹部は、独立問題をどうとらえていたのか？

イェルコ・カチン情報相（36）にインタビューを試みた。「ECの一部はスロベニアの独立承認に傾きつつある。スロベニアとクロアチアに対してドイツが凍結していた輸出信用保険再開を決定したのもその表れであり、喜ばしい。スロベニアは徐々に主権国家に近づきつつある」と独立達成に自信を示していた。

同相はスロベニアが独立宣言した理由について、「スロベニアは、これまで民主主義や市場経済の導入など、ユーゴ連邦政府の構造改革のための多くの提案をしてきた。しかし、連邦側は聞く耳を持たなかった」と述べ、連邦制の在り方についても共和国側と連邦政府の間には考え方の違いがあることを指摘した。

そして、「スロベニア戦争」と「クロアチア紛争」の責任は「セルビア共和国の指導者たちにある」と批判した。

「彼らは、ユーゴ連邦制の維持と『大セルビア主義』という二つのゲームをやっているのだ。どちらもセルビアの権力拡大だけを考えている」と非難した。

さらに、「『クロアチア紛争』は、これらの目的を達成するためにセルビアの右翼民族主義者と連邦人民軍が連携して行っている」。彼はそれを「戦車による地政学」と呼んだ。「セルビアは、ボスニア・ヘルツェゴビナ、マケドニアでも同じように勢力伸長を図るだろう」とユーゴ紛争拡大を予見していた。

「セルビアが『大セルビア主義』に固執する限り、紛争収拾は難しい」と言い、だからこそ「欧州は積極的に調停に乗り出すべきだ」と述べていた。「ブリオニ合意」に見られるように、ECはクロアチア紛争の調停工作を行ったが不調だった。それにもかかわらず、スロベニア共和国の閣僚であるカチン氏はなお欧州に期待していた。これは自国の独立をなんとか支援してほしいとの切なる思いからだった。

しかし、独立しても不安が残る経済面について聞くと「スロベニアは輸出加工型の産業構造と高い技術力を持っている。欧州諸国と十分競争できる」と自信を見せていた。

ユーゴ連邦軍との戦闘については、スロベニア軍を指揮した共和国防衛隊のヤーネス・スラパー将軍が答えてくれた。「独立宣言の凍結を解除した後に戦闘が再開される可能性は低いだろう。しかし、連邦軍内にいる独立反対派が攻撃を仕掛けてくる恐れもある」と警戒していた。

同将軍は、スロベニア戦争でスロベニア防衛隊の死者が一九人と圧倒的に少なかったことを振返り、「スロベニアの大勝利」と総括した。

「連邦軍は戦闘を国境線の防衛に限定していた。さらに、連邦軍は各共和国からの『寄せ集め部隊』だったので士気が低かった」ことを勝因に挙げた。同防衛隊の戦術は「極力、負傷者を出さないことだった」とも説明していた。

また「バリケードを使った戦車妨害作戦と連邦軍兵士への投降呼びかけが功を奏した」ことを強調し、「連邦軍兵士の半数は投降するか、防衛隊側に寝返った」という事実も明らかにした。

連邦軍の将校は、セルビア人が七割を占めていた。しかし、一般兵は六つの共和国からなる混成部隊だった。特に連邦軍のスロベニア兵士のほとんどはスロベニア側に転じたと言った。

スロベニアの兵器は九一年初めに連邦側に四割を没収されたままであり、小火器以外は保有していなかった。さらに防衛隊の常備軍は約一〇〇〇人しかいなかった。しかし、「予備役として七万人もの人間を抱え、一〇日間の戦闘では、そのうちの半数に当たる三万五〇〇〇人が武器を取った」という。

クロアチア紛争に関しては、「スロベニア人、クロアチア人は共に離脱し、連邦軍は徐々にセルビア人ばかりの軍と化している」と連邦軍の変質を指摘した。

一方、「連邦軍の兵士には、右翼民族主義の『チェトニック』を支持している者もいる。だが、すべてがそのような考えを持っているわけではない」と言い、部隊によってまちまちな行動を取っているのではないかと分析した。

これが「十日間戦争」の内実だった。

スロベニア戦争はカチン情報相が楽観視していた通り、その後、戦闘は起こらなかった。また、ユーゴ連邦政府は一〇月初めに、同国の独立を承認している。

独立承認の要因としては次のことが挙げられる。スロベニアはセルビアと国境を接していなかった。同国はスロベニア人が九〇％以上を占め、民族問題が顕在化していなかった。連邦軍はクロアチアとの戦争に主力を注ぐため、最初からスロベニアに進攻する考えが薄かったことなどである。

経済にも自信（スロベニア）

とはいえ、戦争被害は、「ユーゴ連邦銀行」と「スロベニア共和国銀行」との関係断絶、内戦による爆撃被害と、それによる工場の操業縮小、セルビア共和国内におけるスロベニア企業の没収、観光客減少と多方面に及んでいた。特にユーゴ連銀との取引停止により、同行を通した外国銀行からの融資を受けられなくなったことは大きな痛手だった。

このような打撃を受けながらも同共和国経済庁は「被害は予想より小さかった」との見解を示し

ていた。これは次のような理由からだった。爆撃を受けた工場は一つのみ。セルビア共和国に没収されたスロベニア企業は五〇〇社余りに上ったが、スロベニアの企業全体から見ると三％程度に過ぎなかったという。

そして、独立後の経済には強い自信を抱いていた。これには大きな理由があった。欧州各国がスロベニア共和国独立を支持する政策に転じつつあったからだ。

それまでスロベニアが外国から商品を輸入するには連邦政府から四〇％の関税をかけられていた。独立すれば外国から関税なしの安い原材料を輸入できるので、輸出競争力も高まる。これまで輸出先の六割が西欧諸国だったことも強みとなっていた。

スロベニア共和国政府は、当面の難局を乗り切り、経済を軌道に乗せるまで三億ドル（約四〇〇億円）の資金を必要としていた。この調達が大きな問題だった。しかし、統一ドイツはユーゴ連邦政府に対して凍結していた信用保証をスロベニアとクロアチアには再開し、ＥＣも凍結していたユーゴ向け経済援助（一〇億ドル）を二つの共和国に限って解除する方針を打ち出した。スロベニア独立の経済的条件は整えられていた。

苦境のユーゴスラビア経済

スロベニアとは対照的に、ユーゴ連邦自体の経済は、スロベニア、クロアチアとの紛争によって極端に悪化していった。準戦時体制は、経済活動そのものを縮小させた。さらに観光収入の大幅減、

ＥＣや国際通貨基金（ＩＭＦ）などからの援助凍結も伴った。

九〇年の工業生産高は前年比一一％減少。九一年に入ると、さらに減少は加速した。その一因として労働者の減少があった。一連の紛争で兵役に就く人間が増えたので工場の操業が滞り、生産低下につながったのだ。

観光収入も甚だしく減少した。アンテ・マルコビッチ＝ユーゴ連邦首相によれば、九〇年に二二億ドル（約三〇〇〇億円）あった観光収入は、九一年は六億ドルに減る見込みだった。戦場となったクロアチアには、ドブロブニクなどの観光名所が多くあり、連邦における観光事業全体の八割を占めていた。観光は、ユーゴ連邦にとって貴重な外貨収入源だった。

以上の要因からユーゴ連邦の九一年の外貨準備高は半減した。このため、パリ・クラブ（パリ債権国会議。各債権国の代表者が延滞している対外債務の繰り延べなどを協議する組織）に、対外債務の返済猶予を申請せざるを得なかった。

ウィーン比較経済研究所によれば、当時のユーゴ連邦の対外負債残高は一六五億ドルであり、九一年に債権国に返済すべき一三億ドルについて繰り延べを求めたのだった。

連邦政府は九一年にＩＭＦ、ＥＣから計四五億ドルの金融支援を要請していた。しかし、ユーゴ紛争を理由とした経済制裁によって、いずれも実現していなかった。

ＥＣは、クロアチア、セルビア両共和国が紛争停止に同意すれば金融支援の凍結解除を検討しても良いとの考えを示したが、セルビアが支配する連邦政府は、応じなかった。こうした経済の悪化が、さらに民族間の憎悪を募らせるという「負の循環」へと陥っていった。

クロアチア戦火の拡大（一九九一年七月〜）

クロアチア紛争は激しさを増すばかりで、短期間に終わったスロベニア戦争とは全く違う展開となった。

クロアチアでは、クライナ地方など「セルビア人集住地域」をめぐる紛争が深刻化した。もし「セルビア」側が負ければ、この地域に住むセルビア人は難民として大量にセルビア共和国内に流れ込む。逆に「クロアチア」側が負ければ、クロアチアは国土の三分の一を喪失するからだった。なかでもセルビアの右翼民族主義者にとって、「セルビア人居住地域」を失うことは、彼らが信条とする「大セルビア主義」が敗北したことを意味する。連邦維持と同時に「大セルビア主義」思想を持っていたスロボーダン・ミロシェビッチ＝セルビア大統領にとっても、クライナ地方を死守することは譲れない一線だった。
国際紛争においては、通常、戦況により「停戦ライン」が引かれる。このため、ユーゴ連邦軍（この時点では実質的にセルビア軍）とクロアチア内のセルビア人武装部隊の合同軍も、敵対するクロアチア共和国治安部隊も、自分たちに有利な「停戦ライン」を獲得しようと激しい戦闘を繰り返した。戦禍はプリトヴィツェ湖群国立公園地域からカルロバツ、ブコバル、オシエク、スプリットと拡大していった。

欧州各国は当初、ユーゴ連邦解体には消極的だった。さらにソ連もユーゴ連邦を後押ししていた。こうした動きを受けて、ユーゴ連邦政府が連邦を維持しようとする根拠は十分にあった。

戦闘はユーゴ連邦軍側に有利に展開した。クロアチア共和国の領土の三分の一以上を制圧し、首都・ザグレブに迫る勢いだった。これによって停戦交渉を有利に進める素地を作ろうとしていたのだ。

「セルビア人集住地域」をセルビア共和国の領土に編入できる可能性が出てきたうえ、仮に国境線は従来のままでも、その地域を実効支配できれば良いとの公算もあった。

こうした状況下、私もクロアチア共和国に入りたいと考えていた。両国の間で時折、停戦合意があり、それを取材の機会にしたかった。ところが、停戦協定は毎回一週間程度で破られ再び戦闘に戻ることが多かった。そんな中、衝撃的なニュースが飛び込んできた。

一〇月初め、ウィーンに駐在するＴＢＳ系列であるＪＮＮネットワークの記者、小原道雄氏（39）とカメラマンの宮智志氏（31）がカルロバツで銃撃されたのだ。カルロバツは首都ザグレブから五〇キロほど離れた中核都市。二人は車に「ＴＶ」の標識を掲げていた。しかし、銃弾は放たれ、小原氏の右ひざと右太ももに当たった。宮氏は腹を撃たれ重傷を負った。

小原氏は自分の痛みも忘れて車を運転し、救急センターへ飛び込んだという。そこから近くの病院に救急搬送された。宮氏はその病院で一〇時間に及ぶ大手術を受けた。幸い宮氏は命を取り留め、小原氏も手当てを受けた。

続く問題は、戦禍の中から二人をどう救出するかということだった。戦闘は激しさを増し、外部からは容易には近づけない。ＴＢＳのヨーロッパ駐在スタッフら応援部隊がウィーンにやってきて救出の手段を考えた。

幸いにも銃撃された三日後に停戦が実行され、この間に救助することができた。病院の車を使い、スロベニア経由でオーストリア南部の都市クラーゲンフルトに入った。そこから、チャーターしたジェット機でウィーンの病院に搬送された。宮氏が手術を受けた病院は、その後、砲弾を浴びて焼失したという。まさに九死に一生を得たと言える。

小原氏に当時の話を改めて聞いてみた。小原氏は、「取材中、戦闘が起きていなかった方面に車で向かうと、突然前方で銃撃戦が始まった。Ｕターンしようとした瞬間、何発もの銃弾が飛んできて、私たちは負傷した。銃弾はユーゴ連邦軍側からだった。車を止めて、二人でなんとか外に出たらようやく銃撃は止んだ」と話した。

小原氏たちが乗っていた車はオーストリアナンバーだった。後述するが、オーストリアはクロアチア支持を明確にしており、ユーゴ連邦軍から見れば「オーストリアナンバーのＴＶ」であれば、「敵」と映ったに違いなかった。

同氏は「車からアジア人二人が出てきたのでびっくりして銃撃を止めたのではないか。最初、我々を完全に『敵』と見なして狙撃したのだと思う」と推測していた。

砲弾が飛び交う音が聞こえてくる病院で、小原氏は自分も負傷していたが、宮氏の手術が終わるまでまんじりともせず待機していたと述懐した。

二人ともウィーンでよく顔を合わせるメディア仲間だったので、そのショックは大きかった。私だけではなく、他社のウィーン駐在記者もしばらくの間、クロアチア入りを自粛した。

二人が救出された時の停戦は、ユーゴ連邦軍とクロアチア共和国防衛隊双方が合意した包括的なものだった。「ブリオニ合意」による三か月の停戦期限が切れ、両共和国の独立を最終判断する段階に入っていた。そのため、よりしっかりした停戦になると見られていた。なかには「これでユーゴ紛争は収束するのではないか」と予想する報道すらあった。

首都・ザグレブがユーゴ連邦軍の攻撃にさらされただけでなく大統領官邸まで爆撃されたクロアチア共和国は、これ以上の戦闘は避けたいと考えていた。

ユーゴ連邦側も同様だった。戦闘は有利に進んでいた。しかし、もしクロアチアが再び独立宣言すれば、紛争は内戦から国家間の本格的戦争に発展することになり、それに対する国連をはじめとする外国からの干渉が大きくなると考えていた。

セルビアのミロシェビッチ大統領は、停戦合意直前、従来の国境線を認める代わりにクロアチア内の「セルビア人集住地域」には大幅な自治権を与え、クロアチア共和国は今後もユーゴ連邦との関係を維持するという二つの要求を掲げていた。

ところが、調停にあたったECは、停戦合意の直後、実質的にはセルビア兵が大勢を占めていたユーゴ連邦軍に対し、クロアチア共和国からの完全撤退を求めた。これは、戦況に応じて停戦ラインを引くという従来の国際紛争ルールを破るもので、ユーゴ連邦側には不利な内容だった。ユーゴ連邦政府は当然この提案を拒否した。

私は当時、オーストリアの民間シンクタンク「南西ヨーロッパ研究所」（ウィーン）のアーノルド・スッパン代表（46）に、紛争の見通しを聞いてみた。彼は、「完全停戦」に至るだろうという大方の見方とは全く違っていた。今回の停戦合意は、「次の戦争に備えた小休止以上の意味は持たない」と断言していた。この見解は、その後の紛争の行方を見ると正しかった。

「ユーゴ連邦はクロアチア内の『セルビア人集住地域』だけを管理したいのではなく、カルロバツなどを含む資源が豊富で地味豊かな広大な地域をも狙っている。セルビア人居住地域は土地が痩せ、資源もない貧しい地域だ。そこを押さえるだけでは不十分だ」と説明した。

ユーゴ連邦優位と言われる戦況についても、「表面上はクロアチアが不利のように見えるが、そうとも言えない。軍備はユーゴ連邦側が勝っているように見えるが、内実はD52戦車を三〇〇台、ミグ29機を一五機保有しているだけで、新鋭兵器を十分装備していない。しかも、ユーゴ連邦は駐屯地の多くをクロアチア共和国内に設置している。そのかなりの箇所をクロアチア側に占拠されたのだから大打撃だったはずだ」と話した。

彼が分析した通り、停戦は間もなく破られ、再び激しい戦闘が始まった。ただし、この停戦期間はカルロバツで負傷した二人の日本人記者にとって、「救出のための奇跡的な瞬間」となったことには間違いなかった。

悲惨なクロアチア難民（一九九一年一一月）

私は、本格的な冬に入ろうとする頃、ハンガリー南部に位置する国境の街、モハッチにある「クロアチア難民キャンプ」をルポすることにした。

ここはクロアチア紛争最大の激戦地であるオシエクから五〇キロしか離れていない。クロアチアでの五か月近い戦闘によって、国外への脱出を図った難民が大量に発生した。その数は周辺各国を合わせて当時、すでに四〇万人を超えたと言われていた。モハッチの難民キャンプには五〇〇〇人以上が押し寄せていた。

私が訪れたのは学生寮を転用した急ごしらえの施設で、クロアチア人難民を中心に二七〇人ほどが収容されていた。部屋をのぞくと、二〇畳余りの広さに二段ベッドが九つ並べられ、数家族が寝起きを共にしていた。

そのうちの一人、クロアチア共和国の東スラボニア地方から逃れてきた女性（67）は「私は農家で、村ではクロアチア人もセルビア人もみんな仲良く暮らしていたわ。それなのに、戦争になるとセルビア人は私たちを殺そうとした。どうしてなのか分からない」と言った途端、声を上げて泣き出してしまった。

また、同じく農家だったツザック・ゾルタンさん（48）は、ハンガリー系住民が住むクーロージュ村から、農機具や家畜一切を残して、裸同然で逃げてきたと言った。「女性と子供たちを先に避難させ、男たちは残って最後まで村を守ろうとした。だけど、セルビア側からの攻撃が想像以上に激しく、我々が逃げるまで一五分しかなかった。我々はなすすべもなく村を後にするしかなかった。教会に立てこもっていた弟は撃たれて死んでしまった」と、無念そうに語った。

彼が住んでいたクーロージュ村はセルビア人の手に渡り、村名もセルビア風に変えられてしまったという。

セルビア共和国にあるボイボディナ自治州から逃れてきたクロアチア人青年は、ユーゴ連邦軍の徴兵忌避者だった。「僕は自分と同じ民族に発砲する気にはなれなかった」と、言葉少なに語った。

難民の子供達のうち、小学生二〇〇人は三つの学校に分散されていた。彼らは、地元の児童が下校した午後に授業を受けていた。そのうちの一校で、五、六年生が学ぶ教室をのぞいてみた。

ボロニョ村から両親に連れられて逃げてきたマリアちゃん（12）は「おばあちゃんが村にたった一人で残っているの。どうしているか、ものすごく心配なの」と祖母の身を案じていた。そして、一緒にこのキャンプに来た四人を除くと、他の友達の消息は分からないとも言った。

ハンガリー国内にはモハッチを含め、四か所の難民受け入れ地があった。そこでは三万人の難民がハンガリー政府とキリスト教団体の援護で暮らしていた。

モハッチのキリスト教慈善団体のヤノシュ神父が、「我が国がユーゴ難民に手を差し伸べるのは、『ハンガリー動乱』の際に、私たちの同胞が難民として多くの国々でお世話になったからです」と語っていたことが、今も印象に残っている。

ボスニアに暗雲広がる（一九九一年一〇月～）

解決の糸口が見えなかったクロアチア紛争のさなか、実はセルビア、クロアチア両共和国の首脳間では、秘密会議がなされていた。

これはクロアチアの独立を前提としていた。クロアチア共和国内にある「セルビア人居住区」をセルビアに編入する代わりに、セルビア、クロアチア両共和国に隣接するボスニア・ヘルツェゴビナ共和国（以後、ボスニアと表記）をセルビア人、クロアチア人、ボスニア人の各居住区に三分割する。その上で「クロアチア人居住区」をクロアチアに、「セルビア人居住区」をセルビアにそれぞれ編入する。残りをボスニアに充てるという取引だった。これによって、クロアチア紛争の収拾を図ろうとした。

クロアチアから見れば、クライナなどクロアチア内の「セルビア人居住区」を失う代わりにボスニア内の「クロアチア人居住区」を手に入れることができる。これは妥協できる内容だった。

この会談は、「三分割」の俎上に乗せられたボスニアには秘密だった。ボスニアにとっては、交渉から排除されたうえ、自国領土の一部をセルビアとクロアチアに乗っ取られることになる。密約が公になればボスニアが了承するわけはなかった。

この裏取引は、クロアチア紛争勃発時から取りざたされており、九一年秋にはセルビアとクロアチアの間で一応の合意があったとの噂も流れていた。こうした噂については、私も「密約説」という留保をつけて記事にした。

会談は事実だった。私が詳細を知ったのは、英国のＢＢＣ放送が九六年に制作したドキュメンタリー番組「ユーゴスラビアの崩壊」においてだった。この中で、ミロシェビッチ＝セルビア大統領、ボスニアのセルビア人民族主義者ラドバン・カラジッチ、フラニョ・ツジマン＝クロアチア大統領の三人が、ザグレブで密約を交わしたことを本人たちが直接明かしている。

ボスニアの国民は、モスリム人、セルビア人、クロアチア人の三民族で構成されている。これら三民族は、分かれて住んでいた地区もあったが、交じり合って住んでいた地区も多かった。このため、民族間の婚姻も多く、一つの家族をとっても一民族に帰属させえない複雑な事情があった。こうした共和国の中で一旦、民族問題が持ち上がると、歯止めの利かない紛争に陥る恐れがあった。ボスニアのアリア・イゼトベコビッチ大統領が最も危惧していた事態が現実になりつつあった。

国連も介入（一九九二年二月）

こうして拡大の一途をたどったユーゴ紛争に、ついに国連が介入し、事態は新たな展開となった。九二年一月、クロアチア紛争の戦火が衰えを見せないため、当時のブトロス・ガリ国連事務総長がセルビアとクロアチア国境に、国連平和維持軍（ＰＫＦ）部隊一万三〇〇〇人を派遣する意向を固めたのだった。

派遣部隊はヨーロッパ、アジア、アフリカなどの三一か国で構成され、警察部隊と文官を含んでいた。これだけ大規模なＰＫＦ部隊が編制されたのは六〇年の「コンゴ（現ザイール）動乱」で二万人が派遣されて以来のことだった。この時点からユーゴ紛争に対する国連の本格的な動きが始まった。

実は、一月初めに発効した停戦協定が遵守されているかを監視するため、現地にはすでに七五人の国連停戦監視団が投入されていた。しかし、セルビアによるクロアチア国境への侵犯が止むことはなかった。

クロアチアは国連によるＰＫＦ派遣を受け入れる意向だった。一方、セルビア民族主義者はクロアチア東部で戦闘を続け、ＰＫＦ部隊と戦う姿勢さえ示した。ＰＫＦ活動は、当事者双方の受け入れを原則としていたので、非常に困難な事態に直面していた。

ガリ事務総長があえて停戦合意のない地域への派遣を決めたのには理由があった。派遣に反対するセルビア人のミラン・バビッチ＝クライナ自治政府大統領を孤立させることが目的だった。それが成功すれば、ＰＫＦ派遣受け入れをめぐるクロアチア共和国の国民投票において、少数のセルビア系住民も賛成票を投じざるを得ないのではないかと判断したのだ。

しかし、セルビア系住民の賛成は得られず、当面の間、国連軍はクライナ自治政府を除く地域で活動することになった。クロアチア共和国内の「セルビア人居住地域」の帰属問題について、国連は何の提案も解決策をも示せていなかった。同地域を国連の信託統治にするという案もあったが、この問題はその後の政治折衝にゆだねることになったのである。

この頃には、クロアチア紛争がボスニアへ飛び火することが憂慮され始めていた。そこでPKFは本部をボスニアの首都・サラエボに置き、クロアチアとボスニア双方の動向を監視することになった。

ここで、国連活動について現在のウクライナ戦争と比較してみる。ユーゴ紛争は、国連安保理の常任理事国が当事者に含まれていないので、PKF派遣を安保理が認めた。ウクライナ戦争は拒否権を持つ常任理事国のロシアが当事者であることから派遣できない。ユーゴ紛争では国連PKFが停戦に向けて一定の役割を果たしたが、ウクライナ戦争ではそれが出来ないところに難しさがある。

マケドニアも独立へ（一九九二年二月～）

九一年六月のスロベニア、クロアチアの独立宣言に続き、同年九月にはマケドニアも国民投票を行い、一一月に正式に独立を宣言した。ECは九二年、最初の二つの共和国に続いて、マケドニアの独立も承認する予定だったが、これにはギリシャが反対を唱えた。

ギリシャとマケドニアとの間には歴史的相克があったのだ。ギリシャは二三〇〇年前、アレクサンダー大王が版図を広げたマケドニア王国の正統な後継者だと自負してきた。そのため、マケドニア共和国に対して国名に「マケドニア」を使うことに異議を訴えていた。

マケドニアの独立宣言は、ECが掲げていた独立容認基準である「自由選挙の実施」や「国民投票による独立支持派の勝利」といった民主的手続きを経ていた。

しかし、九二年二月のEC外相会議の席上、ギリシャのアントニス・サマラス外相がマケドニア独立への反対演説を行い、ECによる独立承認は先送りされたのだった。

ギリシャは、ギリシャ人こそがアレクサンダー大王の子孫「マケドニア」人であり、マケドニア共和国の国民はセルビア人やブルガリア人の寄り集まりに過ぎないと主張した。それを根拠に「スラボマケドニア」、あるいは「西マケドニア」などに国名を変えるべきだと提案した。

これに対し、マケドニア共和国は、第二次世界大戦以後、一貫して「マケドニア」の名を使ってきた事実を訴え、両者の妥協点は見つからなかった。さらにマケドニアは国名を使っての領土拡張の野心がないことも表明していた。とは言え、一部の民族主義者からはギリシャのテッサロニキ地域をマケドニアへ併合すべきだとの声も出始めていた。テッサロニキは、かつてマケドニア王国の中心地として栄えた街だ。

ギリシャにも、マケドニア共和国をギリシャに併合すべきだとする民族政党があり、ECが「マケドニア」の独立を承認すれば、両国の緊張が一気に高まる可能性があった。

しかし、マケドニアは、ギリシャが商品をヨーロッパへ輸出するための主要陸路となっていた。そのため、繊維産業を中心とするギリシャ経済界は、ギリシャ政府の意向とは違って、マケドニアとの関係悪化を避けたいとの思惑があった。

結局、マケドニアの独立宣言は、ギリシャとの軋轢は高まったものの、ユーゴ連邦との武力衝突には発展しなかった。当時のマケドニア大統領、キロ・グリゴロフは、武力衝突回避を最優先し、マケドニアにあったユーゴ連邦軍の兵器を全て返却することを明らかにした。グリゴロフ大統領はその後も、ユーゴ連邦と粘り強く折衝し、九二年三月にはユーゴ連邦軍の撤退を実現させている。

ギリシャとの「マケドニア」国名論争はその後も延々と続き、結局、二〇一九年二月に、マケドニアが「北マケドニア」と改称することで決着している。

ボスニア紛争（一九九二年二月～九五年一二月）

ボスニアのイゼトベコビッチ大統領は、セルビアとクロアチアの紛争に巻き込まれ、自国が戦場になることを最も恐れていた。ミロシェビッチ＝セルビア、ツジマン＝クロアチアの両大統領の密約を知ったイゼトベコビッチは、自国を守るため、ＥＣに救援を求めると同時に、ボスニアの独立の是非を問う国民投票を九二年二月末に行った。

ボスニアの人口は四三〇万人。投票では、人口の半数近くを占める最大民族モスリム人と三番目に多いクロアチア人が独立を支持したので、独立支持派が圧勝した。しかし、二番目の人口を持つセルビア人は一部が独立に反対し、投票をボイコットした。

ボスニアはこの結果を受けて三月三日に「独立」を宣言した。

イゼトベコビッチ大統領が国民投票に踏み切ったのは、独立を実現すれば、セルビア、クロアチアがボスニアに介入しにくくなるとの判断だった。しかし、その願いとは裏腹に、「宣言」を契機に戦火はクロアチアからボスニアへと拡大してしまった。

それどころか、この地がユーゴ紛争最大の激戦地になったのである。

ボスニア国民投票の前後、クロアチア共和国から撤退したユーゴ連邦軍はボスニアに集結しており、その数は一〇万人にも上っていた。しかも、国民投票が行われたその日には、セルビア側によるテロで五人のボスニア市民が死亡している。

その後も戦闘は散発的に行われ、徐々に激しさを増していった。

戦争を仕掛けたのは主にセルビア側だったというのが一般的な見方だ。先に紹介したBBCの「ユーゴスラビアの崩壊」では、右翼セルビア人民族主義者集団「チェトニック」のリーダー、ヴォイスラブ・シェシェリがインタビューに応じ、同集団がボスニア北東部の村に入り、村民を虐殺したことを明かしている。ボスニアでの戦闘を激化させる狙いがあったようだ。

こうした不穏な状況にもかかわらず、「独立宣言」から一か月後の四月、ECは、ボスニアの独立を承認した。国民投票の実施と、独立派が多数を占めたその結果から、ECの独立基準を満たしたとの判断だった。

ECによるボスニア独立承認の前日には、独立に反対する連邦軍メンバーとセルビア人民兵が、戦車や迫撃砲、対空機関砲、小型銃器などをサラエボ周辺の山や丘に設置した。さらに周辺道路を封鎖し、盆地になっている市内への食糧、医薬品、水などの補給を絶った。四年近くにわたって続いたいわゆる「サラエボ包囲」の始まりだった。

時を同じくして、ボスニアにあるセルビア人支配地域が「ボスニア・ヘルツェゴビナ・セルビア人共和国」の国名を掲げて独立を宣言した。この地域こそ、九五年の紛争終結後に、ボスニア・ヘルツェゴビナの構成共和国（国家の中にある国家）として認められた「スルプスカ共和国」である。

同月末には、国連が「ボスニアに集結している外部勢力（ユーゴ連邦軍、セルビア共和国、クロアチア共和国）は、直ちにその行為を停止せよ」という議長声明を出した。連邦軍は撤退に表向き同意したが、軍を構成する多くのセルビア人はボスニアに残り、同国に住むセルビア人民兵と一緒に戦うことにした。つまり、連邦軍は実質的には国連の声明に従わなかったことになる。こうしたセルビア人勢力は自分たちの陣地を確保しつつ、サラエボ市街地にあるさまざまな公共施設を爆撃し、街を歩く一般市民に向けて丘の上からの狙撃まで始めた。

このため、同市中心部には「スナイパー（狙撃兵）通り」というありがたくない名前を付けられた街路があり、全世界に知られた。サラエボ市民は、いつ銃弾が飛んでくるかが分からず、命がけで外出しなければならなくなった。

そうした状況下の五月、セルビアとクロアチアの両共和国首脳は前述したボスニア三分割案で完全合意した。

これにより、クロアチアでの戦火はひとまず鎮静化した。国連平和維持軍も、六月半ばにはクロアチアでの活動を終了している。

こうして、ユーゴ紛争の焦点はボスニアに移り、戦闘は激しさを増した。さらにボスニア紛争を複雑化させたのは、クロアチアの突如の戦略転換だった。

密約で合意したはずのセルビアを裏切り、今度はボスニア軍と結託してセルビア掃討作戦に乗り出したのである。その結果、サラエボ市内においては、クロアチア・ボスニア合同軍とセルビア人勢力との戦闘が繰り広げられることとなった。

同時に、クロアチア軍は、南部最大の戦略拠点であり、ボスニアにおけるクロアチア人の中心地域だったモスタルを制圧した。ボスニアに拠点を置くクロアチア民族政党は、モスタルを中心に「ヘルツェグ＝ボスナ共和国」の樹立を宣言している。そして、そこではセルビア人だけではなくモスリム人への弾圧も始めた。

この共和国は結局、九四年には再びボスニアに併合され、国名は消えた。

ボスニアの国民投票と同時期に、モンテネグロでも国民投票が実施されている。投票の結果、連邦維持派が多数を占めた。これを受け、セルビアとモンテネグロは手を組み、「新ユーゴスラビア連邦」（以下新ユーゴ連邦）という新たなる連邦国家を形成した。

この時点で、ユーゴ連邦は、「スロベニア」「クロアチア」「マケドニア」「ボスニア・ヘルツェゴビナ」の各共和国と、「新ユーゴ連邦」の五つの国家に解体されることになった。

国連による武力行使容認決議（一九九二年五月〜八月）

国連安保理は五月半ば、ボスニアで戦闘を繰り返す「新ユーゴ軍」とクロアチア軍に対し、ボスニアからの撤退を求める決議をした。

ところが、撤退決議の二週間後、国連安保理は新たに「新ユーゴ連邦」を実質的に支配するセルビアにのみ経済制裁を科す決議を採択した。クロアチアには「遅滞なきボスニアからの撤退」を求めただけだった。甚だしく公平を欠いた決議だった。この安保理決議は、米国が主導したと言われている。

セルビアへの制裁は、石油輸入を含むすべての貿易禁止、在外資産凍結、航空機の乗り入れ禁止など厳しい内容だった。

セルビア側は、それを不服としてサラエボへの攻勢をさらに強めた。セルビア勢力が国連平和維持軍を攻撃しかねないとの憶測さえ飛び交った。

石油禁輸措置により、セルビアではガソリン価格が大幅に上がり、国民生活は大打撃を受けた。セルビアの経済破綻の責任を問う国民の批判の矛先は、セルビア政府から国際社会へと向けられ始めた。

国連の喫緊の課題は、セルビア人勢力によるサラエボ包囲をやめさせることだった。サラエボ市民は命の危険のみならず、暮らしもますます厳しくなっていたからだ。

ガリ事務総長はついに六月末、セルビア側に「四八時間以内に包囲を解かなければ、あらゆる必要な措置を取る」と通告し、武力行使を示唆した。

通告後、ミッテラン仏大統領は、セルビア人勢力が支配するサラエボ空港にヘリコプターで着陸した。イゼトベゴビッチ大統領との会談や停戦工作などが目的だった。当時の状況から考えると、命がけの行動だったが、その甲斐あってセルビア人勢力は国連保護軍「フランス部隊」に空港を明け渡すことにした。国連も結局、武力行使をせずに済んだ。

そして、この時点から空路を使った国連の人道支援が始まったのだった。

停戦合意を得られていない地域において、国連平和維持活動（ＰＫＯ）が人道支援を行うのは史上初であった。よく知られているように、これを決断したのは、当時、国連難民高等弁務官だった緒方貞子氏だった。

七月には、緊急の人道援助物資が初めて空輸され、サラエボ空港に到着している。その後、戦争が終わるまでの三年半、サラエボへの人道援助物資の空輸は一万二〇〇〇回にわたって続き、総量一六万トンに及んだと言われる。

ミッテラン大統領訪問時には武力行使を見合わせた国連だったが、その二か月後には、国連安保理がボスニア紛争解決のための「武力行使容認決議」を行った。この決議は武力行使の目的を人道援助物資の確保に限定していた。前月開かれたミュンヘン・サミット（後述）の「政治宣言」を受けたものだった。

ボスニアのセルビア人有力指導者、カラジッチは、この国連決議に猛反発し、「ボスニアは地獄と化すだろう」と警告した。

ボスニア紛争最大の犠牲者であるモスリム人にも同じく不満が残った。というのも、国連がいつ、どのように武力介入するかを明記していなかったからである。中でも、追われた土地の奪還、回復を目指すモスリム過激派にとっては、国連による武力介入は自分たちの支援になるどころか障害にしかならないと考えていた。

この「武力行使容認決議」の契機となったのはボスニアにあるセルビア側の捕虜収容所での事件だった。セルビア人が、クロアチア人とモスリム人を拷問し、虐殺したという西側の報道が流れたのだ。この事件にいち早く反応した米国マスコミは「反セルビアキャンペーン」を展開した。ニューヨーク・タイムズなどは、ミロシェビッチ＝セルビア大統領をヒトラーに例えて批判したほどだった。

こうした米国をはじめ西側で高まった「セルビア悪玉論」に、国連が影響を受けたことは否定できない。

セルビアを「悪玉」とみなす動きは、ボスニアのイゼトベコビッチ大統領の広報戦略によって拡大していた。この時期、同大統領は、米国の広告会社を通して「反セルビア」の国際キャンペーンを大々的に展開し始めていたのだ。

同大統領にとっては、セルビアとクロアチアが、ボスニアと協議もせずにボスニア分割案を決めてしまったことへの反発はもちろん大きい。その上、サラエボ包囲を行い、無差別に自国民を標的にしたセルビアはクロアチアよりも憎い存在だった。米国やドイツに根強くあった「反セルビア感情」を利用して、欧米諸国のユーゴ紛争に対する批判の方向をセルビアのみに向けさせようとしたのだ。

しかし、セルビアが一方的に断罪されたことは正しかったのだろうか?

西側報道の後、「国際赤十字」が問題となったボスニアの捕虜収容所を視察し、検証している。その結果、食事を十分与えていないなどの人権侵害の事実は認められたが、具体的な拷問、虐殺の形跡は見当たらなかったと報告した。加えて、こうした人権侵害は、反対勢力のクロアチア人やモスリム人が運営した捕虜収容所でも同じように行われていたと説明している。

この「武力行使容認決議」については、中欧諸国の外交専門家の間にも、「公正な視点を欠いている。国連はボタンを掛け違えたままで突っ走っているのではないか」といった批判が出始めていた。

当時、私が取材したオーストリア国際政治研究所のハインツ・ゲルトナー研究員は、「文化、宗教、体制が違うとはいえ、西側諸国が、セルビアをなぜこれだけ敵視するのか分からない」と、米国やドイツを中心とした反セルビア世論の高まりに疑問を投げかけていた。

彼は「国連と欧米各国はボスニアの独立承認を急ぎ過ぎた。独立を阻止しようとした『ユーゴ連邦』のみを『悪者』と見なして、セルビア制裁に踏み切ったのは拙速だった。もっと時間をかけて公正に判断すべきだった。またボスニア紛争におけるクロアチアの戦争責任を事実上不問にしたのは、セルビア人の被害者意識を高めてしまう結果につながった」と分析していた。

今のウクライナ戦争では、プーチン=ロシア大統領は国営放送を使い、偏った情報をロシア国民に伝えている。これに対するゼレンスキー＝ウクライナ大統領は、国連や西側へのアピールが圧倒的にうまい。広報戦略が戦争で大きな武器になることを二つの戦争が示している。ＳＮＳが発達した現代では広報の重みがますます増している。

ユーゴ紛争では、広報戦略に敗れたセルビアが国際社会からどんどん追い詰められていった。「反セルビア」の高まりがユーゴ紛争をどうゆがめていったかについては、「欧米の誤った対応」の項で詳述する。

ボスニア三分割の恐れ（一九九二年八月）

四月から五か月間続いた内戦を通して、ボスニア紛争の焦点は「モスリム人、セルビア人、クロアチア人の三民族を一つの国土の中でいかに分割して住まわせるか」という問題に移っていった。これまでの紛争により、ボスニアではすでに一万人以上が死亡していた。かつてのように三民族が仲良く混在して住むことはもはや不可能というのが、当事者や国連、ＥＣの共通認識だった。

モスリム人とクロアチア人は、三民族すべてが自分の領土を一旦放棄し、国連監視下に置くよう国連に要請した。しかし、戦闘により「ボスニア国土」の七割強を実効支配していたセルビア人はこの提案を拒否した。

この時点で、クロアチア人は、西ヘルツェゴビナを中心としてボスニア国土の二割を占拠していた。ボスニアにおけるクロアチア人の国土と人口も二割であり、ほぼ同じ比率だ。

紛争前は「人口」が一番多く、四割以上を占めていたモスリム人の支配地域は、戦闘の結果、サラエボを中心に国土の一割に狭められていた。さらにセルビアの「民族浄化」政策を通して、モスリム人の四分の一は国外退去を余儀なくされていた。

「民族浄化」とは、ある一つの国に住んでいる特定の民族集団が、他の民族集団を追放、強制移住、殺りくなどの手段を通して除去しようとする時に使う言葉である。ユーゴ紛争においては、「セルビアは悪玉だ」とするプロパガンダの中で、西側諸国が、セルビアを対象によく使った。同様な「民族浄化」政策は、クロアチアでもモスリムでも規模の大小はあれ、行われたことが判明している。

戦闘によって三民族の人口比と実効支配地域のバランスは大きく崩れてしまった。平和的解決は極めて困難な状況だった。

セルビア民族運動のリーダー、カラジッチは当初、「人口比から見て、国土の七割を自分たちセルビア人が支配するのは、あきらかに取り過ぎだ」として平和交渉に応じる姿勢を見せていた。しかし、現実の交渉では「六四%までしか妥協できない」と、強硬姿勢に転じた。

仮に停戦が成立しても、当時の状況は、セルビア人による支配地域が大きく、モスリム人からの反発は避けられなかった。ボスニアでの戦闘は、いよいよ混迷の度を強くしていた。

セルビア人の心（ベオグラード＝一九九二年六月）

九二年六月、私はセルビアの首都・ベオグラードを訪れた。まず驚いたのは、タクシー運転手をはじめとして、人々が自国のミロシェビッチ大統領の悪口を平気で言っていたことだった。「反ミロシェビッチ」の感情をむき出しにしていた。

ベオグラードの国会前に行くと連邦軍兵士の母親たちが「一日も早く息子たちを返せ」と書いたプラカードを掲げ、連日デモを繰り広げていた。

その光景を見て、私は過去のソ連や東欧諸国と違い、ミロシェビッチは、ある種「柔軟な」あるいは「しなやかな」独裁政治を行っているのではないかと感じた。取材した人々は、個人的感情を交えた意見を率直に、そしておおらかに表現していた。何も言ってはならないという息の詰まった雰囲気ではなかった。

かつての共産主義国家であれば、反政府運動はもちろん、政府批判も許されなかった。ウクライナ戦争を戦っている今のロシアでは、国民が反戦デモに参加しただけで、即逮捕され、禁固刑まで科される。プーチンが大統領就任後すぐに強権を発揮したわけではないが、長期政権を続け、戦争を始めたことで国民への弾圧を一層強めている。

同じ専制（または独裁）政治でも、なぜこうも違うのか。それは第二次世界大戦後のユーゴスラビアの歴史によるところが大きい。

旧ユーゴスラビアでは、連邦制を標榜した初代首相のチトーが、社会主義の枠内で、市場経済を導入し、民族をベースにした分権制と民主主義を認めた。共産党の指令で政治、経済、社会が動くスターリン主義と一線を画していた。

ミロシェビッチといえども、こうした「民主的」政治の伝統を無視できず、むき出しの独裁色を出せなかったのではないか。他共和国の独立を阻止するためには武力行使をいとわないが、セルビア国内では民族意識の高揚に努める傍ら、ある程度、表現の自由を認める柔らかな統治を行っていたように見える。一一年の長きにわたって権力の座にとどまり、「老練な政治家」と言われたミロシェビッチならではの手法だったのだろう。この「ソフトな独裁」によって、延命を図れたのではないかとさえ思える。


街の中心部にあるセルビア難民事務所を訪れた。ここではボスニアやクロアチアから逃れてきたセルビア難民たちの相談を受け付けていた。

さまざまな話を聞いた。「国連平和維持軍は中立を守るどころか、クロアチア軍と一緒にセルビア兵を攻撃している」「モスリム兵とクロアチア兵は、セルビア人を殺した後に目玉をくりぬくと聞いた」。これらは、サラエボから避難してきたばかりのセルビア人女性、ブコサバ・アダモビッチさん（24）とニコラ・フィリポフさん（23）が、戦場から帰還したセルビア民兵だった夫たちから聞いた話だ。

乳飲み子を抱えるニコラさんは「どうして私たちセルビア人ばかりがいじめられなければならないの？　できることなら私も戦いたいぐらいよ」と泣き出さんばかりの顔でセルビア人が置かれて

いる窮状と悔しい思いを訴えた。

しかし、私は同時に、セルビア兵が、自分で殺したクロアチア人の耳をそいだという話も聞いていた。これはクロアチア人やモスリム人からだった。戦場での様子の真偽はよく分からないが、お互いの非難合戦となっていた。

子供のいる若い母親が「戦いたい」と訴えるほど、ボスニアに住むセルビア人たちは追い詰められ、クロアチア人たちに対する憎悪を募らせていた。

難民事務所の切羽詰まった雰囲気とは対照的に街中のカフェは客があふれ、公園では市民がチェスに興じていた。戦争の影を感じさせるものはないように見えた。

しかし、これは表面的なもので、つい一か月前までは、同じセルビア人でありながらベオグラードに住む一般市民の意識と、ボスニアから逃れてきた難民の感情には大きな溝があったという。それが国連による厳しい経済制裁を受け、この意識の差が一気に縮まった。一般市民も難民も、世界から見放されたような孤立感を共有するようになっていたのだ。

経済制裁が続く中、制裁決議賛成国の外交官の乗車を拒否するタクシー運転手も出始めた。さらに英国のメディア特派員がベオグラードにおいて空気銃で撃たれ、重傷を負うという事件も起きた。

一方で、国民の間には厭戦気分も広がり、「反大統領集会」や学生デモが活発化していった。

野党勢力が結集した初めての「反大統領集会」を取材した。参加者は過去に例がない規模の約一〇万人。反政府や反戦を唱える人たちの中には、息子をクロアチアやボスニアに兵士として送った母親たちも含まれていた。

次々と演壇に立った人々は、「ミロシェビッチは辞めろ」「戦争をいつまで続けたら気が済むのだ」などと叫んでいた。

集会を呼び掛けた有力野党の一つである「セルビア改革者同盟」のベスナ・ペシッチ議長は、「他の共和国諸国と積極的な経済関係を結ぼう。そして、世界からの孤立を克服しよう」と訴えた。「これ以上、ミロシェビッチが政権に居座り続ける限り、孤立を避けるのは無理ではないか?」と聴衆に問いかけた。

集会に参加していた主婦のオリベラ・チョーラさん(47)は、「戦争責任はもちろんミロシェビッチにあるわ。でもそれを助長したのはECや米国なの。彼らは初め連邦維持を訴えたミロシェビッチに味方し、途中からは手のひらを返して、各々の共和国の独立を承認し始めた。そして今はセルビアを悪者にしているだけよ」と大統領を批判する一方、欧米の「気まぐれ外交」にも怒りをぶつけていた。

これまでは、ばらばらで弱いと言われてきた野党勢力がまとまり、政権を揺るがしかねない勢いを得たように私には思われた。

セルビアは、紛争による国家分断で各共和国間の交易が途絶え、生産量は紛争前より四〇%近くも減少していた。これを補てんするために、ハンガリーの闇市を通しての商品や通貨の取引が続いていた。それによりセルビア国民は何とか苦境をしのいでいた。

私は滞在中のある夜、「戦後日本の成功の秘密を聞きたい」と、ベオグラード市民による小さな集会に呼ばれたことがあった。十数人が集まっていた。

彼らは「今、私たちセルビア人は世界から孤立してしまっている。西欧諸国は我々を悪者扱いしている。しかし、日本はユーゴ紛争に対して中立的な立場を取っているので話ができると思う」と切り出した。

「日本は第二次世界大戦では、ドイツやイタリアと同盟を結んで戦い、負けた。それなのに、戦後は目覚ましい復興を遂げた。その理由はどこにあるのか？　今戦争をし、経済的苦境にある私達も日本から学べるものは学び、世界と親しくしながら経済発展したい」と、真剣なまなざしで口々に述べた。

私は、「日本は戦後、平和憲法を制定し、戦争放棄の条項を作った。日米安全保障条約によって国防は主に米国にゆだね、日本の産業界は非軍事部門での生産に集中することができた。政治家も『日本は経済大国を目指しても軍事大国にはなりたくない』（福田赳夫・元首相）と明言している。これが、経済発展の主因ではないかと思う」と答えた。

参加したのは主婦や会社員、学校教師などだった。他民族を批判する人は一人もいなかった。旧ユーゴ連邦では、セルビア人が多数派だったことから、他民族に比べて被害者意識が少なかったからかもしれない。とはいえ、世界からの孤立感は深く、自分たちの国を今後どうすべきかとの切実な思いがこちらにもひしひしと伝わってきた。

緊張するコソボ（一九九二年六月）

セルビアとモンテネグロ両共和国からなる「新ユーゴ連邦」は大きな問題を抱えていた。セルビア共和国内にある「コソボ自治州」である。コソボの人口の九割に当たる約二〇〇万人がアルバニア人であり、彼らは「新ユーゴ連邦」からの独立機運を高めていた。九一年秋の住民投票では国民の九〇％以上が独立に賛成していた。

しかし、セルビア共和国政府は、住民投票の結果を無効として、独立運動を力で抑え込もうとした。コソボ自治州における警察と司法権を奪取し、州政府や州議会を解散させた。アルバニア語の新聞発行を禁止し、さらにアルバニア語でのラジオ放送を大幅に制限した。アルバニア人から抑圧されていると訴えてきた「少数派」セルビア人の権利擁護のためだった。

九二年春になると、「新ユーゴ連邦軍」はコソボの州都プリシュティナに集結した。マケドニア共和国の独立後、同共和国から撤退しコソボに駐留していた部隊と、国境管理に当たっていた部隊を集めたのだ。彼らは街の要所に戦車を配置した。一日数回にわたって戦闘機を低空飛行させ、住民を威嚇していた。

コソボは、セルビア人にとって特別な土地であることは前に述べた。このため、コソボ自治州を死守することは各共和国の独立によって縮小を余儀なくされた「新ユーゴ連邦」の最後の使命ともいえた。

これに対して、コソボのアルバニア人たちは自分たちこそ先住民だという意識が強かった。発禁されたアルバニア新聞の記者は「コソボでは義務教育（八年間）を終えるとアルバニア語による教育が禁止される。アルバニア系の高校教師たちはアルバニア語による教育を認めさせようとデモを企画したが当局につぶされてしまった」と話していた。

「できるだけ早くコソボの独立を勝ち取り、可能ならアルバニア共和国と一緒になりたい」と願うアルバニア系住民が多かった。

コソボは当時から、いつ戦争が起きてもおかしくない緊迫感に包まれていた。

国連平和維持軍　初の予防的展開（一九九二年一二月）

アルバニア人とセルビア人が対立するコソボの緊張は、マケドニアへと飛び火する恐れがあった。というのも、マケドニアの人口対比はマケドニア人が人口の八割弱を占め、残り二割以上がアルバニア人だったからだ。

グリゴロフ大統領は、紛争を避けようと国連に平和維持軍の派遣を要請した。国連は九二年一二月からマケドニアとコソボの国境周辺に部隊を置くことを決めた。マケドニアへの国連軍の配置は、紛争が起きていない地域で、紛争を防止することを目的とした「予防的派遣」という意味合いが強い。国連としては初めての措置だった。

この措置が功を奏してか、マケドニアは旧ユーゴ連邦の共和国としては珍しく、戦争を経験せずに独立できたのだった。

ボスニア紛争終息からコソボ紛争へ

私の帰任後も、ボスニアでは激しい戦闘が続いた。紛争は多数の犠牲者を出し、終結に向けては難航を極めた。私の任期以降だが、ボスニア紛争からコソボ紛争に至った経緯を大筋で説明したい。

スレブレニツァの虐殺（ボスニア紛争＝一九九五年七月）

サラエボを包囲するセルビア人勢力に対して、九二年五月にはボスニア共和国軍とクロアチア共和国軍が共同戦線を張った。しかし、一〇月になると、クロアチア人勢力とモスリム人勢力が戦闘を始め、それ以降、セルビア、クロアチア、モスリムの三つ巴の戦いが繰り広げられることとなった。

国連を始めとするいくつかの和平案も提示された。内容は割愛するが、「ヴァンス＝オーエン和平案」、米英独仏ロによる「コンタクト・グループ和平案」「オーエン＝ストルテンベルグ共同和平案」などだ。しかし、いずれも実現しなかった。

クリスマス行事のための停戦も幾度かは実施された。しかし、停戦期間中に各勢力は兵力を増強することに専念した。そのため、停戦協定が破られると、さらに戦闘は激化するという事態が続いた。

国連は、九三年春、「スレブレニツァ」「サラエボ」「ツヅラ」「ゼッパ」「ゴラジデ」「ビハッチ」の六都市を「安全地域」に指定し、国連の保護下に置くと宣言した。

この「安全地域」構想はもともと「赤十字委員会」が提起したものだ。紛争に関連しない「非武装地域」を設定することによって、紛争地の人々の安全を保障しようとするものだった。

しかし、セルビア人勢力は、これらの「安全地域」に対しても攻撃の手を緩めなかった。一年後の九四年には、「安全地域」の一つである「ゴラジデ」を制圧した。また「サラエボ」にあった国連保護軍の武器集積所を襲撃し、重火器を奪っている。

九五年に入ると、セルビア人とムスリム人の間での戦闘はさらに激化した。国連保護軍司令官は両勢力に対してサラエボの二〇キロ圏内にある重火器の撤去を求めた。これに応じなければＮＡＴＯ軍に空爆を要請すると警告した。しかし、この警告はセルビア、モスリム双方に無視された。結局、国連は空爆を要請し、ＮＡＴＯ軍は、サラエボ近郊の「パレ」にあるセルビア人勢力の武器庫を空爆した。それに対抗して、セルビア人勢力は国連保護軍のメンバー三四〇人以上を人質に取ったのだ。ボスニアでの紛争は、国連を巻き込み泥沼化していった。

元来、国連は平和維持活動中に紛争当事者から攻撃を受けた場合にのみ、自衛目的でＮＡＴＯ軍に空爆を要請することができる仕組みになっている。「近接航空支援（限定空爆）」と呼ばれるもので、「正当防衛のための空爆」であり、これが国連の行動の限界だった。

しかし、国連はこの限界を超え、防衛能力を高めるためにNATOに要請して、セルビア勢力の武器庫を先制攻撃した。国連は「正当防衛理念」から一歩踏み出した行為を取ったのだ。

セルビア人勢力は同年夏、さらに「安全地域」の「スレブレニツァ」を攻撃した。この「安全地域」には、国連保護軍監視所が五か所置かれていたが、そのうちの二か所を軍事制圧し、国連オランダ部隊の兵士十数人を拘束している。カラジッチは「スレブレニツァはモスリム兵の出撃基地だ。我々はモスリムのテロリストに対してはこれ以上寛容にはなれない」と攻撃を正当化した。

その指揮下にいたセルビア人右翼民族主義者ラトコ・ムラジッチ司令官も「国連がNATO軍に再び空爆を要請するなら、我々はモスリム避難民を攻撃する」と警告し、さらに「ジェパ」への攻勢も宣言した。

この宣言通り、セルビア人勢力は、翌日から「スレブレニツァ」に住むモスリム人追放を本格的に始めた。一万四〇〇〇人もの人間をバスに乗せ、北西に位置するモスリム人支配地域の「クラダニ」やその先の「ツヅラ」に強制移動しようとしたのだ。そのほとんどは女性や子供だった。しかも半数以上が、移送中のバスから降ろされた。人々は徒歩で「クラダニ」「ツヅラ」に向かった。「スレブレニツァ」には当時、三万人のモスリム人が住んでいた。しかし、国連が紛争後に確認できた住民は二万三〇〇〇人。七〇〇〇人余り（一説には八〇〇〇人強）は行方不明となった。

一か月近く後、米国は、この強制移住に関して衝撃的な内容を公表した。「スレブレニツァ」の戦闘後、米国のスパイ偵察機が空中撮影したときに、パイロットは不思議な風景を目にしたという。

さらに近付くと、地面に巨大な穴が掘られ、それをブルドーザーが埋め戻した痕跡だった。

　この報告を知り、米国人記者が現地調査に赴いた。それはモスリム人の遺体が埋められた跡だった。その穴からは大量の人間の大腿骨やすねの骨、さらに数百発の薬きょう、卒業証書やスナップ写真が発見された。近くのサッカー場では人糞や大量に流れた血痕も見られた。国連が発表した七〇〇〇人余りの行方不明者はほとんどが男性であり、彼らはここで虐殺されたことが明らかになった。このリポートは世界を震撼させた。

　虐殺現場は国連の指定した「安全地域」だった。「安全地域」を防御するためには国連軍の兵力が必要だった。だが、当時「スレブレニツァ」を守る軍事要員はわずかなオランダ兵のみ。一〇倍以上の兵力を持つセルビア側からの攻撃にはひとたまりもなかった。

　こうした惨事に見舞われながらも、十分な兵力を国連が集結させる力を持ちえるかの問題は残ったままだった。国連安保理は「安全地域」構想を承認しながら、多数の兵力を送り込むことには極めて消極的だった。

　当時のガリ事務総長が六つの「安全地域」防御に必要だと考えたのは、三万四〇〇〇人の軍事要員だった。だが、実際に安保理が承認したのは七六〇〇人であり、しかも、この増員が実現したのは一年後だった。

　前述したようにユーゴ紛争中には、「民族浄化」が頻繁に行われた。他民族の追放だけでなく、虐殺に発展するケースも何件か発生した。「スレブレニツァ」では、この事件の前にモスリム人による一〇〇〇人規模のセルビア人虐殺事件も起きている。

しかし、この「スレブレニツァの虐殺」ほど大規模で衝撃的なものはなかった。この「民族浄化」の考えはナチス・ドイツによるユダヤ人やロマ族の追放・虐殺に通底している。

第二次世界大戦後のヨーロッパで、再びこのような残虐な事件が起こるとは、誰が予想しただろうか。

それから二七年後の二〇二二年四月、今度はウクライナ戦争で、似たような事件が起きた。ウクライナの首都キーウ近郊の村・ブチャで後ろ手に縛られ、拷問を受けた市民の遺体が数百体も路上に転がっていたのだ。ロシア兵によって惨殺されたものと思われる。戦争では兵士がここまで残酷な行為に走れるのかと、暗澹たる気持ちにさせられる。

嵐作戦（クロアチア紛争＝一九九五年八月）

ボスニア紛争では九四年中頃までは、セルビア人勢力の軍事力が勝っていた。しかし、クロアチア人、モスリム人両勢力も戦力を増強し、セルビア人側を徐々に圧倒していった。追い詰められたセルビア人勢力は、国連をも敵とみなし、反撃することが増えていった。

セルビア人勢力の劣勢を象徴する大きな事件はクロアチアによる「嵐作戦」だった。初期のクロアチア紛争で、セルビアがクライナ地方などクロアチア共和国の三分の一を制圧したことは前述した。しかし、クロアチア政府軍は、その後三、四年かけて力を蓄え、九五年夏、クライナ地方を奪還する目的でセルビア勢力に総攻撃をかけたのだった。

クロアチア共和国は一〇万人規模の政府軍兵士を動員し、クライナ地方にあるセルビア勢力の本拠地「クニン」への砲撃を開始した。空港を空爆後、国連が監視していた停戦ラインの三〇か所を突破してセルビア人居住地域へと進攻した。同時に首都「ザグレブ」の南部、ペトリニャに進攻し、制圧した。

これに合わせて、ボスニア政府軍と、ボスニアにいたクロアチア人勢力は国境を越え、クロアチア政府軍に合流した。両者はそれまでの反目と戦闘を一時停止し、協力体制を取ってセルビアへの戦闘に臨んだのである。

これに対し、セルビア勢力は五万人規模で、クニン周辺から、カルロバツ、シサクなどへミサイルで反撃した。

この間、国連軍から派遣されたデンマーク兵士一人が死亡している。クロアチア政府軍の進攻が原因だった。クロアチア・クライナ地方の停戦を監視する国連軍司令官は、NATO軍によるクロアチア政府軍への空爆もあり得ると警告した。EUの組織である「旧ユーゴ和平国際会議」のカール・ビルト共同議長も、「クロアチア軍による総攻撃は（セルビア人居住地からセルビア人を追い出す行為で）戦争犯罪に等しい」とする非難声明を出した。

しかし、米国は、「ボスニア北西部の『ビハッチ』でのセルビア人による攻撃を食い止めるためには、クロアチア政府軍のクライナ地区進攻はやむを得なかった」（ウィリアム・ペリー国防長官）

と述べ、NATO軍がクロアチア軍を空爆する作戦には消極的態度を取った。これは米国が、ビルト共同議長の非難声明を無視したことを意味した。

結局、クロアチア政府軍は三〇時間余りでクニンを制圧した。セルビア人勢力はその周辺部で戦闘を続けたものの、翌日には全面降伏し戦闘はクロアチア側の勝利に終わった。

「新ユーゴ連邦軍」によるクライナ地区のセルビア勢力への援護はなかった。実権を握るセルビア共和国は事実上、クライナ地方を見捨てたのだった。

これに伴い、同地域に住んでいた二〇万人とも言われたセルビア人は、ボスニアの「セルビア人居住区」に脱出した。逃げ惑うセルビア難民に向けて、クロアチアとボスニアの両政府軍が発砲する事件も起きている。

「新ユーゴ連邦」は、クロアチア政府軍によるクライナ制圧後、クライナからのクロアチア軍撤退とクロアチア共和国への制裁を国連に求めた。ロシア共和国も三六時間以内のクロアチア軍完全撤退を求め、和平交渉を促す決議案を国連に提出した。

国連安保理は対応策を協議したが、米国は自国領土内でのクロアチアの軍事行動には介入すべきではないとクロアチアを擁護した。ドイツは安保理メンバーではないが、米国の立場を支持した。

これにより、クロアチア紛争における米独とロシアとの対立が鮮明となったのである。

一方、英国は、クロアチアによるクライナ地方制圧は「民族浄化」に等しいと米国の対応に反対する立場を取った。マイケル・ポーティッロ英国防相は「セルビア人を長年住んでいた場所から追放し、その過程において多くの人々を殺したことは到底受け入れられない」とクロアチア共和国を厳しく批判した。さらに「国際社会の目的は停戦を実現させ、対立する両勢力を交渉のテーブルに着かせるよう努力することだ」と、米独との立場の違いを明確にした。

湾岸戦争を含め米国と同一歩調を取ることが多かった英国が、これほど公然と米国を批判することは珍しい。

クロアチアは「嵐作戦」によって強引にクライナ地方を奪還し、クロアチア紛争はようやく終結することとなった。

しかし、ECと国連が達成できなかった紛争解決を、米国が背後からクロアチアを支援することにより達成したことは、あまり知られていない。

クロアチア紛争勃発からボスニアへと戦火が拡大して三年半の間に、旧ユーゴ連邦内のパワーバランスは確実に変わっていた。劣勢だったツジマン大統領率いるクロアチアが優位に立ち、当初、優勢だったミロシェビッチ大統領率いるセルビアは守勢に立たされたのであった。

ボスニア内のセルビア人勢力も、セルビア共和国の支援が無ければ、これまで制圧した地域を失いかねない状況に陥りつつあった。

デートン合意（一九九五年一一月）

九五年八月末、ボスニアのセルビア人勢力がサラエボ中央市場に砲弾二発を撃ち込み、市民三七人が死亡する事件が起きた。それを契機に、NATO軍はセルビア側への熾烈極まる空爆を始めた。しかも、この空爆決定は国連ではなく、NATO独自で下したものである。

NATO軍はこの空爆の目的を、セルビア人勢力の「重火器撤去」「指揮系統破壊」「ミサイルシステム破壊」などとした。空爆は約二週間にわたり計一〇回を数えた。この空爆は一九四九年のNATO発足以来、初めての本格的軍事介入であった。コソボ紛争でのNATO軍の攻撃はさらに激化していく。この点については後述する。

「嵐作戦」に敗北して輸送ルートを絶たれたうえ、ボスニアとクロアチアとの緩衝地帯だったクライナを失ったことはセルビアにとって大きな痛手となった。こうした情勢下でNATO軍からの空爆を受けたのである。セルビア人勢力は重火器撤去に応じざるを得なくなった。

NATOが独自の判断で空爆を行うことに対して、ガリ国連事務総長は暗黙の了解を与えていた。その「内部文書」の存在を、ロシアが暴露している。

セルビア人勢力を劣勢に追い込んだこの時点で、米国は新たな和平調停に乗り出した。そして、セルビア、クロアチア、モスリムの三当事者への米国による協議が始まった。「調停」は、国連から米国へと主導権が移ったのであった。

クロアチアの「嵐作戦」を後方支援したのは米国だ。調停に向けた一連の動きは米国が練った戦略だったとも言える。

この調停で、米国は「ボスニアは主権国家として存続し、その四九％にあたる地域をセルビア人、残り五一％をモスリム人とクロアチア人が支配する」という構想を、ミロシェビッチ、ツジマン、イゼトベコビッチの三共和国大統領に提示した。九五年一一月、米オハイオ州デートンで三当事国がこの調停案に合意した。いわゆる「デートン合意」である。翌月、パリにおいて正式に調印されている。

この合意により、ボスニア・ヘルツェゴビナは、モスリム人とクロアチア人による「ボスニア連邦」とセルビア人の「セルビア共和国＝スルプスカ共和国」の二つの構成部分（国家内国家）からなる連邦国家となった。他国との現行国境は維持し、首都サラエボは「ボスニア連邦」が管理することが確定した。

前述したように九二年にはミロシェビッチとツジマンが、ボスニアを三分割する密約を交わしていた。結果として、モスリム人とクロアチア人が一緒に「ボスニア連邦」を構成した以外は、三分割案に近い形になった。ボスニアを犠牲にしてセルビア、クロアチアとも戦争によって大きな成果を獲得したのである。

紛争前、人口の四四％を占めていたモスリム人は、国土の五一％の地域の中にクロアチア人と一緒に住むことになった。これに対してセルビア人は、三三％の人口比を上回る四九％の国土を獲得した。セルビアはクロアチアのクライナ地方を失ったものの、ボスニアではセルビア人地域を拡大し、密約を実質的に実現したことになった。クロアチア人は人口比一七％だったが、モスリム人と一緒とはいえ、実質的な支配地域は人口比を上回ることになった。

ボスニア紛争による死者の六〇％以上はモスリム人だった。しかも圧倒的に民間人が多い。モスリム人が最大の被害者だった。

以上の理由から「ボスニア・ヘルツェゴビナ共和国」のイゼトベコビッチ大統領にとって、「デートン合意」は満足のいくものでないことは明らかだった。だが、それ以上戦争を続け、被害を拡大することはできないとの苦渋の判断を下したと思われる。

戦争で互いに殺し合いをした三民族が一つの国家の中で共存していくことは難しい。「デートン合意」で誕生した「ボスニア連邦」のモスリム人とクロアチア人はお互いを敵とみなし戦ってきたばかりだった。政情は不安定なため、合意に際して、六〇万人のＮＡＴＯ軍が一年間、「ボスニア・ヘルツェゴビナ共和国」に留まり、兵力の引き離しや、停戦を監視することになった。ＮＡＴＯ軍の駐留は、実際には期間を延長し、九七年半ばまで続いた。

これが功を奏してか「ボスニア・ヘルツェゴビナ共和国」ではその後戦争は起こらず、平和は維持されている。

コソボ紛争（一九九八年二月～一九九九年六月）

「デートン合意」でユーゴ紛争は終わったかに見えたが、火種は残っていた。今度はユーゴ紛争前から緊張状態が続いていた「コソボ」だった。

コソボは、紛争前はセルビア共和国内における自治州のひとつだった。人口の九割をアルバニア人が占めており、セルビア人は一割弱であった。それにも関わらず、九〇年、ミロシェビッチ大統領はコソボ自治州の自治権をはく奪した。当然、多数派のアルバニア人は自治権の復活を求めた。しかし、セルビアは翻意しなかった。アルバニア人の中から、コソボの独立を求める過激派武装組織「コソボ解放軍（ＫＬＡ）」というグループが出てきた。「ＫＬＡ」はセルビア人に対する殺害や強姦などの暴力行為をゲリラ的に展開していった。

そこで九八年、セルビアは「ＫＬＡ」掃討作戦を開始した。これに対し、「ＫＬＡ」はアルバニア共和国の武器庫から略奪した兵器で激しく応戦し、両者による戦闘は歯止めが利かなかった。この戦闘はなかなか決着せず、セルビアはコソボに住むアルバニア人二五万人を追放するという強硬手段に出た。コソボ紛争での最初の「民族浄化」だった。追放はその後も続いた。

九九年一月、セルビア警察がコソボに住むアルバニア人四五人を殺害するという事件が起きた。その様子を収めた写真が世界中に報道されると、もともと反セルビア感情を持っていた欧米諸国の人々の間にセルビアへの嫌悪が一層強まった。

そのような中で、米ロ英仏独五か国は、「新ユーゴ連邦」に対して和平案を提示した。セルビア共和国大統領の任期が切れ、「新ユーゴ連邦」大統領に転じたミロシェビッチは、これを拒否した。和平案には、ＮＡＴＯ軍を「セルビア共和国」領内に駐留させるという内容が含まれていたからだ。

交渉は中断されたまま、新ユーゴ連邦軍はコソボ北西部に大攻勢をかけた。

これに対抗し、ＮＡＴＯ軍による激しい空爆が始まった。この空爆は、またも国連の決議なしで

NATO軍が独自に実行したものであり、「新ユーゴ連邦」全域に及んだ。

米艦船とB52爆撃機から約一〇〇発前後の巡航ミサイルが発射された。NATO空爆の第一撃は「新ユーゴ連邦」の「地対空ミサイルやレーダーなどの防空施設」「通信施設」「指揮系統」に照準が合わされた。

すべてのユーゴ紛争に加担しながら、それまで一度も自国を攻撃されたことがなかったセルビア、さらに連邦構成国であるモンテネグロも初めて被災することになった。

空爆は七八日間に及び、三万四〇〇〇回を数えた。その結果、一万人の「新ユーゴ連邦」軍兵士と民間人一二〇〇人が亡くなったと言われている。NATO軍が在ユーゴ中国大使館を誤爆し、職員など二九人が死傷するという事件も起きている。

そして、「新ユーゴ連邦」の道路、鉄道などのインフラや、首都・ベオグラードに甚大な被害を与えた。反面、NATO軍の人的被害はゼロに近かった。

この紛争は九九年六月、「新ユーゴ連邦」がコソボから軍の完全撤退に合意し、NATO軍も作戦を停止することで決着した。

これによって一九九一年六月から八年間続いてきた一連のユーゴ紛争はやっと終結した。

この時、国連安保理はNATO軍を核とする「国際治安部隊」をコソボに派遣する決議を行っている。具体的な任務は次の通りであった。

「新ユーゴ連邦」の主権と領土保全を尊重しながら、国連憲章第七章に基づく「国際部隊」をコソボに駐留させる。コソボ住民は連邦枠内での自治権を持つ。コソボの将来の地位を決定する政治プロセスを促進する。旧ユーゴ国際戦犯法廷に全当事者が協力する。

以上であるが、要約するとコソボの自治権は尊重するが独立は認めず、再び紛争を起こさないために国連が暫定統治するというものだ。コソボをめぐる独立問題を含めた将来の在り方についての議論は先送りされた。

セルビアの実効支配から解放されたものの完全な独立は達成できず、コソボは「独立国でもなく、他国の支配下にもない」という不安定な立場に置かれた。

その後、二〇〇七年の選挙でコソボ独立を主張する「コソボ民主党」が第一党になり、翌年二月のコソボ自治州議会はセルビアからの独立宣言を採択した。当然ながらセルビアは反対した。その後、米英独仏日はコソボ独立を承認したが、ロ中印、スペインは承認しておらず、コソボは現在も「未承認国家」の状態が続いている。

「新ユーゴ連邦」の一角を構成するモンテネグロは、セルビアの言語、文化に近い。そのため唯一、セルビアと歩調を合わせてきた。しかし、コソボ紛争で空爆を受けた後、「新ユーゴ連邦」からの独立を志向する動きが強まった。二〇〇三年に連邦制を解消し、より独立色の強い二国連合に転換した。

二〇〇六年には独立の可否を問う国民投票が実施され、独立支持派が五五%を獲得し、かろうじて反対派を制した。これを受けて二国連合も解消され、セルビアはモンテネグロの独立を承認した。六共和国二自治州からなっていた「旧ユーゴ連邦」は、「ユーゴ紛争」の結果、六つの独立国と一未承認国家（コソボ）、一自治州（セルビア共和国内ボイボディナ）に分かれて現在に至っている。その後、紛争は起きていない。

NATO空爆と国連の役割

ここで、NATO軍による空爆について考えてみたい。

ボスニア紛争における空爆は国連の要請によって行われた。当初は、国連の軍事要員を守る防御的なものだった。だが、次第に国連に脅威を与えるものを排除するという理由から、セルビア人勢力の軍事拠点を先制攻撃したことは前述した通りである。

コソボ紛争ではさらに、「新ユーゴ連邦」に激しい攻撃を加えた。これは、紛争調停者の立場を明らかに逸脱し、紛争当事者の一方に加担した行為だった。

NATO軍は、空爆の根拠として、人権侵害を加えられている人々を守るための「人道的介入である」と表明した。欧州諸国が反対、または留保している中で国連の承認なしに行った行為だった。

コソボをセルビア共和国内の自治州だと捉えれば、セルビア対コソボの戦いは「内戦」であり、外部機構が紛争当事者の一方を攻撃するのは国際法違反に当たる「内政干渉」と言えた。

冷戦の終結により、存在意義を問われていたNATOは、まず統一ドイツを傘下に収めることで、新生ドイツが強大化したり、暴走したりしないよう、歯止めとしての役割を見出した。ＮＡＴＯが欧州の安定に寄与するという建前だった。

これに新たに加わった役割が、「域外派兵」と「地域紛争への人道的介入」だった。ＮＡＴＯに加盟していないユーゴで、紛争調停に乗り出したのが「域外派兵」であり、コソボ空爆は「地域紛争への人道的介入」だった。ＮＡＴＯ軍を主導する米国の意向が色濃く反映されていた。

一方で、ＮＡＴＯは、セルビア人に対するＫＬＡ（コソボ解放軍）の過激な行為は不問に付した。八年にわたるユーゴ紛争を、欧州のみでは解決できず、米国の「力による解決」に頼らざるを得ないことが露呈された。

国連も大きな力を発揮できず、国連の行動原則である「中立」の基本姿勢が問い直されることにもなった。

国連内では、「中立」の立場を守ろうと努力した人が多かった。しかし、「中立」は、それぞれの紛争当事国から距離を置くことになり、どの陣営からも「我々の敵だ」と見なされてしまいかねない。国連は、反セルビアの米国やドイツに翻弄された。

今回のウクライナ戦争では、紛争当事国のロシアが国連安保理の常任理事国であり、核大国であるため、ＮＡＴＯ軍は出撃できない。仮にＮＡＴＯ軍がロシア軍を攻撃すれば、ロシア側が報復として核兵器を使いかねない。ロシアが反撃した場合、ＮＡＴＯは集団安全保障体制を取っているので、加盟国すべてが参戦することになり、核を使用した第三次世界大戦に発展する可能性を否定できないからだ。

国連も、ロシアが拒否権を発動することが明らかな以上、平和維持軍をウクライナに派遣できない。

ウクライナ戦争は、ユーゴ紛争をはるかに超える難しい状況に置かれている。

コソボ紛争では、ロシア（九一年末のソ連崩壊後なのですでにロシアである）はどう動いたのか。

この時、ロシアは当然ながら紛争当事国ではなかった。しかし、「親セルビア」の立場から、「反セルビア」の旗幟を鮮明にしたＮＡＴＯとは緊張関係が生じていた。

コソボ停戦時、ＮＡＴＯ軍の進駐前にロシア軍をコソボの首都・プリシュティナに送ったのはその表れである。ロシア軍は少数だったが、しばらくの間、欧米とロシアで外交的駆け引きが続いた。

コソボの暫定統治が欧米主導で進むことに反発したロシアの一種のデモンストレーションだった。政治学者である下斗米伸夫氏が二〇二二年に著した『プーチン戦争の論理』によれば、この時のロシア部隊を指揮したのがプーチンだったというから歴史の巡り合わせはなんとも不思議だ。

当時、ロシアは同じ国連常任理事国の中国とともにＮＡＴＯの空爆に猛反対し、国連安保理による空爆承認決議を阻んだ。

クロアチア軍がクロアチア内クライナ地区で、セルビア人勢力に猛攻撃をかけた「嵐作戦」同様、ここでも米ロの確執が再び明確になった。

エリツィン大統領率いる当時のロシア政府は、地政学的に重要性を持つＣＩＳ諸国や東欧諸国を影響下に置きたいと考えていた。一方、米国は、冷戦終結により強大な力を示すようになり、紛争解決に向けて欧州各国をけん引した。

ゴルバチョフ時代の「蜜月」と言えた米ソ（ロ）関係は、ユーゴ紛争を通して少しずつ変化していった。この後の展開は、「新冷戦」の項目の中で詳述する。

紛争の拡大なぜ①　ユーゴ連邦内の事情

ユーゴ紛争は大きな犠牲を払いながら、なんとか終息した。しかし、なぜ紛争を長い間、止められなかったのだろうか？　その疑問が今も残る。

複雑な背景を抱えながらもユーゴスラビアは第二次世界大戦後、市民の平和な暮らしが続いていた。それには大戦後、三〇年以上にわたって「ユーゴスラビア連邦（ユーゴ連邦）」をけん引してきたチトー元大統領の掲げた「連邦主義」について考える必要がある。「ユーゴ連邦」建国に至る歴史的背景を概観する。

第一次世界大戦終了とともに、オーストリア・ハンガリー帝国が瓦解した。その領土だったクロアチアとスロベニアは、セルビアが構想する南スラブ人王国の建国に参加しようとした。名称は「セルビア人、クロアチア人、スロベニア人王国」だった。二九年には「ユーゴスラビア王国」と改称されている。

第二次世界大戦中、「ユーゴスラビア王国」は、国軍のクーデターにより解体されてしまった。

その後、クロアチアの民族主義集団「ウスターシャ」が、「クロアチア共和国」を設立した。その「ウスターシャ」は第二次大戦中、ナチス・ドイツに協力し、セルビア人やユダヤ人、ロマ族などを四〇万人にわたって虐殺した歴史を持つ。これに対して、セルビア人の民族主義集団「チェトニック」も大戦終了間際に「ウスターシャ」への報復としてクロアチア人を大量虐殺している。

そうした両民族間の凄惨な争いの中で、「共産主義パルチザン」（一般民衆によって組織された非正規軍。ユーゴでは「国民解放軍」と呼ばれる）を指揮したチトーは、ナチス・ドイツと戦うとともに、「ウスターシャ」「チェトニック」との戦闘にも勝利した。そして、一九四五年に連邦主義を掲げる「ユーゴスラビア連邦」を建国したのである。チトーは、父がクロアチア人、母がスロベニア人で、多数派のセルビア人ではなかったが、多くの民族の支持を受けた。

民族間の殺し合いを経験し、傷ついた人々が、多民族同士の融和を図る連邦主義者チトーのもとに結集したと言われる。

チトー率いる「ユーゴ連邦」は、ソ連の軍事支配で生まれた東欧の共産主義各国とは成立過程が違った。独自の政治理念をもとに打ち立てられた共産主義国家だった。このため、人々は自国に強い自負心を持ち、上からの指令で政治、経済、社会が動くスターリン主義には安易に与《くみ》しなかった。「ワルシャワ条約機構」にも入らず、西側諸国との交易や人的交流を深めた。西側との垣根は低く、ヨーロッパ諸国や米国などに出向き、本国へ仕送りする例も多く見られた。

強烈なカリスマ性を持ったチトーだったが、八〇年に死去すると、抑えられてきた各々の民族主義が表面化していった。当時、外国からの多大な債務を抱え、国内の経済状態が疲弊しきっていたこともその要因だった。

そして、八〇年代末になると、セルビアではミロシェビッチが、クロアチアではツジマンが国のリーダーになっている。両者とも筋金入りの民族主義者であった。

紛争の拡大なぜ②　二人の主役

ユーゴ紛争を泥沼化させた二人の主役について記したい。ミロシェビッチ＝セルビア大統領とツジマン＝クロアチア大統領だ。特にミロシェビッチは紛争すべてに関わり、ユーゴ連邦の完全解体という結果を招いてしまった。

ミロシェビッチはもと銀行員だった。その後、政治活動に入り、八七年に「セルビア社会主義共和国幹部会」議長として権力を掌握した。その頃から、共産主義者よりセルビア民族主義者としての性格を鮮明にしていた。

当時、コソボで行った演説はそれを端的に表している。アルバニア人の警察官から暴行を受けたと憤るセルビア人群衆に、「この土地はもともと我々セルビア人の土地だ。その持ち主でもないアルバニア人が諸君を殴るという不逞を許してはならない」。

この演説は、コソボ在住のセルビア人たちの反アルバニア人感情に火をつけたと伝えられる。ミロシェビッチは演説を通してセルビア人の民族意識を喚起し、鼓舞できることをよく知っていた。

コソボは、セルビア人にとって意義深い土地だ。一三八九年にバルカン半島に攻め入ったオスマン・トルコ軍をセルビア王国軍がここで勇敢に迎え討った。そして、多くの兵士が死んだ。このため、一四世紀以来セルビア人は、コソボを「セルビア民族精神高揚の場」と位置づけてきた。「樹木に例えれば、コソボはセルビアの根だ。根を切ってしまえばセルビアという木全部が腐ってしまう」というセルビアのヨカノビッチ国会副議長から聞いた言葉が今も印象に残っている。

九〇年九月にセルビア共和国大統領となったミロシェビッチは、ユーゴ紛争全般にかかわることとなった。彼は当初、ユーゴ連邦維持を第一の目標に掲げていた。しかし、それが不可能になった場合、各共和国内にある「セルビア人居住地域」をセルビア共和国に併合する「大セルビア主義」の構想も併せ持っていた。

スロベニアのカチン情報相が「ミロシェビッチは、連邦維持と『大セルビア主義』という二つのゲームを同時にやっている」と指摘していたことは前述した。独立を宣言したスロベニア、クロアチア両共和国をミロシェビッチは武力で弾圧した。

しかし、セルビア人との民族問題がないスロベニアをわずか一〇日間の戦闘で放棄している。つまり、連邦維持という名目を、スロベニアに限っては、いとも簡単に捨てたのだ。これは、いくつかの共和国にあった「セルビア人居住区」をセルビアに併合することが彼の最大目的だったことを裏付けている。

また、「セルビア共和国こそ、旧ユーゴ連邦の正統的継承国家である」という主張を国際的に認めてもらうことと、ユーゴ連邦にある軍備などの資産をそのまま受け継ぐのも目的だった。

彼のこうした「大セルビア主義」が、ユーゴ紛争を泥沼化させる要因の一つになったと言えよう。しかし、「セルビア悪玉説」が世界中で広がり、クロアチアからボスニアへと戦禍が拡大し、戦争長期化と経済破たんによって、疲弊していったセルビア国民の中から「反ミロシェビッチ運動」が展開されてもいた。

内外からの批判を受け、同大統領はイメージの転換を図った。「大セルビア主義」を声高に叫ぶことを控えだしたのだ。

その表れとして国連が九二年二月、クロアチア共和国内の「セルビア人居住地域」へ平和維持軍を派遣することを決定した際には歓迎の意向を示した。さらに、国連平和維持軍派遣に反対するバビッチ・クライナ自治共和国大統領の説得にも努めている。ボスニア紛争においても、同共和国内に住むセルビア人の民族意識を煽る姿勢は控えるようになった。

ミロシェビッチが国連平和維持軍派遣を歓迎したのは、クロアチアの「セルビア人居住地域」が将来、確実にセルビアに併合されるという確信があったからだ。だが、それ以上に、和平への貢献を積極的に示すことにより国内で高まる不人気を挽回し、国際的評価をも回復させて政権の延命を図ろうとした。

ミロシェビッチの思惑とは別に、戦死者が続出したうえ、一年間で三〇〇〇％以上のインフレと三〇％の生産ダウンという悲惨極まる経済状況は国民生活を直撃し、厭戦気分は大きく広がっていった。

九二年春には、少数野党の「民主党」が、大統領辞任を求めて三〇万人以上の署名を集め、最大野党「セルビア再生運動」もこれを支持した。これに合わせて各野党が協力し合い、大統領の辞任を求める大規模集会も開いた。

しかし、ミロシェビッチはしぶとく権力を掌握し続けた。各共和国が国民投票を経て次々と独立を果たし、連邦体制が崩壊していく途上の同年四月には、セルビア共和国とモンテネグロ共和国の二か国で構成する「新ユーゴスラビア連邦」を樹立している。

初代大統領にはドブリツァ・チョシッチ、首相にはミラン・パニッチが就任したが、実質的な権力はミロシェビッチが握っていた。事実、九七年には「新ユーゴ」連邦の大統領に就任した。

国民による反政府運動の高まりを受けて、ミロシェビッチは連邦政府内の軍事強硬派を解任した。同時に、国連から五月末までに完了するよう申し渡されていた連邦軍のボスニア・ヘルツェゴビナからの撤退も始めた。

しかし、連邦軍を構成していた多くのセルビア人がそのままボスニアに残ったので、これは形式的な撤退と言えた。そのため、国連もミロシェビッチの対応を評価せず、五月末からセルビアのみに経済制裁を科したのは前述した通りである。

ミロシェビッチは表向きは撤退という和平路線を取りながら、その実、ボスニア紛争を外部からコントロールし、「セルビア人居住地区」の併合にこだわった。狂信的な民族主義者の顔は見せず、取り巻く状況を見据えて柔軟に作戦を変える百戦錬磨の政治家であったと言えよう。

　ここでクロアチア大統領のツジマンについても触れたい。彼はかつてチトーの下で働く軍人だった。九〇年に「クロアチア民主同盟（ＨＤＺ）」を結党し、この年の選挙で当選し大統領となっている。クロアチア民族集団の支持を得ていたことが勝因の一つと見られていた。

　彼は、「クロアチアの独立達成」という政治目標を掲げ、それにまい進した。人権や国際法などについては関心も知見もなく西欧諸国から批判されてもいた。

　彼はかつて、演説の中で「ボスニアはクロアチア民族の国民国家だ」と明言したことがある。ボスニアにいるモスリム人はもともとイスラム化されたクロアチア人であるという考えからだった。第二次世界大戦での「ウスターシャ」によるセルビア人への大量虐殺に対しても、その責任はないとするクロアチア至上主義者でもあった。

　つまり、ミロシェビッチの「大セルビア主義」に対抗して、ツジマンは「大クロアチア主義」を標榜していたのである。

　こうした人物がクロアチアの大統領になり、独立を宣言したことは、クロアチアに住むセルビア人の緊張と恐怖感を極度に高めた。そして前述したように九一年のセルビア人によるクロアチア警官殺害事件が起きた。恐怖から来る過剰防衛の表れだったと言われている。

　ミロシェビッチ、ツジマン両大統領は、敵対しながらも、領土拡大の観点から自分たちの利益になると判断した際には手を組んでいる。その典型がボスニア紛争での領土分割構想であった。

ボスニアでは多くの無辜の人々が大きな惨事に巻き込まれていった。その責任の多くはミロシェビッチとツジマンにある。両大統領は、それぞれの国営放送を使って他民族への憎悪を煽った。セルビアは第二次大戦で「ウスターシャ」、クロアチアは同様に「チェトニック」による残虐行為の映像を毎日のように流した。

紛争が始まった九〇年代初頭には、両グループに親族を殺された人々がユーゴ連邦内にはまだ多く住んでいた。ユーゴ紛争はこうした人々の歴史的な負の記憶に再び火を付け、拡大していった面も大きい。そして、第二次大戦の体験を持たない若い民族主義者たちが「民兵」として戦争に加わった。セルビアでは自ら「チェトニック」と名乗る右翼たちもいた。

こうしたセルビア人民族主義者の中でも、ボスニアで大きな力を持った狂信的「大セルビア主義者」であるカラジッチと、その下でセルビア勢力を指揮したムラジッチ将軍の存在が、ボスニア紛争拡大の一因となった。

過剰な民族主義は、すさまじい暴力行為につながることをユーゴ紛争は示している。

欧州諸国は国境を接しながら、様々な民族が複雑に絡み合いながら構成されている。欧州の歴史はまさに国境線と民族を巡る摩擦と戦争の歴史と言ってよいだろう。二つの世界大戦も欧州から始まっている。

ユーゴスラビアに限らず長い歴史において民族的遺恨や敵愾心は増幅されやすく、一旦狂信的な民族主義者の台頭を許せば、今も血が噴き出る可能性がある。ロシアによる今回のウクライナ侵略もその一つと言えよう。

紛争の拡大なぜ③　欧米の誤った対応

次にユーゴ紛争におけるEC、NATO、国連や米ロなどの対応についての検証を試みたい。

西欧各国は当初、「ユーゴ連邦」に対して同情的であり、独立した共和国が連邦を形成する「主権国家連合」を想定していた。

しかし、ユーゴスラビアは欧米が望んだ「主権国家連合」にならず、紛争は拡大の一途を辿った。「ユーゴ連邦」が連邦内共和国の独立を武力で抑え込もうとしたことはもちろん大きいが、冷戦崩壊後の新たな防衛秩序がまだ確立していなかったことにも一因がある。

CSCEは、スロベニアとクロアチア両国の独立宣言を受けた九一年六月、「紛争防止メカニズム」を作動させた。これは二つの要素からなる。

一つは九〇年のパリ首脳会議で決まった「紛争防止センター」を使っての「信頼醸成措置（CBM）」である。CSCEに加盟している国が、紛争発生の恐れがあると他加盟国から懸念を示された場合には、加盟国全体に対して四八時間以内に軍事的説明をしなければならないというものだ。ユーゴ紛争では、隣国オーストリアがこの措置を発動した。「ユーゴ連邦」は、CSCE加盟国に対し状況を説明する責任があった。

もう一つは、EC首脳会議で決議された「緊急対応措置」だった。ユーゴ連邦が四八時間以内に紛争を収拾しない限り、CSCE全加盟国による「高級事務レベル会議」を開き紛争解決に向けた決議をする内容だ。

ECとユーゴ連邦、スロベニアとクロアチア両共和国はこのメカニズムに沿ってイタリアのブリオニで会議し、停戦に合意した。「ブリオニ合意」である。しかし、合意事項を守ったのはスロベニアだけだった。

CSCEはあくまでも紛争防止のための機構であり、政治的、軍事的強制力を持たない。ECの「緊急対応措置」は一国による他国への侵犯を想定していた。しかし、ユーゴ紛争を「内戦」と捉えると、内政不干渉という国際法の原則に抵触しかねなかった。以上の理由により、CSCEは紛争の初期段階でつまずいた。

さらに紛争が拡大し、長期化した一因に、ECはじめ、西ヨーロッパ、米国の姿勢の転換が挙げられる。「ユーゴ連邦」維持を支持していた西欧の世論が、次第に「反セルビア」「親クロアチア・スロベニア」に変化していき、公正な判断を欠く結果になったからだ。

「反セルビア」世論をけん引したのはドイツであり、コール政権下でEC外交を担当したゲンシャー外相だった。ドイツは元来スロベニア、クロアチア両共和国との経済交流が活発であり、特にクロアチアからの移民を多く抱えていた。このため、早い段階から両共和国の独立を承認する姿勢を見せていた。オーストリアもこれに同調した。かつて両共和国はウィーンを首都とする旧ハプスブルク帝国、そして旧オーストリア・ハンガリー帝国に属しており、文化的、経済的な結びつきが強かったからだ。宗教も同じカトリックである。

「ブリオニ合意」から一か月後、ドイツのゲンシャー外相とオーストリアのエアハルト・ブゼク副首相は「セルビアに経済制裁を科す必要がある」と発言した。当時のローマ法王、ヨハネ・パウロ二世もクロアチア独立に共感する想いを公にしている。セルビアはセルビア正教である。法王の発言はクロアチアがカトリック国だったことが大きい。

「ブリオニ合意」による停戦期間中に停戦を破ったのはクロアチア共和国の方が多かった。ドイツ、オーストリアの後ろ盾があったからだ。その後も、ドイツは両共和国の独立承認に向けて突き進んだ。

九一年一〇月の停戦合意は戦争を止める大きなチャンスだった。というのもミロシェビッチ大統領がクライナ地方の自治が実質的に得られるならば、クロアチアの国境線は変更しなくてもよいという大幅な譲歩をしたからだ。しかし、ECは戦闘を有利に進めていたユーゴ連邦軍に対しクロアチア共和国からの完全撤退を求めた。

これにはドイツの意向が強く働いていた。ユーゴ連邦軍がこの決定を拒否するのは当然であり、休戦どころか戦闘はますます激化していった。

ECは同年一二月、ブリュッセルで外相会議を開き、両共和国の独立承認問題を協議した。ドイツはEC加盟国間の結束を無視しても独立を承認するという強硬な態度を取った。そして、同月下旬にはドイツ単独で独立を承認した。ゲンシャー外相は「独立をいち早く承認する方が紛争を抑制できる」と考えたのだ。ドイツに引きずられるように翌年一月、ECは、両共和国の独立を正式承認している。

しかし、ドイツ主導によるECの独立承認はユーゴ連邦の反感をますます強めてしまった。英国の元外相、ピーター・キャリントン卿が中心になり、包括的な和平構想も協議されていたが、日の目を見なかった。

ブリュッセルでの外相会議の三か月後、ゲンシャー外相は突然、辞任を表明した。任期途中であり、そのニュースは欧米に衝撃を与えた。「外相を長く務め過ぎた。退く時期が来た」というのがゲンシャーの説明だった。

突然の辞任は様々な憶測を呼んだ。旧東ドイツ復興が予想以上に遅れ、統一ドイツでのさまざまな政策に混乱を生じさせた責任もあった。また、東欧問題を中心とする彼の外交政策を「大国主義的」と批判する声も内外からあった。しかし、辞任の最も大きな理由は、ユーゴ紛争を拡大させ、さらに泥沼化させた引責だろうという見方が多かった。ドイツ統一の成功体験がユーゴ紛争解決では裏目に出たと言えるかもしれない。

ECの独立承認によって、国際世論は次第にクロアチア擁護へと傾いていった。

欧米のメディアは「反セルビア」キャンペーンを仕掛けた。特にドイツとオーストリアのメディアは激しかった。

九二年の夏だった。ウィーンでタクシーに乗った時、運転手から「日本人か?」と英語で声をかけられた。「そうだ」と答えると、安心したのか身の上話を始めた。セルビアからウィーンに来て五年になるという。自分がセルビア人であると明かしたことは一度もないとのことだった。もし自分がセルビア人だと分かれば、たちまち周囲から差別と偏見の目で見られるし、就職もできないと言った。

妹家族がボスニアに住んでいるが数日前から音信不通だという。心配でたまらず、「今日、仕事が終わったら車でボスニアの妹たちに会いに行く」と言う。どのくらい時間がかかるのか聞くと「ウィーンからクロアチアを通ってボスニアに入ると距離は近いけど、クロアチアを通るなんて絶対できない。命がかかるからね。だから、まずはハンガリーからセルビアに入り、そこからボスニアに行くつもりだ。そうなると十数時間はかかるから、寝ないで走ることになる」と言っていた。

彼は妹さん一家に会えたのだろうか？

メディアを使って他民族への差別や偏見を煽り、それが紛争拡大の一因になることをユーゴ紛争は示した。歴史的にもそうした事例は多い。ウクライナ戦争でのロシアのプロパガンダ報道にもこのことが当てはまる。

旧ユーゴ各共和国では、単に「ユーゴスラビア人」と名乗り、個別の民族名を語らない人たちもいた。中でも民族構成が複雑なボスニアには多かった。父親がクロアチア人で母親がセルビア人など、民族名を言えない人々がいたことも理由だが、それ以上に「ユーゴスラビア人」という言葉には、「民族間でいがみ合ってはいけない。多民族で共存していこう」とのメッセージが込められていた。

今一度、「ユーゴ紛争」の実態を検証し、様々な視点で捉え直し、平和的解決への道がなかったかを想起することは、今回のウクライナ戦争とその終結を考える上でのヒントになるのではないか。

戦犯・ミロシェビッチ法廷へ（二〇〇一年七月）

一連の紛争に大きく関わった指導者たちは、その後、どのような運命をたどったのだろうか。それには「旧ユーゴスラビア国際戦犯法廷」の役割について書かなければならない。同法廷はユーゴ紛争さ中の九三年五月、国連安保理の決議によってオランダのハーグに設立されている。ユーゴ紛争において犯された「人道に関する重大な違反」を訴追するための国際裁判所である。二〇一七年末に閉廷されるまで一六一人が訴追されたが、そのうち九〇人以上がセルビア人だった。

ミロシェビッチは、NATO空爆中の九九年五月末、同法廷からコソボ紛争におけるアルバニア人住民虐殺の責任者として「人道に対する罪」で起訴された。

しかし、戦争犯罪人として起訴されながらも「新ユーゴ連邦」の大統領職にとどまり、二〇〇〇年秋の大統領選には再選を目指して立候補した。しかし、不正選挙を行ったとの国民の抗議行動によって退陣を余儀なくされてしまった。私がベオグラードを訪れた九二年も反ミロシェビッチ運動は高まっていたが、八年を経てついにミロシェビッチは失脚したのである。ユーゴ紛争において、ミロシェビッチの身柄を特別法廷に移送できたのは、ミロシェビッチが失脚したからだった。それでも時の政権はミロシェビッチの身柄を引き渡すかどうかで苦渋し、やっと実現できた経緯がある。大統領としての地位を失ったミロシェビッチは、二〇〇一年のハーグの国際戦犯法廷に身柄を移送された。五年後の二〇〇六年三月、収監中の独房で死亡しているのが発見された。病死と言われている。

ボスニアのセルビア人勢力のリーダーだったカラジッチとムラジッチは、「スレブレニツァ虐殺」での指揮が「戦争犯罪、人道に対する罪」にあたるとして起訴された。二人ともセルビアでは英雄視されていたが、起訴後に逃亡した。カラジッチは二〇〇八年、ムラジッチは二〇一一年に逮捕されて身柄をハーグに送られた。カラジッチは二〇一九年三月、ムラジッチは二〇二一年六月、終身刑が確定した。二人は現在も存命である。

クロアチアのツジマン大統領は起訴を逃れ大統領職にとどまったまま九九年、七七歳で病死した。ツジマンは「クロアチア建国の父」として、今でもクロアチアで英雄視されている。ザグレブ国際空港は「フラニョ・ツジマン空港」、クロアチアのドブロブニクとボスニアの国境沿いにある橋は「フラニョ・ツジマン橋」と名付けられるなど、いまだに彼の名を冠した公共施設は多い。

しかし、若者の間には「クロアチア戦争を起こして、多くの死者を出した」「縁故政治を行い、権力をほしいままにした」との批判も根強いことが二〇一九年にクロアチアを訪れて分かったことだった。

ウクライナ戦争においては、二〇二三年三月、国際刑事裁判所（ICC）＝本部、オランダのハーグ＝がプーチンに戦争犯罪の罪で逮捕状を出した。ロシアはICCに加盟しておらず、管轄権は及ばない。権力も掌握したままなので、逮捕は不可能に近い。しかし、この措置はプーチンにダメージを与える可能性がある。詳しくは「ウクライナ戦争」の章にある「プーチン打倒の可能性」の項で詳述する。

元国連旧ユーゴ問題担当・事務総長特別代表（国連事務次長）明石康氏へのインタビュー（二〇二〇年四月）

本著の出版にあたり、国連の「旧ユーゴ問題特別代表」を務めた明石康氏（93）に二〇二〇年四月、「ユーゴ紛争」についてインタビューした。明石氏は九四年一月から九五年一〇月まで同代表を務めた。在任中は、「サラエボ包囲」「スレブレニツァの虐殺」「嵐作戦」など「ユーゴ紛争」が最も激しい時期にあたった。

国連平和維持活動が曲がり角に立たされたこの紛争に対し、新たな考えを構築して活動しなければならない場面に数多く遭遇したという。

以下は明石氏のインタビュー内容である。

——国連は九二年一月から旧ユーゴ連邦に停戦監視団を、そして翌二月には平和維持軍を一万三〇〇〇人送り込みました。その後、NATOと協力し、和平活動を行いましたが、その経緯についてお聞かせください。

その頃、私は国連カンボジア暫定統治機構（UNTAC）の事務総長特別代表を務めていました。カンボジアでの約二〇年にもわたる国内紛争の後、当事者すべての合意を得て国連の全面的な支援の下に、大規模な平和移行が行われることになりました。国連はカンボジアにおいて、七つの部門からなる機構を作り、大きな責任を負いました。中でも大事だったのは国連が選挙法に基づく民主選挙を行うことであり、その結果としてカンボジアに新政権が樹立されました。一年半にわたるカンボジアにおける国連平和維持活動が成功したと言えます。

その後、国連本部に戻って間もなくブトロス・ガリ国連事務総長の意向により、私は旧ユーゴスラビアで、すでに活動していた国連平和維持活動の事務総長特別代表に任命されました。軍事部門ではカンボジア以上に困難を極める任務でした。

旧ユーゴの現実がカンボジアと大きく違う点は、紛争当事者間の合意が存在せず、私が担当した四共和国のうち、とりわけボスニア・ヘルツェゴビナにおいては三つの主要な民族グループが暮らしていました。約四四％がイスラム系のボスニア（モスリム）人、約三一％がセルビア系、約一七％がクロアチア系で、各民族の間に重要な考え方の相違があり、各々が異なる武装勢力を構成していました。

カンボジアの際にあった「パリ協定」のような平和の枠組みはユーゴの場合には全く存在せず、三勢力が戦闘の真っ最中でした。平和のないところに派遣された「平和維持活動」でした。

国連は、ヨーロッパ諸国の要望によって押し付けられた任務をいやいやながら引き受けたと思うのです。安保理が決めたことですが、国連事務局としては最初から極端な難しさを伴うものと捉えていました。

国連とNATOの協力関係は以前からありましたが、時には緊張し、時にはうまくいくといった関係でいつもいがみ合っていたわけではありません。国連は国際平和維持機構であり、NATOは地域的軍事同盟であるというように、基本的な性格が異なっていたわけです。

私が赴任してからは、お互い良い関係にあったといえるでしょう。なかでも私は米国のマイケル・ボーダNATO南部方面軍総司令官とは呼吸が合いました。

私が赴任して間もない九四年二月、安保理が決めた『安全地域』サラエボにおいて、死者を六八人も出した「サラエボ青空市場危機」が発生し、私はその解決に専念しました。セルビア人勢力と交渉し、結果をボスニア政府に伝えて意向を聞き、その意向を携えて再度セルビア側と話し合うという作業です。国連保護軍やNATOとの調整を図りながら交渉を進めていきました。

この時は、交渉最終日の深夜に、ボーダNATO司令官の国連の立場に対する理解と戦略的柔軟さによって交渉が成立しました。ボーダ司令官は両紛争当事者に公平に対処する姿勢を貫きました。この時は、交渉期限が過ぎればセルビア人勢力は戦闘を再開し、ＮＡＴＯはそれに対し本格的な空爆を開始する寸前でした。

ボーダ提督の対応は、その後のＮＡＴＯ理事会が、セルビア人勢力だけを敵対的な対象にしたのとは際立った違いを示しました。

「青空市場危機」が解決された二か月後にはもう一つの『安全地域』ゴラジデでも、セルビア人勢力による武力攻撃が発生し、停戦と、セルビア人勢力を撤退に持ち込むための交渉が必要となりました。その交渉はベオグラードにおいて、国連とセルビア人勢力との計約三〇人で行いましたが、議論は膠着状態に陥ってしまいました。

そのため、私の提案で、国連側は私とフランス人の国連保護軍総司令官・ドラプレル中将の二人、セルビア勢力側はミロシェビッチ＝セルビア共和国大統領、セルビア人勢力代表・カラジッチと同セルビア勢力軍総司令官ムラジッチの五人に絞って行われることになり、二日目の交渉期限の約一〇分前にセルビア人側がやっと同意しました。「ゴラジデ危機」の妥結は、ＮＡＴＯによる空爆の準備が最終段階に来ていたところで実現しました。

すぐれた情勢判断ができたミロシェビッチ大統領は私の意向も察知してくれ、「分からず屋」の学生に対する教授のようにカラジッチ、ムラジッチ両氏を説得したことで大きく好転した結果でした。

ミロシェビッチは強烈な民族主義者でしたが、したたかな政治家であり、現実主義者としての側面も併せ持っていました。

この時考えられていたNATOによる空爆には、二つの方法がありました。つまり、攻撃を行っている側の武器を破壊するためにだけ空軍力を行使する「近接航空支援（限定空爆）」と、これよりも本格的で大規模な空爆のいずれかでした。ガリ事務総長は、NATOに対し、本格空爆と近接航空支援を要請する両方の権限を私に委譲していました。私は、空爆反対派というより、空爆慎重派だと言って良いと思います。

――NATOの空爆は防御的なものから、徐々にセルビア勢力を攻撃するという、より積極的な色彩に変わっていったように見受けられますが。

NATOの果たす役割については、国連の中でも、国によって二つの解釈に分かれました。平和保護軍に地上部隊の主力を派遣した英仏は、NATOの空爆を限定的なものと受け止めていましたが、米国は国連保護軍には地上部隊を派遣せず、もっぱら空爆を中心に考えていました。

その後、アフリカにおける国連平和維持活動は、さらに強力なものに変貌していきました。マリ共和国では、テロリストとも戦わなければならず、コンゴ民主共和国や南スーダンでもある種の戦闘行為をせざるを得なくなりました。ユーゴ紛争における国連の役割は、カンボジアPKOとアフリカにおける一歩踏み込んだ「より強力なPKO」との中間に位置づけられると思います。

——マケドニア独立に関連しては、紛争が起きる前に国連保護軍を現地に派遣しましたね。

紛争が起きた後で、停戦を交渉し、和平調停へと動くのがそれまでの国連の任務でしたが、マケドニアでは紛争が発生する前に、その予防のための部隊を展開する紛争予防に基づく考え方で臨みました。当時のグリゴロフ＝マケドニア大統領の判断は大変的確で、マケドニアでのＰＫＯの派遣と駐留によって紛争になるのを未然に防ぐことができました。ガリ事務総長が「平和への課題」（一九九二年）で提唱した「紛争予防」の唯一の成功例とも言えるでしょう。国連平和維持活動の中での大きな成果だと受け止めています。

——ボスニアのスレブレニツァでは約七〇〇〇人もの大虐殺が起きてしまいました。それも国連安保理が指定した「安全地域」でのことでした。これを今、どう見られていますか？

国連安保理は、九三年四月と五月にスレブレニツァ、サラエボ、ツヅラ、ゼッパ、ゴラジデ、ビハッチの六地域を次々と『安全地域』に指定しました。国連事務局は、この構想には内容的な弱点があり、（ボスニア）政府側にとってのみ有利であるとみなして反対だったのですが、安保理の有力メンバーと国連加盟のイスラム系諸国に押し切られてしまいました。

二〇一五年に、オランダのハーグでスレブレニツァに関してのシンポジウムが開かれ、私も演壇に上がりました。紛争当時のオランダ首相や国防相も出席していました。オランダの一個大隊のうち約一五〇〇人がスレブレニツァ防御に当たっていましたが、二〇〇〇人のセルビア兵士の前ではひとたまりもなかったのです。しかも、当時、オランダ部隊には兵器こそあったものの、食料も、医薬品も燃料も全くありませんでした。

ガリ事務総長は、そもそも六つの『安全地域』を守るのには三万人以上の国連軍増派が必要だと訴えていましたが、安保理は聞いてくれませんでした。一年経ってからやっと約七〇〇〇人の増加要員が到着したというのが実態です。

シンポジウムに参加した人たちからは、なぜオランダ軍は何もできなかったのかとの質問も出ましたが、私は当時のオランダ軍が置かれていた状況を説明し、守備隊を必要以上に責めるべきではないと話しました。

二〇二〇年一月には「スレブレニツァの虐殺二五周年」のシンポジウムが立教大学で開催され、これにも出席しました。

いわゆる『安全地域』にいれば安全なのだという幻想を抱かせてしまうようなことはやるべきではなかったと思います。こうした誤解が生まれたのは不幸なことでした。安保理の責任が問われても仕方がないし、国連も難民高等弁務官の緒方貞子さんなども、それを批判していました。

――反セルビア感情が西欧と米国に広がる中、国連として中立を守ることは難しくはなかったですか？

国連が不偏性を守らなければ、紛争当事者との間に公平な話し合いができません。しかし、当事者側は、国連が距離を置くことによって、自分たちに敵対しているのではないかと感じることがあります。空爆を巡っても、NATO側にその実行を強く求めるボスニア政府側と、慎重な姿勢を取る国連側との間に緊張感が生まれたことは、よくありました。

ボスニアのイゼトベコビッチ大統領とハリス・シライジッチ首相が、国連側との会談直後に行った記者会見で、苦虫を噛みつぶしたような表情でいた写真が残っています。その写真を見ると、こうした緊張関係がよく分かります。

明石氏は、ユーゴ紛争の実態と、国連の立場の難しさを率直に語ってくれた。

ユーゴ紛争において、国連は初めて紛争地に緊急支援物資を送ったほか、紛争当事者との粘り強い交渉によって局地的な停戦を実現したほか、予防的活動でマケドニア独立を巡る紛争を防止するなどの役割を果たした。しかし、強力な武器は持たず、停戦監視が主な任務だったので、戦争そのものを終結させることはできなかった。

そして、国連はクロアチア紛争では米国の後ろ盾によるクロアチア軍の猛攻を許した。これは事実上、クロアチアからセルビア人を追放するものだった。ボスニア紛争は、国連から実質的に権限を奪った米国が主導して「デートン合意」までこぎつけた。また、コソボ紛争においては国連決議を経ないままNATO軍は「新ユーゴ連邦」を空爆し、戦闘を収束させている。

いずれも米国を中心にしたNATO軍の圧倒的強さで、紛争当事者をねじ伏せたというのが実態だった。米国は紛争解決に向けて次第に「反セルビア」の姿勢を明確にしていった。中立を何とか保持しようとする国連とは相入れず、しばしば緊張関係が生まれた。

ＮＡＴＯはコソボ空爆の理由として、迫害された人々を救う「人道目的」を掲げたが、果たして「人道に対する罪」はセルビアだけが負うべきだったのだろうか？

ボスニアもコソボも現在は戦争のない状態が続いている。だが、こうした紛争終結のあり方は問題を残し、今も内部に緊張を抱えたままの状況にある。

紛争当事国のうち、スロベニア、クロアチアは欧州連合（ＥＵ）加盟を果たしている。一方、セルビア、ボスニア・ヘルツェゴビナ、マケドニア、モンテネグロ、アルバニア、コソボの西バルカン諸国の加盟はまだ実現していない。

この間隙を縫って、中国は二〇一四年から「一帯一路」構想を掲げ、これらの国々を足がかりとして欧州に手を広げてきた。また、トルコも食指を伸ばしている。ウクライナ戦争を戦っている、親セルビアのロシアもこの地域には関心を寄せている。

今後、これらの国々が、経済的利益を巡ってＥＵ諸国と勢力争いを繰り広げる可能性もあり、バルカンは地政学的な意味も含め、昔も今も火種を抱えている。

さらにユーゴ紛争において武力で紛争解決をなしとげたＮＡＴＯはコソボ紛争の最中、東欧諸国を取り込む東方拡大を始めた。この問題については後述する。

第四章　ソ連崩壊

ユーゴ紛争が勃発した九一年、ソ連邦内でも共和国独立の機運が高まっていた。ゴルバチョフは共和国の自治権拡大を認めつつ民主的な連邦政府を維持しようと「新連邦条約」制定を考えていた。連邦内で民族紛争が起きるのを危惧したからだった。

しかし、ゴルバチョフのこうした姿勢に保守派が抵抗し、同年夏、彼らの一部がクーデターを起こした。このクーデターは失敗に終わったもののゴルバチョフは求心力を失い、ソ連は同年末には、歴史的「崩壊」へとなだれ込んだ。

この章では、クーデター事件からソ連崩壊に至る過程と、その後の「新生ロシア共和国」について書く。さらに新「ロシア共和国」建国直後の経済改革と世相を当時の取材から記述する。

さらに後章で、「ロシア経済改革の失敗」「プーチン登場」「クリミア半島領有と新冷戦」、そして、「ウクライナ戦争」へとつなげて記述する。

当時は、ロシアがウクライナ戦争の当事国になるとは夢にも思わなかった。しかし、ソ連崩壊後数年の経緯をたどると、〝独裁者〟プーチン誕生の下地は、その時から醸成されていたと考える。

保守派クーデター（一九九一年八月一九日）

ゴルバチョフ＝ソ連大統領がクリミア半島にあった大統領別荘で、保守派により軟禁される事件が起こった。同大統領を解任し、ゲンナジー・ヤナーエフ＝ソ連副大統領を擁立して新政権を樹立しようとした、いわゆる「八月クーデター」だった。

首謀者は、ヤナーエフのほか七人。ドミトリー・ヤゾフ国防相、ウラジーミル・クリュチコフ国家保安委員会（ＫＧＢ）議長、ヴァレンチン・パヴロフ首相、ボリス・プーゴ内相などいずれも政権中枢部にいたメンバーだった。このクーデターにより、ゴルバチョフが政権内部で孤立していたことが明らかになった。

彼らは「国家非常事態委員会」を組織し、非常事態を宣言。政党活動の禁止、マスコミへの検閲実施などを発動した。当時、独立機運が高まっていたバルト三国にも軍隊を送り、独立を事前に力で阻止しようとした。

クーデター派は「新連邦条約」成立に反対していた。この条約は権限の多くをソ連邦から各共和国へ移譲する内容だ。条約調印の一日前にクーデターを起こしたのは、条約発効後では連邦政府の様々な既得権が奪われるからだった。

クーデターは当初成功するかに思われた。しかし、保守派に対立していた急進改革派であるロシア共和国ボリス・エリツィン大統領が「保守派による憲法に反するクーデターだ」と激しく非難した。そしてソ連邦内の全国民に対し全国規模の無期限ストを呼び掛け、クーデター派に徹底抗戦する姿勢を示した。

ペレストロイカ（改革）、グラスノスチ（情報公開）を推進してきたゴルバチョフ大統領の盟友であるシェワルナゼ元外相と、アレクサンドル・ヤコブレフ前大統領顧問もクーデターに反対し、エリツィンが本拠としていたロシア共和国宮殿に駆け付けた。

シェワルナゼは政権内部にいた保守派の台頭に反発し、前年一二月に外相を辞任していた。ヤコブレフも「共産党内にいるスターリン主義者がクーデターを計画している」とクーデターを予測して、自らは共産党からの脱党を宣言し、大統領首席顧問を辞任していた。

エリツィンを支持する人々は民主派市民だけではなく、軍人たちにもいた。クーデターは十数人の死傷者を出し、三日間で鎮圧された。ゴルバチョフは軟禁を解かれ、モスクワに帰還した。

クーデター首謀者の中でもヤナーエフは、ゴルバチョフが多くの人々の反対を押し切って副大統領に抜擢した人物だった。ゴルバチョフはモスクワ帰任後、人事の誤りを認めた。

クーデターの発端は同年一月に遡る。前年にソ連からの独立を宣言したリトアニアの首都・ビリュニスでソ連空挺部隊が独立を阻止しようと無差別銃撃事件を起こした。それにより一三人の市民が死亡した。さらにソ連軍は同じく独立を目指すラトビアの首都・リガにも出動し、市民一人が死亡している。クーデターに参加したヤゾフ国防相やプーゴ内相は、これら事件の最高責任者だった。

リトアニア、ラトビア、エストニアのバルト三国は、ロシア帝国崩壊後の一九二〇年に独立を果たした。しかし、第二次世界大戦中にはソ連に併合された歴史があった。大戦後もソ連邦内の共和国となっていたものの、東欧革命の余波は確実に押し寄せ、各々独立への意志を強めていた。三国は他の連邦内共和国よりもソ連支配の時代が短く、ソ連への帰属意識も薄かった。

「ビリュニス事件」に対し、エリツィン率いるロシア共和国はバルト三国との政治協力協定を結んだ。モルドバ、ウクライナ、グルジアの各共和国も代表団をビリュニスに派遣し、バルト三国の独立運動を支持していくことで一致した。ソ連軍による独立阻止の一連の弾圧行動は、かえって連邦内各共和国の連帯感を強め、独立への機運を高める結果になったのである。

ゴルバチョフは大統領でありながら、ビリュニスへの攻撃を事前には知らされていなかったという。事件についても深く追及せず、責任の所在をあいまいなままにしていた。

というのも、「ソ連邦」維持を主眼としていたゴルバチョフは、リトアニアの独立運動組織「サユディス」の創始者であるヴィータウス・ランズベルギス（独立後に国家元首）などバルト三国における独立派に対し、連邦体制を破壊する「分離主義者」と見なしていたからだ。

ソ連では東欧革命後、ゴルバチョフの経済改革に対する人々の不満が募り、これに起因して政情が不安定化すれば、連邦瓦解につながりかねないとする考え方がゴルバチョフ政権の中枢部に増えていった。いわゆる急激な改革を望まない「保守派」だ。

郵便はがき

料金受取人払郵便

新宿局承認

2524

差出有効期間
2025年3月
31日まで
(切手不要)

160-8791

141

東京都新宿区新宿1－10－1

(株)文芸社

愛読者カード係 行

ふりがな お名前			明治　大正 昭和　平成　年生　歳	
ふりがな ご住所	□□□-□□□□		性別 男・女	
お電話 番　号	(書籍ご注文の際に必要です)	ご職業		
E-mail				
ご購読雑誌(複数可)		ご購読新聞 新聞		

最近読んでおもしろかった本や今後、とりあげてほしいテーマをお教えください。

ご自分の研究成果や経験、お考え等を出版してみたいというお気持ちはありますか。

ある　　ない　　内容・テーマ(　　　　　　　　)

現在完成した作品をお持ちですか。

ある　　ない　　ジャンル・原稿量(　　　　　　　　)

書　名			
お買上 書　店	都道 府県　　　市区 　　　　　郡	書店名	書店
		ご購入日	年　　月　　日

本書をどこでお知りになりましたか?
1.書店店頭　2.知人にすすめられて　3.インターネット(サイト名　　　　　)
4.DMハガキ　5.広告、記事を見て(新聞、雑誌名　　　　　)

上の質問に関連して、ご購入の決め手となったのは?
1.タイトル　2.著者　3.内容　4.カバーデザイン　5.帯
その他ご自由にお書きください。
(　　　　　　　　　　)

本書についてのご意見、ご感想をお聞かせください。
①内容について

②カバー、タイトル、帯について

弊社Webサイトからもご意見、ご感想をお寄せいただけます。

ご協力ありがとうございました。
※お寄せいただいたご意見、ご感想は新聞広告等で匿名にて使わせていただくことがあります。
※お客様の個人情報は、小社からの連絡のみに使用します。社外に提供することは一切ありません。

■書籍のご注文は、お近くの書店または、ブックサービス(☎0120-29-9625)、セブンネットショッピング(http://7net.omni7.jp/)にお申し込み下さい。

一方で、ゴルバチョフの経済改革は徹底されていないと批判する「急進改革派」も勢いを増していた。エリツィン＝ロシア共和国大統領に代表される人々で、いくつかの連邦内共和国の大統領も含まれていた。彼ら「急進改革派」は各共和国での独立運動を活発化させていった。

ゴルバチョフは、「保守派」と「急進改革派」の双方から挟撃されていたのである。

クーデター事件を契機として、命を賭してクーデターを阻止しようとしたエリツィンの人気が高まる一方、ゴルバチョフ人気は凋落した。「ゴルバチョフの時代は終わった」と考える市民も増えていった。

そうした中で、ゴルバチョフ＝ソ連大統領とエリツィン＝ロシア共和国大統領は、モスクワにある「ソ連共産党中央委員会」を閉鎖することで合意したのである。

さらに、ゴルバチョフは「ソ連共産党書記長」の辞任（大統領は継続）を表明し、同党中央委員会に党の解散を勧告する歴史的な声明を発表した。一九一七年のロシア革命以来続いてきた「ソ連共産党」は、七四年の幕を閉じることとなったのである。

同時期、ウクライナ共和国は早々にソ連邦からの独立を宣言している。

クーデター失敗が明らかになり、ゴルバチョフの政治力の衰えが顕著になった頃から、エリツィンはソ連大統領の権限に踏み込み、様々な政策を実行していった。クーデター派による「国家非常事態委員会」の意向に沿った報道を続けた「中央テレビ」「タス通信」「ノーボスチ通信」の各社長を解任し、共産党系新聞「プラウダ」の発刊も停止した。さらには「ロシア共産党」自体の活動を禁止した。

駐留ソ連軍を抱えていたドイツにとって、クーデター失敗は大きな喜びだった。前年から強まっていたソ連の保守回帰の流れを最も危惧していたからだ。ことにエリツィンが市民に呼びかけてクーデターを失敗に追い込んだことを評価した。

その現れとして、コール首相はエリツィン大統領に「改革促進には全面協力する」と電話で約束し、同大統領をドイツに招待することを伝えた。

東欧諸国もクーデターの鎮圧を歓迎した。

ことにチェコスロバキアは、その喜びがひとしおだった。クーデターが失敗に終わった八月二一日がちょうどソ連軍によって民主化運動が踏みにじられた「プラハの春」の二三周年に当たっていた。プラハ中心部で催されていた記念集会に参加した数千人の市民はこの知らせを大歓声で迎えた。

取材余話④「ドイツ駐留ソ連軍の本音」（ベルリン＝一九九一年一〇月）

ここで、クーデター鎮圧の一か月余り後、ベルリンにあるドイツ駐留ソ連軍の反応を取材したときのことを記しておきたい。

ソ連軍は統一前には東独地域に三八万人の規模で駐留していた。私が取材した九一年秋には、すでに三〇万人弱となっており、九四年までの完全撤退が決まっていた。ソ連軍の各兵士にはソ連への帰国時期が告げられていた。帰国後は除隊し、民間に復帰するケースが一般的だった。全兵士の帰国を九四年まで延ばしたのは、ソ連国内に彼らを収容する住宅や仕事がないからだといわれた。

私は、まず東ベルリン郊外ビュンスドルフにある駐留ソ連軍本部に取材を申し込んだ。しかし、ガードは極めて堅かった。広報担当者に会うのにも一か月以上の時間を要するという。

公式ルートの取材が無理なら、兵士個人に直接会って取材したいと思った。この時、通訳についてくれたのが旧東ドイツ外務省で日本課長を務めたことがあるゲオルグ・フィッシャー氏（仮名）だった。日本語もロシア語も堪能で取材にはうってつけの人だった。彼は、ソ連軍の将校住宅が東ベルリンのカールソーストにあることを教えてくれた。

私は早速そこへ出向き、将校たちの家を訪問して直接取材したいと希望を言った。日本でよく行う「夜回り取材」だ。

しかし、東独時代、外務省のエリート官僚として働いていた彼は「公式ルートを通さない取材はできない。まるでコソ泥だ」と、頑として応じなかった。

私も困り果て、「記者証を見せて、礼儀を尽くせば話をしてくれる人がきっといるはずだ」と時間をかけて説得した。彼は不承不承納得してくれた。

行ってみると、将校住宅はそれぞれが一軒家になっていて、思いのほか広い。ブザーを鳴らして誰かが出てきてくれるのを待った。しかし、警戒して出てこなかったり、出てきても取り合ってくれなかったりした人が多かった。何軒か回っているうちに「いろいろ話を聞きたいなら、将校クラブに行ってみたらどうか」とアドバイスしてくれる人がいた。

訪れた将校クラブはカウンターやテーブル席がしつらえられ、中央にはビリヤード台が二つもある立派な建物だった。男たちが酒を飲んだり、ビリヤードを楽しんだりしているのが目に入り、そののんびりした光景に少し驚いた。何人かに今回のクーデターについて聞いてみた。

まともに答えてはくれないだろうと思っていたが、彼らは声を潜めもせず、いろいろとよく話してくれた。クーデター騒ぎで動揺した兵士は少なく、多くは、むしろ極めて冷静に受け止めていた。将校の一人は「クーデターは直ぐ失敗すると思っていた。ヤゾフ元国防相の命令を真剣に受け止める人間なんてほとんどいなかったからね」。さらに別の一人は「クーデターが成功していたら、ソ連の状況はもっと悪くなっていただろう。三日間で収束してよかったよ」とも言った。

クーデターの失敗で、「軍隊の指揮命令系統や規律は以前よりいっそう緩やかになった」と認める将校もいた。多くの将校は、「これを契機にしてソ連軍全体の撤退時期が早まるのではないか」とも推測していた。

ヒトラーの誕生日にあたる四月二〇日に、ネオナチのグループがこのクラブにやってきたという話も聞かせてくれた。大きな声を上げていたが、さほどのトラブルにはならず、ほどなく出ていったらしい。「彼らはいろいろなものにさらされないで育ってきたから、ナチズムに対しても免疫がないのだろうね。すぐ感化されてしまうし、彼らの不満も分からないではないよね」と鷹揚に笑っていた。

将校たちが最も気にしていたのは、帰国後の暮らしだった。ソ連軍から解任されるので、自力で仕事を探さなければならないのだった。

月給が二五《マルク》（約二三〇〇円）と極端に低い一般兵士を除く多くの将校や下士官は、車やラジカセなどの電気製品を買い込んで帰国に備えていた。それらをソ連国内で高く売りさばいて生活の糧にするのだと言っていた。

ブランデンブルク門の周辺で、ソ連軍の制服やバッジ、ヘルメットなどを売る露店がずらりと並んでいるのを目にしていた。「どうしてこうした品々が売られているのだろう？」と不思議だった。ソ連兵士が自分たちの軍服や備品をヤミで流し、それをポーランド人が中心になって売っているということが、この将校クラブに来てやっと分かった。

駐留ソ連軍は、ＷＰＯの解体によって存在意義を失い、さらには共産党支配も終焉し、寄る辺のないものとなっていた。当時、多くの兵士たちにとっては、「クーデター事件」よりも、自分たちの生活をどうするかが最重要課題だった。

彼らは現在、六〇代から七〇代になっているだろう。当時はクーデターに対してもネオナチにも極めて冷静だった。

ロシアのこの世代の人々はプーチン政権のプロパガンダを信じる人が最も多いと言われる。しかし、当時の言動からして彼らがプロパガンダを容易に受け入れているとも思えない。もし信じているならば、「ソ連崩壊」とその後の経済の疲弊に深く傷つき、国の経済力を高めたプーチンに信頼を寄せているのかもしれない。

二重権力の四か月間

ソ連邦の実権はゴルバチョフからエリツィンに移りつつあったが、四か月間は二重権力の状態が続いた。この間、最も大きな問題となっていたのは「新連邦条約」だった。八月に調印される予定だったこの条約の柱は以下の通りであった。

一、安全保障を含む内政および外交の基本戦略は連邦政府と各共和国が共同で決定する。
二、連邦政府の権限は国防や国家レベルの外交・通貨発行などに限定する。
三、共和国は連邦の利益に反しない範囲で外交・通商関係を樹立できる。
四、政治機構は「連邦会議」と、共和国代表で構成される「共和国会議」の二院制とする。

ゴルバチョフは、各共和国の自治権をさらに拡大させる修正案を練っていた。「連邦政府」は、各共和国の外交、軍事、経済における利害や主張を調整するための機関として位置付けた。これは「主権国家連邦」という概念であり、各共和国間での合意形成が進んでいた。

これに対し、エリツィンは「連邦政府」を置かず、ＥＣのような「国家連合」を構想した。こうした考えの違いが同条約の批准を遅らせた。

ゴルバチョフはなぜ「主権国家連邦」にこだわったのか。第一には核の問題があげられる。ソ連時代の核兵器はロシア、ウクライナ、カザフなどの大共和国に分散配置されていた。調停役の「連邦政府」がなければ共和国間で紛争が起こった場合、最悪のケースとして核戦争になりかねない。

次に、各共和国に住む少数民族の人権問題があった。『ゴルバチョフ回想録』にも書いているが、「連邦政府」がなければ少数民族の人権保護はできないと考えていた。ゴルバチョフが目指した新しい国家像は「多民族単一国家」とも言える。

同年三月に行った国民投票において「ソ連邦維持」に賛成する国民が七三％を占めたこともゴルバチョフの自信となっていた。

「新連邦条約」はクーデターなどの曲折を経たが、一一月には「ソ連国家評議会」での各共和国の賛成を得て、承認を目前にしていた。

ところが一二月初旬、ウクライナの国民投票で情勢が変わった。九〇％以上の国民はウクライナが連邦から抜ける「完全独立」に賛成したのである。選挙直後、エリツィン・ロシア大統領はウクライナ、ベラルーシ各大統領とベラルーシの首都・ミンスク近郊で非公式会合を持ち、ソ連を解体し「独立国家共同体」（ＣＩＳ）の創設を宣言することで合意した。

当初、「新連邦条約」に賛同していた中央アジアにあるカザフ共和国も最終的には「国家連合」構想に転換した。そして一二月下旬、カザフ共和国の首都・アルマアタにおいて、各共和国が参加する首脳会議が開かれ、「独立国家共同体」（ＣＩＳ）が設立されたのである。この会議において、エリツィンは「国家連合による共同体があるのみで、『連邦政府』は存在しない」と宣言した。そして、ソ連が事実上解体され、「ＣＩＳ」が誕生したことを明らかにした。

『帝国』崩壊（一九九一年一二月二五日）

ＣＩＳを誕生させたアルマアタ会議から四日後の一二月二五日、各共和国によって否定された「ソ連邦」は崩壊した。同時にゴルバチョフもソ連大統領を辞任した。世界で初めて生まれた社会主義国家は七四年の歴史を閉じた。「旧ソ連邦」を構成していた一五共和国のうち、先に独立したバルト三国を除く一二か国も各々分離独立し、今日に至っている。そして、グルジア共和国（現ジョージア）を除く一一か国がＣＩＳを構成している。

ＣＩＳは、「国家（共和国）の上の国家」であった連邦政府の代わりの最高決定機関として「加盟国首脳会議」を設置した。年二回以上、各共和国の首都で会合を開き、議長国は共和国各首脳が持ち回りで務めることとした。

ゴルバチョフは、三共和国だけでソ連邦消滅とＣＩＳ設立を決めたエリツィンの手法を批判したが、政治の力学には抗えなかった。

しかし、ゴルバチョフは辞任に当たり、米国などの西側諸国にＣＩＳへの協力を要請した。また核兵器使用の権限をロシア共和国大統領に委譲する「大統領令」にも署名している。核をロシア共和国に集中させ、懸念していた「核分散の危険」を防ぐためだった。

舞台を降りたゴルバチョフ

ゴルバチョフは、東欧改革とドイツ統一の布石を打った人物として、歴史上大きな足跡を残した。彼の功績の第一に、西側との関係改善が挙げられる。「新思考外交」を通じ、東欧諸国との対等な関係を目指し、「ブレジネフ・ドクトリン」のくびきから解放した。

「ブレジネフ・ドクトリン」とは、ソ連、東欧圏の社会主義共同体の利益を優先し、個々の国家主権を制限するという原則だった。かつてのレオニード・ブレジネフ＝ソ連共産党書記長が、六八年の「プラハの春」を弾圧する際に掲げた理念である。それが、東欧諸国への二〇年にわたる基本政策となっていた。

これに対して、ゴルバチョフは八八年春、「新ベオグラード宣言」を発したのである。彼は、各国の自由な意思決定を尊重し、ソ連はそれには干渉しないとの姿勢を明確にした。これは社会主義諸国家の多様性を認めることで「ブレジネフ・ドクトリン」を事実上放棄することの表明であった。

ゴルバチョフの「新ベオグラード宣言」を受け、東欧各国は一気に民主化へと突き進んだ。翌年には、ポーランドで初の非共産党系労組「連帯」による政権が誕生している。また、ハンガリーでは、社会主義労働党（共産党）が社会民主主義政党に転換した。

こうした東欧諸国の民主化のうねりは東ドイツにも及び、「ベルリンの壁」を崩壊させ、チェコスロバキアの共産党政権も倒した。流血革命となったルーマニアを除き、東欧諸国での平和的な改革運動は波状的に広がった。ゴルバチョフは、各国に介入せず、冷戦構造終結への意思を強烈にアピールし続けた。

ゴルバチョフが国際政治に貢献したもう一つの大きな政策は核軍縮である。一九八七年に米国のロナルド・レーガン大統領との間で交わした中距離核戦力全廃条約（ＩＮＦ）がその代表的なものだ。

射程が五〇〇キロから五五〇〇キロの核弾頭や通常弾頭を搭載した地上発射型弾道ミサイルと巡航ミサイルの廃棄を求めたものだ。現実に九一年六月までに両国合わせて二六五二基の兵器が廃棄された。

しかし、これは米国のドナルド・トランプ政権が二〇一九年、同条約の破棄をロシアに通告したことで失効してしまった。

また、前述したように、ゴルバチョフは「欧州共通の家」構想を提唱していた。欧州を東西に分断せず、一つの屋根の下で民主的、平和的に共存させようという理念である。この考えはＣＳＣＥ「パリ宣言」にも反映された。

しかし、東欧諸国の急激な政治的変化は「ブーメラン」のように「ソ連」にはね返った。バルト三国独立運動やソ連国内各地の民族運動を活発化させ、その結果、「ソ連崩壊」をも引き起こしたのであった。

『ゴルバチョフ回想録』によれば、彼は、複数政党制を民主的に導入した法治国家の実現を目指した。一方で、最後まで、ソ連共産党を刷新しながらも維持したい考えだった。

とはいえ、時代はすでに大きく変化しており、ゴルバチョフは、過去の人として舞台を降りるしかなかった。

クーデター後のエリツィンの強引な手法を見ると、ソ連崩壊はエリツィン率いる「急進改革派」による一種のクーデターと呼べなくもない。

国内政治を見る限り、リベラルなエリート政治家としてのゴルバチョフのある種の「ひ弱さ」が、大胆で俊敏な政治行動を採るエリツィンに勝てなかったのではないだろうか。エリツィンの政治手法は、ゴルバチョフをはるかにしのぐ独裁的な側面があったことも否定できない。

エリツィンのこの手法は、さらに強化されてウラジーミル・プーチンに受け継がれていった。

ウクライナ戦争のさなかである二〇二二年八月、ゴルバチョフは九一歳で死去した。一般のロシア人には「ソ連を崩壊させた人物」として人気が乏しく、葬儀もひっそりと行われた。ゴルバチョフは民主化を進展させ、ソ連崩壊へのエネルギーを高めたことは否めない。しかし、実際にソ連を崩壊させたのはエリツィンだった。

ゴルバチョフは九〇年にノーベル平和賞を受賞。その賞金を基にリベラル系の新聞「ノーヴァヤ・ガゼータ」が創刊された。

同紙の編集長を二四年間にわたって務めたドミトリー・ムラトフが、何人もの記者が殺されてもプーチン批判をいとわない自由な報道姿勢を評価され、二〇二一年にノーベル平和賞を受賞した。しかし、ウクライナ侵攻に反対したことでロシア当局から弾圧され、二〇二二年三月以降、発刊を停止している。

ゴルバチョフの行動で違和感を覚えるのは二〇一四年のクリミア併合を支持したことだ。無血だったとはいえ、プーチンが国際法を犯して強引に他国の領土を奪い取ったことに変わりはない。

ソ連邦維持に腐心したゴルバチョフは、九一年冬、新連邦条約締結直前にウクライナが独立を決めたことで彼の構想がご破算になったことを悔やんでいたのか。ロシア系住民が多く、歴史的にもロシアとのつながりが深いクリミアは、もともとロシアのものだという意識が強かったためか。支持した理由は様々考えられる。

しかし、今回のロシアによるウクライナへの武力侵略にはもちろん反対を表明していた。

「重石」が取れた東欧各国

かつて二大超大国の一角をなし、揺るぎない体制と見られていたソ連がこれほどあっけなく崩壊してしまうことをだれが予測しただろうか？　「ソ連崩壊」を東欧各国はどう受け止めていたのか考えてみたい。

ブルガリア出身の政治学者、イワン・クラステフはその著書『アフター・ヨーロッパ』（二〇一八年刊）の中で、「永遠と思い込んでいたもの（ソ連）が突然、暴力によらずに終わるということを味わったことが、私の世代の人生における決定的な経験なのである。我々は、突然開かれた機会と、新たに見出された個人の自由の感覚に圧倒された。しかし同時に、あらゆる政治的なものは、はかないという感覚を新たに発見もし、衝撃を受けた」と記している。

クラステフは、共産党政権下のブルガリアで育ち、二〇代半ばでソ連崩壊に遭遇した。クラステフの記述は、ソ連に常に従属せざるを得なかった東欧諸国の人々にとって共通した思いだったのではないか。

ブルガリアのジェレフ大統領は「『ソ連崩壊』と共に共産主義は名実ともに死んだ」とコメントし、ディーンストビーア＝チェコスロバキア外相も「我々の経験から照らしても、『改革』と『保守』の共存は絶対にありえない。両者の調和を図ろうとしたゴルバチョフの試みは非現実的だった」と発言している。

ソ連共産党は東欧革命後も、旧衛星諸国が西側に接近するのを必ずしも歓迎しなかった。東欧諸国はソ連が崩壊したことにより、改革を阻むものが無くなったと安堵したのである。

ソ連という重石が取れ、東欧諸国ではＥＣ、ＮＡＴＯなど西側の経済、軍事機構への接近を加速させる条件が整った。

モスクワの虚脱感（モスクワ＝一九九二年一月一日〜）

九一年の大晦日、私はモスクワにいた。翌年一月から始まる「ロシア共和国」の経済改革を取材するための援軍だった。

空港では白タクの運転手がロビーにずらりと並んでいた。その中から善良そうに見える人を選んで車に乗り込んだ。

ホテルに着いた時には、どっぷりと日が暮れていた。どこかで食事を取らなければならない。そのためのロシア通貨・ルーブルが必要だった。米ドルしか持ち合わせていなかったのでホテルで掛け合うと外貨交換はしていないという。銀行の場所を尋ねると、「どこも営業していない」という返事だった。年末年始の休みかと思ったが、「いつ営業を始めるかも分からない」とそっけなかった。ソ連崩壊によって、どうやら金融システムもおかしくなっているようだった。

他の東欧諸国でも経験があったことだが、外貨交換所が無いか、あっても営業時間外に現地通貨を入手するにはタクシーの運転手に聞くのが早道だ。闇レートで交換してくれることが多いからだ。街に出るために再びタクシーに乗った。そこで運転手に米ドルをルーブルに交換できないか聞いてみた。

運転手もすかさずレートは、一ドル＝一三〇ルーブルだと言った。当時の円ドルレートは一ドル＝一三〇円だったので、一ルーブル＝一円と考えると、分かりやすかった。とりあえず三〇ドルを交換したが手にしたルーブル紙幣の厚さに驚いた。

当時のルーブルは固定相場制から管理された変動相場制に移行する転換期だった。ロシア中央銀行はモスクワの銀行間外国為替市場の実勢に基づき、その都度公表レートを発表していた。ロシア中銀が公表していた一月初めのレートは一ドル＝〇・五二ルーブル（一ルーブル＝一・九ドル。日本円では約二五〇円）だった。それが街中の闇交換レート（銀行を通さない個人取引レート）で一ルーブル＝一円になるとは。ソ連経済の破たんによってルーブルの価値は二五〇分の一に減価したことになる。

翌日の元旦は、午後になってやっとレストランや一部商店が開き始めた。ソ連が崩壊し、「ロシア共和国」が生まれてからまだ一週間しか経っていなかった。モスクワには新国家誕生の華やいだ気分はまったくなく、市民は翌日から始まるロシアの経済改革に身構えているかに見えた。

私が逗留したのはスターリン建築で有名な「ウクライナホテル」だった。ホテルのエントランスに入るやいなや、五、六人の若者に取り囲まれてびっくりした。ホテルのバウチャーを保持しているかどうかのチェックだった。奥へ進むとパスポートを見せる窓口をはじめキャッシャーなどの窓口だらけだった。入館証が配布され、外出から帰るたびに同様のチェックがあった。どう考えてもこの仕事は不要であり、必要だとしても一人で十分だ。彼らはきっと安い給料で雇われているのだろうと思った。一種のワークシェアリングといえなくもないが、傍から見てもすべてに無駄が多かった。

取材余話⑤「ルーブル世界とドル世界」

モスクワでは「ルーブル世界」と「米ドル世界」が部分的に並存していた。もちろん一般のロシア国民はルーブルだけの世界で暮らしている。しかし、米ドル世界も確実に市民生活に入ってきていた。

街の食堂に入ってみた。ペリメニ（ロシア風餃子）を頼むと一皿二ルーブルだった。日本円に換算すると二円だ。

老舗の「ウクライナホテル」でフルコースのディナーを食べると、請求書には「六七」と書いてあった。六七ドルかと思ったら、六七ルーブルだった。つまり六七円で本格的ディナーが食べられたことになる。その一方で、レストランの正面にあった外貨ショップ。缶コーラを一つ買うと一ドル（当時は約一三〇円）だった。コーラ一缶の金額が、ディナーの二倍もしたのだった。

こうしたルーブルとドルの二つの世界の並存を端的に表していたのはアメリカ資本のピザレストラン「ピザハット」だった。二つの入り口があり、一つには長蛇の列ができていて、二時間待ちだという。ルーブル払いの入り口だった。もう一つの入り口はドル払い。こちらは直ぐに入ることができた。同じピザが、ルーブル払いだと八〇ルーブル（八〇円）、ドル払いの方は一〇ドル（一三〇〇円）だった。完全な一物二価だった。

外資系に勤め給料をドルでもらっている人や、外国人との接触が多い通訳、タクシー運転手などはドル紙幣を簡単に手にすることができた。ドルを「ルーブル世界」で使えば、十数倍の価値があった。ドル世界にアクセスできた人々は、会社を興したり、投資したりした。その結果、にわか成金も出てきた。

ロシア中銀が発表した一月中旬の新レートは一ドル＝一一〇ルーブルとなり、闇レートに近づいていた。

新生ロシアの経済改革（一九九二年一月二日〜）

ゴルバチョフは九〇年秋から「経済改革五〇〇日計画」を打ち出していた。五〇〇日かけて「社会主義経済」から「市場経済」に移行する内容だったが、保守派の反発を恐れ、いつ始めるかの起点をはっきりさせないままソ連崩壊を迎えてしまった。

皮肉なことに、「国家崩壊」は経済改革を一気に進めた。しかも、内容はゴルバチョフ案より急進的なものになった。

新年二日からスタートした経済改革は、市場経済への本格的移行措置となる「価格自由化」が皮切りだった。その直ぐ後には小売業やサービス業の民営化が始まった。ただし、生産部門（製造業）の民営化開始は半年以上遅れた。

まず「価格自由化」についてである。

ロシア共和国では、政府統制の緩い商品は、昨春以来徐々に値上げされ、市場価格に近づいていた。二日からの改革は、政府補助金によって生産原価を無視した低廉な価格を維持していた商品を対象としていた。政府による価格統制の緩和ないし撤廃が主眼だった。

このため、暮らしに欠かせない主要食料品やエネルギー関連などの消費財は、政府統制が残るものの大幅に値上げされた。具体的には、鉄道運賃が二倍、航空運賃は三倍、パン、牛乳三倍、砂糖三・五倍、食塩四倍、ウォッカ四・五倍、ガソリン三倍、石油、石炭、ガス五倍などだった。

改革初日、モスクワ中心部にある市内有数のスーパーマーケット「スモレンスキー」に行ってみた。食料品などの大幅な値上げにも関わらず、客は朝から引きも切らない様子だった。「元日も営業したけど、客は買いだめが目的で来ている訳ではないよ」と店員は話した。どの客に聞いても「買いだめできるほどのカネがない。とはいえ値上げされても必要なものは必要だから、毎日買いに来ざるを得ない」と同じような答えが返ってきた。

価格自由化は企業の競争力を強化して生産性を上げ、モノ不足を解消するのが狙いだった。しかし、実際にはモノ不足は無くならず、商品は次々と再値上げされる状況に陥っていた。

価格改革は、国家財政のひっ迫が相まって急激なインフレをもたらした。ロシア政府は当時、物価上昇率を「一月中に二・五倍になるだろう」と見込んでいた。しかし、経済専門家の間では、最終的に六~七倍になるとの予測も出ていた。

日用品の値上げとインフレ高進は、市民の暮らしを直撃した。例えば労働者の平均賃金は当時、一か月六〜七〇〇ルーブル。値上げされたウォッカの一〇本分にしかならなかった。物不足が改善されなかったので、パンや砂糖を買うために長い行列ができる状態が続いていた。

政府は救済策として最低賃金や年金の引き上げを実施した。しかし、物価上昇には到底追いつかなかった。年金生活者などの社会的弱者の生活はひっ迫した。

「今秋から経済は好転するというエリツィン大統領の言葉を信じるしかない」と、ほとんどの市民は諦めているように見えた。買い物客の中には「政府が有効な対応策を取らなければ、三月までに暴動が起きてしまうかもしれない」（会社員、セルゲイ・ステパノフさん）と、真顔で心配する人すらいた。

ロシア共和国内のサハ共和国（旧ヤクート自治共和国）では、タクシー運賃が六倍にも跳ね上がり、価格自由化開始早々、運転手たちが運賃値下げを求めて抗議ストを打つという事態になっていた。乗客が激減したうえ、以前より多額の現金を持ち歩くことで強盗に狙われる危険が高まったというのがストの理由だった。

ロシア共和国に合わせ、モルドバ、ウズベキスタン、タジキスタン、キルギスのＣＩＳ各加盟国も同日から価格自由化に踏み切った。早期の価格自由化に強く反対していたウクライナ共和国も、翌三日からの自由化に踏み切った。

圧倒的経済力を持つロシア共和国が価格を自由化すれば、高価格で販売できると見込んで自国の物資をロシアに売る人々が各共和国で増えることが目に見えていたからだ。各共和国はロシアに歩調を合わさざるを得なかった。

また、ロシアとの経済関係が強かったので、各共和国とも独自の政策を打ち出しにくい事情もあった。このため、各共和国ではロシアの経済改革に対する批判や疑問の声が広がっていた。

経済改革に対するウクライナ共和国政府の考えを聞こうと、モスクワ駐在のアレクセイ・タルーシキン＝ウクライナ代表部副代表（経済担当）にインタビューした。

――なぜロシアの「価格自由化」に追随したのですか？

ロシアのやり方は強引だ。ウクライナは昨年も嫌な経験をした。

農産物の卸値を今年一月から上げることで合意していたのに、ロシアは突然前倒しして、昨年一〇月一日からの値上げを実施した。このため、安い農産物を求めたロシア人がウクライナに押し寄せた。そのままでは品不足に陥ってしまうので、結局、我々も値上げせざるを得なくなった。

今回もこれと同じだ。「価格自由化」を、せめて二月から実施するように何度も要請したが駄目だった。ロシアが踏み切った以上、ウクライナも時間を置かずに実施した方が市場の混乱を防げると考えた。

――ソ連が崩壊した後、ルーブル発行権をロシアだけが握った。ロシアと各共和国がルーブルの配分を巡って交渉を続けてきたが、ウクライナはどうなったのか？

価格自由化に伴う国民の生活保障として、賃金や年金、学生手当などの引き上げ財源が必要であり、そのためにルーブルが欲しかった。この要求をめぐるロシアとの交渉は満足がいくものだった。金額については言えない。

――ロシアは、ウクライナがクーポン（商品券）を発行することに反対しているが。

ロシアが口出しする話ではない。クーポンは発行する。市場に少量しか出ない商品や、特定の日用品は、クーポンがないと買えない。クーポンは、一人当たり一か月四〇〇ルーブルを限度として給料の二五％まで発行する。これにより市民の購買を抑制し、ロシア人の商品買い占めを防ぐことができる。クーポンには（転売を可能とする）流通性を持たせるので、闇で高く取引されることもあり得る。しかし、買い占め防止の目的の方が大きいので、これはやむを得ない。

――CIS各共和国とも流通通貨としてロシア・ルーブルを使っているが、ウクライナは独自通貨をいつ発行するのか？

そもそもルーブルの発行権をロシアだけが握っていることがおかしい。ウクライナの新通貨は七月から発行の予定で、すでに外国で印刷を始めている。取りあえず、市場に流通する商品に見合う量だけ発行するのでインフレ防止となり得る。ウクライナ新通貨の価値は、ルーブルより高まると見ている。

――ウクライナの経済的自立には何が一番支障となっているのか？

エネルギーの問題が挙げられる。これまで石油をロシアからの輸入に頼ってきたが、ロシアが売ってくれないならほかの国から買うしかない。それより大きな問題は、旧ソ連時代の徹底した国内分業政策であり、石油化学、薬品などの分野はウクライナ国内で全く育っていない。他にも一から始めなければならない産業部門が多い。これらの産業育成にかかる時間が最大の問題だ。

企業民営化もスタート

ロシア政府は「価格自由化」から一〇日ほど遅れて、「企業民営化」もスタートさせた。しかし、対象は商業、サービス部門だけだった。

モスクワ市中心部にあるスーパーマーケット「トベルスコイ」を訪ねた。ここは、最初に民営化が実施される六〇事業所のうちの一つだった。英国資本との合弁により株式会社に生まれ変わる予定だった。しかし、先行きは決して明るいものとはいえないようだった。バロン店長は「今は仕入れ値が高すぎる。民営化しても経営が大変になると思う」とぼやいていた。

魚の値段にしても、「高い仕入れ値に販売利益を上乗せして店頭に並べてみたが、客にそっぽを向かれた。魚は一日半以内に売らないと腐ってしまうので結局、投げ売りせざるを得なかった」と話していた。

生産者側の法外な値上げに「自分たちが損をしてまで商品を仕入れる気にはなれない」と他のスーパーマーケットでも消極ムードが広がっていた。

当時、生産部門はまだ「民営化」されておらず、独占状態のままだった。このため増産意欲は湧かず値上げが先行した。この結果、商業部門の民営化も順調に進まないというちぐはぐな現象が続いた。

生活防衛する市民

市民の暮らしもだんだん苦しくなっていた。モスクワで道行く人たちに聞いてみた。

主婦のタチアナ・セリョーギンさんは「物価は上がる一方なのに給料も年金も上がらない。手に入るお金はほんの少し。これからの暮らしを心配する気力すらなくなっているわ。それくらいひどいのよ」と疲労感をにじませていた。

一方で、少しでも生活を楽にしようと考える人々も見かけた。

モスクワの繁華街・アルバート通りの路上で、刺しゅう製品を売っていたアンナ・シードロフさん（54）に聞いてみた。彼女の本職は技師だった。自分の月給四〇〇ルーブルと夫の同五〇〇ルーブルだけでは二人の子供を育てられないと言った。そこで、夜なべしてハンカチやテーブルクロスなどに刺しゅうをし、週に一度、観光客目当てに売りに来ているという。「もっと頑張らなければ生きていけないのよ。この国では」と語っていた。このように多くの市民は何らかの内職をしていた。また、衣料やアクセサリー、食品など市民が持ち込む品々を買い入れる中古品店が街のあちらこちらにでき、市民生活を支えていた。

人々は、職場から配給を受け、家に保管していた日用品や酒などのほか、自分たちのダーチャ（菜園付きセカンドハウス）で作ったジャムやピクルスなどをこれらの店に売りに行くのだ。

ダーチャの歴史は一七〇〇年代に遡るといわれるが、第二次大戦後のニキータ・フルシチョフ時代、食料不足を補うため、都市に住む人々に近郊の土地を安く貸し出したことから普及した。週末になると、ダーチャに行って休暇を過ごすことが現在もロシア人の習慣になっている。ダーチャでは、自家消費用の野菜を作るのが一般的だ。ダーチャのおかげで飢え死にすることもなく副収入も得ていたことになる。

つまずいたスタート

ロシア共和国が行った経済改革の大きな柱は、国営企業の民営化と価格自由化だった。「価格自由化」によって卸売商品の八割、小売商品の九割が自由化された。残る商品の価格についても徐々に引き上げ、または自由化が実施され、九三年七月のエネルギー価格の自由化により価格統制はほぼ撤廃された。

これによって生じるインフレを抑制するため、賃金抑制と緊縮財政を併行的に行う内容だった。この政策は国際通貨基金（ＩＭＦ）の指導に基づいて行われた。改革を一気に進める、いわゆる「ショック療法」である。

ロシア共和国での経済改革を担当したエゴール・ガイダル副首相は、当初、次のような見通しを公表していた。

「諸物価が市場実態に近づけば、価格自由化に併せて進められる国営企業の民営化によって、企業は競争力をつけていく。生産も刺激されて、慢性的に続いてきたモノ不足は解消に向かう。一方で、価格維持のために使われてきた補助金削減と税制強化によって政府財政は健全化される。これに金融引き締め策を結びつけるとルーブルは安定し、インフレ抑制も可能になる」

同副首相の見通しは、当初一か月で物価は二～三倍に急上昇するが、秋までには前月比一〇％以下の上昇にとどまるという内容だった。

このような極めて楽観的な考えに対し、モスクワ市の経済担当職員や経済専門家などは疑問を呈していた。

モスクワ市のピヤシェワ事務局次長は「私はガイダル副首相に生産部門を含めた完全な企業民営化と、商業活動に制限を加えない価格自由化を訴えた。しかし、生産部門の民営化が先送りされるなど、我々の話をまったく聞いてくれなかった」と、苦り切った表情で話していたのが印象に残っている。

独立系週刊誌「モスクワ・ニュース」のグレピッチェ経済部長に取材してみた。「暮らしの基本となる基礎的物資、サービスの統制価格は引き上げられた。しかし、市場価格からみると依然として低いままだ」と指摘した。

同部長は、「民営化といっても、営業の許認可権は引き続き地方政府が握っていて、公営企業の独占状態にあることには変わりがない。こうした独占企業は増産しないので、食料品を中心とした物不足は解消できないのだ。これを解消するためには、政府は二〜三か月中に再値上げして、生産を刺激せざるを得ないだろう。事実、ウォッカは六〇ルーブル前後に値上げしたが、市場価格（一五〇ルーブル前後）のまだ半分以下だ。価格改革後も、スーパーマーケットや国営商店の陳列棚の大半は空っぽだ」と言った。

さらに「国民生活を守るためには、価格改革と並行して賃金や年金を二倍近くに引き上げなければならない。しかし、税の徴収システムが整っていないので財政も好転しない。財政悪化がさらにインフレ要因になるといった悪循環はこれからも続きそうだ」と説明していた。

当時、エリツィンに距離を置き始めていたアレクサンドル・ルツコイ＝ロシア副大統領は「ロシアは、自由経済どころか相変わらず政府企業の独占状態が続き、流通、税システムとも十全に機能していない」と、この経済改革に反対を表明していた。

政府内にも価格改革を支持しながらも、賃金と年金引き上げには懐疑的だったカガロフスキー政府経済顧問のような人もおり、改革を巡って様々な意見が交錯した。

一年後の結果を見てみると、政府の見通しをはるかに超えてインフレが進んだ。九二年一二月の卸売物価は一年前の六二倍、消費者物価は同二六倍にもなったのだ。

失敗に終わったエリツィン改革（一九九〇年代）

九二年以降、九〇年代末までエリツィンが行った経済改革は結果的に失敗したと言える。

前述したように製造業はしばらく国営のままだった。「モスクワ・ニュース」のグレピッチェ氏が指摘したように、地方政府が営業の許認可権を握った状態もなかなか解消されず、実質的な民営化はさらに遅れた。

一方で、ソ連崩壊によりＣＩＳ加盟国同士の貿易が極端に縮小し、ロシアの製造業は原材料不足に陥った。増産意欲が盛り上がらないばかりか、増産したくてもできない状態になり、モノ不足は解消できなかった。商品が十分に供給されないため、値上げが値上げを呼ぶハイパーインフレの状態だった。

政府はインフレを抑えようと賃金抑制と緊縮財政というデフレ政策を採った。しかしこの政策は経済成長を促さない。それどころか輸出競争力がそがれ、産業の供給余力がさらに奪われてしまった。

また税制が整っていなかったことから、地方政府が税金を中央政府に支払わないという事態も起き、政府がせっかく緊縮財政を実行しても財政は潤わなかった。

これらのつけはすべて国民に回った。諸物価は高騰しているのに、賃金は上がらない。国民の貯蓄は目減りし、生活は苦しくなるばかりだった。改革一年後、国民の約半数は最低生活水準以下の所得しか得られない状況に陥った。失業保険など国民の暮らしを保障する仕組みを整えないまま改革に入ったことも国民の窮乏化に拍車をかけた。

さらに大きな問題は企業民営化にあった。

小規模企業は、国営時代の経営者や従業員集団に払い下げられたり、競売や競争入札によって外部の人間に買われたりした。競売などに参加したのは官僚や新興実業家などの個人またはグループだった。ただし、この私有化の過程が不透明であり、多数の参加者による自由競争になっておらず、「資産が特定グループに分配されてしまう」と、国民からの不満も出た。

大企業の民営化は、まず株式会社化して国家（国家資産管理委員会）が全株式を所有した後、その株式を民間部門に売却する方法が採られた。株式は当該企業の経営者や従業員に優先的に配分され、残りは「私有化証券」の形で一般に売却する方式だった。

株式の配分を受けた従業員は、株式会社制度に対する理解と知識が乏しく、株式市場もないので、旧経営陣や新興企業家に安値で売却するケースが続出した。先を争って株式を買収した人々は、国営企業の企業長や工場長、「ノーメンクラツーラ」と呼ばれるソ連時代の共産党幹部、闇経済の担い手として活動してきたマフィアなどだった。彼らは後に「オリガルヒ」と呼ばれる新興財閥を形成していく。

結局、九五年夏までのわずか三年間の民営化の過程で、大半の国営企業が「オリガルヒ」に買収されてしまった。

膨大な富が「オリガルヒ」に集中し、国民の富が収奪されていったのである。彼らの多くは、混とんとしたロシアの政治経済状況の中で、リスク回避のために資産を海外に移した。

「オリガルヒ」が生まれたのは、商法や独占禁止法、倒産法など企業に関する法整備がなされないまま民営化を進めた結果でもある。特に企業側に「コーポレート・ガバナンス」（企業統治）という視点は皆無だった。

これは社外取締役や社外監査役など、社外の人間によって経営を監視する仕組みのことで、これがないことから組織ぐるみの不祥事が常態化した。

「オリガルヒ」は石油や天然ガスなどのエネルギー部門、銀行、メディアを支配した。彼らの一部は既得権を守るために、政治家に賄賂を贈った。結果的にロシアは汚職が蔓延する社会になっていった。エリツィン政権の末期には、エリツィン自身もマネーロンダリング（資金洗浄）疑惑を持たれている。

税制改革が進まず、財政難から抜け出せなかったロシア共和国政府は国有財産を担保に「オリガルヒ」から融資を受けることもあった。結局、返済できないままこれらの資産を「オリガルヒ」に奪われるという現象も起きている。

ロシアは本来、石油、天然ガスが豊富な資源大国である。これが逆に、他の産業育成を怠る大きな要因となった。結局、エネルギー価格の上下動で、経済が伸縮する不安定な状況が続いた。アジア通貨危機に端を発したエネルギー価格の暴落は、ロシア政府がデフォルト（対外債務の九〇日間返済猶予）を宣言した九八年のロシア経済危機につながった。

『分断と統合の試練　ヨーロッパ史1950－2017』を書いたドイツ現代史を専門とするイアン・カーショー（英国）は、「エリツィンの自由化改革の試みは完全なる失敗だった」と、断じている。

二〇〇一年にノーベル経済学賞を受賞した米国の経済学者、ジョセフ・E・スティグリッツは、著書『世界を不幸にしたグローバリズムの正体』の中で、ロシア共和国に、経済改革の助言をしたIMFをも批判している。経済の実態や、政治、社会風土を考慮せず、イデオロギーとして一律の経済理論を押し付けたというのだ。

スティグリッツは「IMFは自分たちが助言する条件にあった国だけに資金を供給するので、改革に取り組む国はIMFに従わざるを得ない。（失業者の増大や低賃金など）改革後の副作用について、IMFは『必要な痛み』なので『耐えるべきだ』と言うのが常だった」と指摘している。

同氏によると、結局、九〇年から九九年の一〇年間で、ロシアの工業生産高はおよそ六〇％、GDPも五四％落ち込んだという。

エリツィンから後継指名を受け、二〇〇〇年にロシア大統領に就任したウラジーミル・プーチンは、自分に敵対する「オリガルヒ」を一掃し、権力基盤を固めていった。

就任間もなく、原油価格が高騰しロシア経済は息を吹き返した。窮乏から救われたと考える国民も増え、プーチンを英雄視する人々も現れた。エリツィン時代の反動が極めて大きかった。プーチンは、それとともに「強いロシア」を志向し続けた。

ロシア共和国は、ＣＩＳ加盟各国や東欧諸国にまで大きな影響力を及ぼすべきだというのがエリツィンの考え方であった。プーチンはエリツィンの意志を引き継ぎ、さらに強めたいと考えた。後述するが、西側に接近したウクライナ共和国に対しては強硬な政策を取り、親ロシア政権のベラルーシ共和国へは支援を惜しまない。

プーチン大統領によるロシア統治は、首相時代も含め現在に至るまで二〇年以上も続いている。二〇二〇年に行った憲法改正では、「終身大統領」に道を開く法案まで通している。そして、独裁色をいよいよ強めた結果が、今回のウクライナ侵略につながった。

ウクライナ戦争を含むプーチンの治世については後述する。

多難な船出のＣＩＳ（一九九二年一月）

ソ連崩壊を受けて誕生したＣＩＳ（独立国家共同体）ほど分かりにくい存在はない。前述したようにすでに独立していたバルト三国を除き、ソ連崩壊によって分離独立した国々をロシア共和国のエリツィンが主導して束ねたのがＣＩＳだった。しかし、エリツィンがいくら「ＣＩＳはＥＣのような独立国家連合体だ」と内外に主張しても、ＥＣのようなきめ細やかで実効性のある機構を作らなかったので、抽象的印象をぬぐえなかった。

しかし、旧ソ連が所有していた膨大な軍備をいかに管理するかについては大きな役割を果たした。これは、ソ連崩壊後からの懸案事項の一つだったからだ。

ＣＩＳ内部の話し合いにより、ロシア、ウクライナ、ベラルーシ、カザフと各共和国にバラバラに配備されていた旧ソ連の戦略核（大陸間弾道弾のような射程の長い核兵器）はロシア共和国が一元管理する、戦術核（射程五〇〇キロ以下の核兵器）は廃棄することが決定された。核をロシア共和国に集約するというゴルバチョフ最後の大統領令が、ＣＩＳで実現される形になった。核の一元管理は当時、最も現実的な選択だった。これにより旧ソ連共和国同士による核戦争の危険性や、核兵器がＣＩＳ以外の国に流出する可能性がほぼなくなったからだ。

しかし、核の一元管理を任された当のロシアが、今回のウクライナ戦争では、核兵器を脅しの材料に使っている。歴史は何とも皮肉な結果を生んだと言える。

またＣＩＳは多民族国家の集合体でもある。加盟国は内部に様々な民族問題を抱えている。ソ連崩壊当時も、共和国内のさまざまな地域での民族紛争が発生し始めていた。

ナゴルノ・カラバフ紛争のように、ＣＩＳ共和国間の紛争に発展しかねない衝突は、当時から起きていた。同紛争については後述する。

民族問題もさることながら、ＣＩＳ加盟国間における最大の問題は、ロシアとウクライナの対立だった。それはＣＩＳの誕生により、旧ソ連軍に所属していた黒海艦隊の帰属問題が生じたことから起きた。

黒海艦隊をめぐる対立

ＣＩＳは設立直後から共同体として存続できるのか、あるいは解体を余儀なくされるのかの岐路に立たされていた。ロシアとウクライナの対立は、ＣＩＳの存否を占う最初の試金石だった。

前述したように、ＣＩＳにおける「戦略核」と「戦術核」問題は合意に至った。しかし、「黒海艦隊」問題が残っていた。

「黒海艦隊」は主要港をウクライナ南東部・クリミア半島にあるセバストポリに置いており、旧ソ連軍の主力艦隊の一翼を担っていた。また、同地は旧ソ連にとっては数少ない不凍港の一つでもあった。さらに旧ソ連が海路で欧州につながる重要拠点でもあった。

ウクライナ共和国はソ連崩壊に伴い、「黒海艦隊」の指揮・管理権は、駐留している自国にあると一方的に宣言し、同艦隊を含めた独自軍（ウクライナ海軍）創設を主張した。

これに対してエリツィン大統領は、「黒海艦隊は過去も現在も未来もロシア共和国のものである。いかなる者も奪い取ることはできない」とウクライナの主張を否定した。そのうえで、旧ソ連海軍を指揮してきたチェルナービン海軍最高司令官に「艦隊はロシア大統領の指揮下にあるので、乗組員はウクライナに忠誠を誓わないように」と求めた。

それまでも、エリツィンは自国領土外も含めた旧ソ連軍全体の指揮権を継承するという方向性を示唆してきた。ウクライナをはじめとする各共和国の独自軍編制の動きを強くけん制してきたのだ。

ウクライナのクラフチュク大統領は、「我々ウクライナ共和国が独自軍を持つのは、ソ連解体やCIS発足を決めたアルマアタ、ミンスク両会議での合意に基づいている。ウクライナ共和国が海軍国になるためには我が国に駐留している『黒海艦隊』を所有しなければならないし、それが当然だ」と一歩も譲らぬ姿勢を表明した。

さらに「CIS発足に当たって、ロシア共和国がソ連の後継者になるとの理解は求められていなかった」と真っ向から批判した。

エリツィンは強硬にロシアの立場を主張する半面、「ウクライナ共和国には一一〇〇万人のロシア人が居住している。今は黒海艦隊問題よりも両国間の平和な関係構築を優先すべきだ」とも述べ、ウクライナ共和国との妥協点も探っていた。

様々な交渉を重ねた結果、同艦隊をCIS合同司令部が管轄する「戦略軍」と「ウクライナ独自軍」（ウクライナ海軍）に分割することで、両国はやっと合意したのである。ロシア側がウクライナに大幅に譲歩した内容だと言えた。ただし、その合意から半年もたたないうちにCIS戦略軍はロシア海軍に編入されてしまった。

交渉時、ロシアが態度を軟化させた背景には、ロシア、ウクライナ両国の対立によって、発足したばかりのＣＩＳが解体するのではないかという危機感があったからだ。

ロシアとウクライナの対立は、その後もくすぶり続けた。

そして、二〇年余り後の二〇一四年、プーチン大統領は、ウクライナ共和国領土だったクリミア半島と黒海艦隊をロシア共和国に強引に併合した。

その際、ロシアの非公式部隊はセバストポリを陸側から制圧した。これによってセバストポリ港を拠点にしていたウクライナ海軍は、司令官が投降したうえ、艦艇を軒並みロシア側に接収された。ウクライナ海軍は存在しないに等しい状況に陥り、同港は事実上ロシア海軍の基地になっている。

ロシアによるクリミア併合に続いてウクライナ東部（ドネツク、ルガンスク＝ルハンシク＝両州。通称ドンバス地域）に居住していたロシア人の間に独立運動が起き、彼らはウクライナ軍との戦闘状態に入った。この紛争ではロシア共和国が非公式の形で特殊部隊を送って独立派に加勢し、混乱が拡大した。

さらにプーチン大統領は、二〇二一年秋から二〇二二年初めにかけ、ロシア軍一九万人をウクライナ国境に配置し、遂に二〇二二年二月、ウクライナに侵攻した。

現在の両国関係については、米欧対ロシア・中国という「新冷戦」さらに「ウクライナ戦争」の項で説明する。

ＣＩＳの行方（マルク・ウルノフ氏へのインタビュー）

私は当時、ロシアの政治、経済研究者として注目されていたマルク・ウルノフ氏（44）にＣＩＳの問題点と今後の方向性についてインタビューしていた。彼は、ロシアの「国民経済アカデミー」の価格部主任研究員であり、ゴルバチョフ基金による「政治予想学」をも研究していた気鋭の学者であった。

――ＣＩＳは最初から「黒海艦隊問題」が起きたり、経済改革の足並みがそろわなかったりとつまずき気味だが、今後の見通しは？

ソ連が消滅する際、ゴルバチョフは連邦が持つ資産についてのメッセージを何も残せなかった。このため、共和国間で連邦の資産の継承争いが始まった。「黒海艦隊問題」はその具体例であり、今後もこうした争いが絶えないだろう。

――今後の共和国関係はどうなると予想するか？

当面予想されるのはロシアとウクライナ、そしてロシアとカザフスタンの関係悪化だ。ウクライナとカザフスタンの両共和国にはロシア人が多く住んでいる。しかし、彼らの生活条件は本国ロシアより整っているので帰国する意志はない。その上で、ロシア人の自治権拡大を求めるだろう。

これは旧ソ連からの文化的、経済的な完全独立を目指し、国家としてのアイデンティティを確立しようとしているウクライナ共和国やカザフ共和国にとって大きな障害となる。そしてロシアとの対立に転化する可能性が極めて高い。いずれにせよ、両共和国が、居住するロシア人の権利をいかに認めてゆくかが問題解消の鍵となるだろう。

――ＣＩＳとウクライナの関係はどうか？

ウクライナは、ロシア帝国時代からのロシア化政策の影響もあり、特に東部や南部地域では文化的にロシアと親和性がある。

そのためウクライナは、他の共和国からは常にロシア寄りと見られてきた。ウクライナ独自の存在価値を示す努力が必要だ。

しかし、天然ガスを中心とするエネルギーや技術が不足しており、ロシアに依存しているという現実がある。こうした点からも、ウクライナにとってのＣＩＳは各共和国との連携を図る上で都合の良い存在だ。ＣＩＳをうまく利用しながら徐々に自立を目指すことになるだろう。

――ウクライナが離脱すれば、ＣＩＳは解体するのでは？

ＣＩＳはもともと実態がはっきりしないものだ。ＣＩＳに代わる何らかの存在によって各共和国間の調整ができれば良いだけで、ＣＩＳが無くなっても別に構わない。

――ロシアと他の共和国関係はどうか？

長期的に見ると、ウズベキスタン、タジキスタンなど中央アジアの共和国諸国とロシアとの間に摩擦が生じ、緊張の高まりが予測される。私はこれを最も心配している。というのも、これら諸国はイスラム圏であり、さらに強硬派として知られるイラクやイランを模範にしている。イスラム主義諸国の力は今後一層強まるだろう。

一方、ロシア共和国の中ではロシア正教意識や愛国主義が高まっており、イスラム圏各共和国との宗教的、文化的対立は避けがたい。

――国内に八五もの自治共和国や自治州を抱えるロシア共和国は「連邦」の形態を維持していけるのか？

政治の中心はモスクワだけでなく、極東やシベリアなどの地方にも分散するだろう。しかし、ロシア共和国内から独立する国家は出そうにない。タタールなどイスラム教徒の多い自治共和国もロシア共和国に囲まれているので独立しにくい。自治共和国を内包する「連邦」の形のままでいくのではないかと思う。

現在のロシアとウクライナの紛争を見ると、ウルノフ氏の予測は一部当たっていた。ただし、カザフスタンなどCISを構成する中央アジアの国々とロシアとの間にはこの三〇年、大きな緊張は生まれてこなかった。

天然ガスやウランの大輸出国であるカザフスタンをはじめとした中央アジアの国々が比較的豊か

であり、独裁的な指導者によって政治が落ち着いていたことも一因のようだ。

しかし、二〇二二年初め、カザフスタンでは、ガソリンなど燃料費の高騰に不満を持った市民たちのデモ隊と、政府の治安部隊が衝突し、死傷者が出た。暴動鎮圧にロシア軍主体の平和維持軍も出動している。

中央アジアの国々は、国民の半数以上がイスラム教徒であり、経済に混乱が生じれば、政治や宗教に波及し、ロシアとの緊張が高まる可能性もないとは言えない。ウルノフ氏はその潜在的な危険性を当時から認識していた。

第五章　東欧革命——その後

東欧革命が引き金になり、ベルリンの壁が崩壊して、冷戦が終結した。変革の発生源である東欧諸国は、その後どうなったのか。市場経済化の難しさを一〇年以上かけて何とか克服し、経済、政治両面で急速に西側に接近した。これが結局、ＮＡＴＯ拡大のけん引力ともなり、ウクライナ戦争につながっていった。

ポーランド、スロバキアなどの東欧諸国はＮＡＴＯ、特にその盟主である米国との協力関係が緊密になり、ウクライナへの軍事支援も惜しまない。ＮＡＴＯ内においては、米国とは距離を置く仏独以上に発言力を強めているとさえ思える。一方で、その歴史から本来、反ソ（ロ）感情が強いハンガリーは、現在のオルバーン・ヴィクトル首相が親ロ政策を取り、東欧内でも外交政策が分かれてきている。

そこで一連の東欧革命の中で唯一流血革命になったルーマニアや、非暴力で変革が実行され、さらに非暴力で国家が分裂したチェコスロバキアなど東欧各国について、三〇年前から現在までの経緯をたどることにしたい。

ルーマニア

革命一周年（ブカレスト＝一九九〇年一二月）

ドミノ倒しのように起きた東欧革命の最後となったのがルーマニアだった。八九年一二月二二日、ニコラエ・チャウシェスク大統領の逃亡によって共産政権が倒れた。

ルーマニア革命はチャウシェスク大統領が行ってきた独裁政治への不満が最大要因だった。同大統領は自分と家族が豪奢な生活を謳歌しながら、国民には耐乏生活を強いた。旧体制時代のルーマニアについて「寒くて暗い国だった」との印象を持つ人々が多い。

ハンガリー、ポーランド、チェコスロバキアなど他の東欧諸国は一九七〇年代、八〇年代から民主勢力が育ち、ゴルバチョフによる東欧支配の終焉で、非暴力による共産党政権の打倒が実現した。しかし、ルーマニアは、東欧革命の波は押し寄せたものの、チャウシェスクは民主化運動を徹底的に弾圧した。このことが逆に流血革命につながった要因になったと思える。

私は革命一周年の取材でルーマニアを訪れた。街のあちこちにゴミが散らばり、かつてと変わらず外灯も少なかった。

一年前、革命の口火を切ったのは西部の中核都市・ティミショアラだった。

ティミショアラがあるトランシルバニア地方は少数民族のハンガリー系住民が多く、中央政府への不満がかねて大きかった。革命の発端は、政府に批判的なハンガリー改革派教会に属する牧師を追放しようとする事件だった。牧師が自宅から追い出される場面に立ち会った多くの信者たちの反対運動は、ハンガリー系住民のみならず、ルーマニア全土にわたる大きな反政府デモへと拡大した。ティミショアラでは、デモを封じ込めようと参加者逮捕にやっきとなった警察とセクリターテ（秘密警察）が、市民に対する暴力行為に及び、流血の惨事となった。「ティミショアラ」は、その後、ルーマニアでの反政府運動を象徴する事件として世界中に知られることとなった。

チャウシェスクは市民による反政府運動をなんとか抑え込もうと、自分の母体である労組などに呼び掛け、首都・ブカレストにある「共産党本部前広場」で国民集会を開いた。自分がまだ国民に敬愛されている指導者であることを内外に示す狙いだった。集会には政府に駆り出された労組の人々だけではなく、広場近くを歩いていた通行人までもが会場に押し込められたという。集まったのは、公表一一万人であった。

バルコニーに立ったチャウシェスクが演説を始めて八分ほどたったころ、「ティ、ミ、ショア、ラ」と低い声のシュプレヒコールが起き始めた。戸惑った大統領は、「ティミショアラでのデモ参加者はファシストだ」と言い放ち、演説を続けようとした。しかし、ブーイングは鳴りやまなかった。そのうちに集会の参加者から「人殺しを倒せ」という怒声が湧きあがって収拾がつかない事態になり、国営テレビによるライブ中継は中断された。大統領も建物内部に退かざるを得なかった。

集会の後、市内各地では散発的にデモが起きた。そして、日が落ちると、セクリターテと警察は、群衆に向けて無差別発砲を始めたのである。これに群衆側も火炎瓶や石で対抗した。ブカレストの騒乱状態は翌日も続き、大統領夫妻は「共産党本部」からヘリコプターを使って逃げた。この逃亡劇は、チャウシェスク政権崩壊を国民に決定づけた。

騒乱鎮圧に向かうはずの国軍も踵を返し、反政府派に同調した。逃亡した大統領夫妻はほどなく探し出され、捕縛された。「即決裁判」で二人は死刑を言い渡され、その場で銃殺されてしまった。チャウシェスク夫妻が銃弾を受けて倒れ込んだ映像は世界中に流れ、大きな衝撃を与えた。

この処刑は、公開裁判で十分審理した後に行われたものではなかった。また、チャウシェスク大統領による政治の検証も総括もないまま、さらにはルーマニア政治史におけるチャウシェスク時代をしっかり論議しないまま実行された。その性急に過ぎた手法は今も問題視されている。

ルーマニアでは大統領銃殺後もセクリターテを含む大統領治安部隊と、これに対抗する市民、彼らを援護する国軍が、中心部にあるブカレスト大学広場で激しい銃撃戦を繰り広げた。この戦闘で双方合わせて五〇〇人近くが死亡した。騒乱はさらに全国に広がり、死者は合わせて一〇〇〇人を超えたと言われる。

しかし、この革命は当初から「イオン・イリエスクによるクーデター」という見方がくすぶり続けていた。チャウシェスク銃殺後、新大統領に就任したイリエスクは、かつて共産党幹部であったが、チャウシェスクから徐々に距離を置かれていた。さらに一連の騒乱とチャウシェスク銃殺までを、米中央情報局（ＣＩＡ）とソ連国家保安委員会（ＫＧＢ）が連携して画策したという噂さえあった。

その真偽はともあれ、革命後のイリエスク政府に対する国民の不満は高まっていった。その多くは、民主化の不十分さと経済改革の停滞だった。野党や学生達は広範な「反イリエスク」勢力を結集し、抗議活動のターゲットを「ルーマニア革命一周年記念日」（九〇年一二月二二日）に絞っていった。

私はこの記念日を取材するために、数日前からブカレストに滞在していた。街はすでに騒然とした雰囲気に包まれていた。宿泊先の「インターコンチネンタルホテル」はブカレスト大学広場の真ん前にあり、ホテルの外壁には一年前の銃弾跡がいくつも生々しく残っていた。

ブカレスト大学の学生運動リーダーの一人（22）に聞いてみた。「イリエスクはチャウシェスクとまったく同じだ。我々学生の言論活動や出版にまで干渉するし、何も変わっていない。欲しいものも買えない。なんたって、店のショーケースは空っぽだからね。本当に何一つ変わっていないんだ。がっかりだ！」と、イリエスク政権への失望と不満を口にした。

数人の反政府活動家にも意見を聞いてみた。「ストや集会を通して現政権を倒せ！」といった過激な主張から、「先の自由選挙は不公正だったから、やり直し選挙をしてほしい」「与党は野党を含めた再組閣をするべきだ」などと主張はまちまちだった。ただし、政府に対する批判では共通していた。

革命記念日の前日には、「学生連盟」をはじめ最大野党の「自民党」、同じく野党の「農民党」、労働組合を基盤とした「市民連合」が同大学広場で大規模な犠牲者追悼集会を開いた。「学生連盟」は一〇日前から全国の大学でストライキを続行し、この日に臨んでいた。

集まったのは約二万人。各団体の代表や学生が演壇に立ち犠牲者への追悼の言葉を述べたあと、それぞれの主張をした。時間を追うごとに「イリエスク新大統領は、本当は共産主義を捨てていないのではないか」という疑念を持つ多くの市民たちの「打倒イリエスク！」のトーンは高まっていった。

警官隊が集会を取り巻くように陣取り、誰かが爆竹などを鳴らして挑発すればすぐにでも銃撃戦が始まるような緊迫した状況だった。私は不測の事態を予想し、集会の端の方で演壇の様子をうかがいながら参加者の意見を聞き集めた。

夜を徹した集会が終わったのは記念日の早朝だった。集会を催したリーダーたちは各職場でのストライキを呼びかけ、空港も閉鎖された。

しかし、記念日当日は、熱気を帯びた前日の集会など無かったかのように短時間で広場はきれいに清掃され、政府が主催する記念式は予定通り整然と行われた。ゼネストは回避されたのだ。ブカレストはいつもの落ち着いた日常を取り戻したようだった。

集会とは別に、街で一般市民の声を聞いてみた。すると様々な反応があり、反政府活動家の意見とは必ずしも同じではない人も多かった。バターを買おうと店の前で並んでいたミハイル・シュトゥパルさん（40）は「この程度の行列なんてたいしたことないよ。政府に文句を言うより、まずは自分たちがきちんと働くことだね」と淡々と話していた。革命後の自分たちの暮らしをなんとか安定させようと模索している人々の姿が印象的だった。

チャウシェスク時代に配給制だった砂糖、食用油などの一部商品は、イリエスク政権になってさらに不足していた。そのため、人々は朝三時からの行列に並ばなければならなかった。半面、肉などは十分供給されているなど、食料品供給のばらつきが目立っていた。

生活必需品需給のアンバランスや流通の停滞は暮らしに直結する。デパートに入ると、衣料品売り場には商品はなく、学生が言っていたようにショーウィンドーは空っぽだった。静かな暮らしを求める市民の願いとは裏腹に、街中での小さな商いですらカオス的様相を呈していた。

露店でリンゴを買った際、一ドル札を店の人に渡したら、自分が持っている一ドル札をポケットから出して二つに折り、私のドル札も二つ折りにした。なにをしようとするのか最初は皆目わからなかった。彼は、二つのドル紙幣の模様を左右合わせてみて、やっと安心して品物を渡してくれた。米ドルの偽札が横行していたのだ。

市民は前政権時代から続く慢性的なモノ不足とインフレのせいか、現金よりも品物を大事にしていた。

通訳のルーマニア人のエピソードは今も忘れがたい。彼は格安料金で仕事を引き受けてくれていた。ホテルの部屋で打ち合わせをしていると、目が風呂場にあるアメニティの石鹸にくぎ付けになっているようだった。打ち合わせ内容よりも気になるらしく、話の合間に「その石鹸は素晴らしいですね」と何度も褒める。ようやく気が付いて、それを差し上げると、とても感謝された。モノ不足が深刻なのだと納得した。

「ルーマニア革命」で犠牲になった人たちが眠っている街外れの墓地を訪ねた。墓は約三〇〇基あるという。多くの遺族や友人達が墓参りに来ていた。長男（19）を失ったという技師のバルブ・イオンさん（47）は「この一年間、心が休まったことがない」と話した。しかし、革命について聞いてみると、「やって良かったと思っている。革命後は誰でも自由にしゃべれるようになったからね」と評価していた。

近くにいたモルドバン・ダンさん（23）にも聞いてみた。自らも革命活動に参加したが、親しい友三人を失ってしまったという。その墓参だった。「革命後も生活が苦しいのは変わらない。僕の給料は三二〇〇レイ（約一万二〇〇〇円）。靴を買おうにも一五〇〇レイもするから、給料の半分近い。信じられくらいのインフレだよね。でも、気長に考えていくしかないと思っている。今度、また流血騒ぎになったら友達の死は無駄なものになってしまうからね。彼らは平和なルーマニアを望んでいたはずだもの」と語っていた。

激しい抗議の声を上げた反政府活動家とは対照的に、市民は不満を抱えながらも暴力には拒否反応が強いことがうかがわれた。

袂を分かった大統領と首相（ブカレスト＝一九九二年五月）

一年半後、ブカレストを再訪した。政治情勢は相変わらず不安定だった。その原因となっていたのが、イリエスク大統領とペトレ・ロマン首相との決裂だった。

九一年秋、地方に住む炭鉱労働者が賃上げを要求し、社会の秩序安定を求めて大挙してブカレストに乗り込んだ。それが暴徒化し、治安警察部隊との衝突で多数の死傷者が出た。大統領は「混乱の責任は首相にある」とロマン首相を辞任させた。ロマンはチャウシェスク大統領が処刑された翌日に首相に就任したが、在任期間は短く九か月間だった。

炭鉱労働者たちは、たくさんの釘を打ち付けたこん棒を振り回し、反政府運動をしていた「中道右派」と言われる人々を殴りつけた。「中道右派」の人々の多くは学生や知識人だった。暴動を間近で見た人に聞くと、「革命時の銃撃戦に劣らぬ怖さだった」と語っていた。

イリエスク大統領は、革命を担った政治団体「救国戦線」から離脱し、あらたな政治団体である「民主救国戦線」を結成した。ロマン前首相は、「救国戦線」の残留組を束ねて議長に就任していた。

そのロマン前首相にインタビューをした。

ハリウッドスターのグレゴリー・ペックに似たハンサムな人で、インタビューの前に写真撮影をお願いしたら「左の方から撮ってほしい」と注文された。顔の左側が映りが良いと分かっていたのだろう。

インタビューはイリエスク大統領への激しい批判で始まった。

首相更迭の理由となった炭鉱労働者の暴動について尋ねた。「（当時）政府と労組首脳は事前に賃上げ交渉で合意していたはずだ。それなのに労働者たちがブカレストにやってきて暴力行為に及んだ。誰かが陰で糸を引かなければ、労働者が暴動を起こすはずがない。大統領は私の辞任を含めた文書を労組首脳と交わしていたのだ」と、大統領の陰謀によって暴動が起き、自分は辞めさせられたのだと主張した。

さらに、「私は首相辞任後、『イリエスク大統領は共産党と結託し、民主政治を行わない独裁的な政治体制を作り出そうとしている』と批判し続けた。その批判が『救国戦線』の分裂につながった」という。「しかし、わが政党（救国戦線）は、今後、民主主義政党としての特色を出していく。分裂したのは正解だった」と語った。

ロマン前首相の政治目標が「西欧型民主主義社会」の実現なのに対し、イエリスク大統領は「西欧型民主主義と共産主義を折衷した社会民主主義」だった。この違いが袂を分かった大きな原因だと言える。

話を聞いている中で、私が最初にブカレストを訪れた九〇年末には、すでに政府内で亀裂が生じ始めていたことも分かった。

最後に意を決して「あなたはチャウシェスク前大統領の処刑に関与していたのか？」と聞いてみた。簡易裁判の後、直ちに処刑されたことに世界中から批判が出ており、私も最も聞いてみたいことの一つだったからだ。ロマンは「あの時点で、チャウシェスクがすぐに処刑されたことは知らなかった」と言下に関わりを否定した。何度も聞かれた質問だったのだろう。

ロマン前首相はユダヤ系のルーマニア人である。このため、ルーマニアの反ユダヤ主義者からの批判も根強くあり、その後、大統領や首相になることはなかった。だが、上院議長や外相も務め、一〇年以上にわたって政治力を維持した。

西側との交流が少ない悩み

革命後一年間で、西側諸国からルーマニアへの直接投資は一億八〇〇〇万ドル（当時のレートで約二三〇億円）。東欧のトップバッターだったハンガリーの一三分の一に過ぎなかった。経済改革の成否のカギは大企業の民営化にあったが、外貨不足が続いている中で、その実現も難しかった。

このため、いかに外資を導入するかが大きな課題だった。

私は、ナスターゼ外相から「西欧に我が国との友好国をできるだけ多く作りたい」との抱負を聞いていた。その一環として、二国間関係で西側との接触を深めようと努力しており、この時調印された米国との「投資条約」もその成果の一つだった。

外資導入が進まなかったのは、西側諸国がルーマニアを敬遠したからだ。政情不安ばかりではなく、チャウシェスク時代の負の遺産もあった。

「我々は今もチャウシェスクの亡霊に悩まされている」と経済財政省のコスチャ次官は語っていた。

「チャウシェスクは外国から借金しない経済政策を貫き、輸入を極端に抑えた。外交関係も希薄だったので外国からの新技術も導入されず、産業発展が大幅に遅れてしまった」と続けた。最後に「先進国は、もともと外交関係もなく、経済の先行きの見えない国には援助しないものだ」と苦々しい表情でつぶやいたのが印象に残っている。

コスチャ次官室からは、革命直前に完成した巨大な「人民宮殿」が見えた。宮殿に連なる大通りには中央分離帯があり、中には花壇や噴水などがしつらえられていた。この道一帯はもと住宅地域であり、人々に立ち退きを命じて作り上げたといわれている。チャウシェスク最後の大事業であった豪奢な宮殿は政権崩壊後、利用されないまま雨漏りし始めていた。これが国民に耐乏生活を強いた末に造り上げたモニュメントであった。

私が再訪した一か月前には、旧ルーマニア王国のミハイ一世が四七年ぶりに里帰りしていた。彼は、第二次世界大戦前と、戦中から戦後すぐまで二回にわたり国王を務めた。彼の帰国は王政復古につながるのではないかと人々の間でホットな話題になっていた。

ミハイ一世の帰国を働きかけたのは中道右派の「全国農民党」だった。同党のディアコネスク第一副議長は「我々が求めているのは立憲君主制であり、象徴としての国王だ。国王を抱くことは、我が国が西側と親しくなるための一番の近道だ」と語った。

ミハイ一世は結局、二〇〇一年になって、ようやくルーマニア政府から特別の地位を与えられて生活も保障された。二〇一七年に亡くなるまで、対外的には接受国から公賓に準ずる待遇を受けた。ルーマニア共和国がＮＡＴＯやＥＵ入りするための政策の一つと言われた。

ポーランド

深まる混迷（ワルシャワ＝一九九二年四月）

東欧革命の先鞭をつけたポーランド。私は九二年春、首都・ワルシャワを訪れた。連載企画のためだった。この時は、他にハンガリー、チェコスロバキア、セルビア、ブルガリア、ドイツ、ルーマニアを続けて回った。

ポーランドはよく知られるように、「連帯」が、八〇年代初めから、民主化運動を主導してきた。自由な労働組合活動が認められていない社会主義国の中で、政府の圧力を受けながらも、初めての労働者による自主的な組合として成立したのが「連帯」だった。

ポーランド統一労働者党（共産党）政権は、八一年から八三年にかけて戒厳令を敷き、民主化運動を弾圧した。「連帯」は、非合法化され、多くの幹部が逮捕されたが、その後も粘り強く活動を続けた。

ソ連にゴルバチョフ政権が誕生するとともにポーランド国内でも民主化の波はさらに広がった。一九八九年初め、共産党政権は「連帯」を主要メンバーとする「円卓会議」を開き、新しい国の在り方を模索せざるを得なくなった。会議では「連帯」の合法化や、上院の新設などが決められている。

そしてついに八九年夏、「連帯」幹部だったタデウシュ・マゾビエツキを首班とし、東欧で初めてとなる非共産党政権が誕生した。これが東欧革命の皮切りだった。

一年後の九〇年末には大統領選が行われ、チェコのヴァーツラフ・ハヴェルと共に東欧革命の象徴的人物ともなっていた「連帯」のレフ・ワレサ議長が圧勝。かつて統一労働者党第一書記として戒厳令を敷いたヴォイチェフ・ヤルゼルスキから大統領職を受け継いだ。この大統領交代は、体制の転換を強く印象付ける出来事だったと言える。

私が訪れたのは、大統領選から一年半後だった。

ポーランドは、東欧諸国の中でもハンガリー、チェコスロバキアと並び改革先進国と言われていた。これら国々を中欧とも呼ぶ。しかし、私の目には、三か国中、ポーランドが最も近代化が遅れている国に映った。

交通網、通信網、流通を比較してみても、着実に西側に近づいているハンガリーとは違い、インフラの貧弱さが目だった。

中欧三か国の首都で、地下鉄が開通していなかったのはワルシャワだけだった。旧ソ連との共同事業で八三年に建設が始まったが、ソ連崩壊で中断の憂き目にあってしまった。公衆電話もほとんどなく、電話をかけようと郵便局に飛び込むと、一台しかない電話に市民が長い列を作っていた。

街の中心部には、高さ二三七メートルの巨大な「文化科学宮殿」がそびえていた。モスクワに数多く立つ「スターリン建築」様式の建物だが、いかにも大時代的だった。

東欧諸国では、いわゆる「泥棒タクシー」が時折見られた。タクシーにメーターが付いていないとか、付いていても高速回転して法外な乗車料金を取るといった手口だった。ワルシャワでは、こうしたタクシーが特に目立った。

インフラ整備の遅れもさることながら、民主化後の政治は混迷の度を深めていた。小党が乱立し、二年間に二回も政権が代わっていた。

その大きな理由は、「連帯」が革命後に分裂し、不協和音が目立つようになったことにある。特に、経済改革をめぐる路線の違いが大きく、これがまた政治の不安定化に跳ね返るという悪循環を繰り返していた。

マゾビエツキ首相は、市場経済への移行として、「国庫補助金」と「価格管理」の廃止という「ショック療法」を採用した。具体的には価格自由化、生産や貿易の自由化、国営企業の民営化、市場制度の整備などで、合わせて強力な金融引き締めと通貨の大幅な切り下げを行った。さらにインフレ抑制のために賃上げの抑制も図った。

この政策は、中心になって進めたレシェク・バルツェロビッチ財務相の名を取って「バルツェロビッチ・プラン」と呼ばれた。八九年には年間一〇〇〇%に上ったハイパーインフレが、プランが導入された九〇年から徐々に解消に向かった。

次のヤン・クシストフ・ビエレツキ首相も「ショック療法」を踏襲した。この効果が徐々に現れ、九一年の物価上昇率は、六〇%台まで抑制された。それにより、ポーランド通貨「ズローチ」の価値は高まり、外貨交換性も生まれた。民営化も徐々に進み、当時、数少ないとはいえ、一二企業が株式市場に上場し、自由経済が定着しつつあった。

しかし、一方で「ズローチ高」は輸出競争力の低下を招いた。さらに民営化の促進により、国営企業の倒産が続出した。九一年当時、失業者は雇用者総数の一一％に当たる二一四万人にも達し、景気も大幅に後退した。

九一年末に首相となったヤン・オルシェフスキは、「ショック療法」を修正した。エネルギーなどの国民生活に深く関係する一部国営企業を保護し、通貨供給量を増やして「ズローチ安」に誘導した。失業を抑制し、投資と輸出を刺激するのが狙いだった。これまでのデフレ政策から景気刺激策への転換だった。ただし、賃金の低水準は維持してインフレ率の上昇を抑えようとした。さらに、間接税の引き上げにより財政赤字の拡大を防ぐことも考えた。

オルシェフスキ首相の新経済政策に対しては、ポーランド国内の経済専門家などからも、「経済が安定していない中で、通貨供給量を増やして高インフレを抑止できるのか、競争力のない国営企業を保護することは改革の妨げにならないか」などと疑問が出ていた。

結局、オルシェフスキ首相は就任半年でワレサ大統領に解任されてしまった。

同首相の辞任直前、ミルツァノフ暫定内相は「首相はクーデターを計画していた」と、証言し、大統領もこの証言を支持した。

逆にこの証言以前、パリス国防相が、「クーデターを計画していたのはワレサ大統領側だった」

と発言して辞任させられていた。パリスはオルシェフスキ派であった。

経済政策での動揺に加えて、政治面でも「連帯」の旧メンバー同士が泥仕合のような激しい内部抗争を続けていたのだ。

ワルシャワの有力紙「選挙新聞」のスカルスキ副編集長は「ワレサ大統領を含め、政治的経験がない人たちが為政者となり、各々自信ばかりが強い。経済改革が必要な点では一致しているが、具体的な政策論争よりも個人レベルでの争いが目立つ」と指摘していた。

「連帯」の分裂

当時、「連帯」の内部分裂に至った原因や、その後の政治的役割について、当事者の一人に取材した。「連帯」に発足当初からかかわり、取材当時も活動を続けていたマチエイ・イェニケ「連帯」教育部副委員長だった。そのやり取りは以下の通りである。

――小党乱立の原因になった「連帯」の内部分裂はなぜ起きたのか?

社会主義時代の「連帯」は、自由と独立のために一丸となって共産党政府と戦った。しかし、改革によって「共産党」という共通する敵がいなくなり、党名に掲げた「連帯」の気持ちが消えうせてしまったのではないか。構成員の間には、もともとイデオロギーの違いがあり、政権与党となってこれが明確になった。さらに、大統領選や総選挙を通して、重要ポストを得ようとする党幹部の個人的闘争の様相が強まった。

――ワレサ大統領は「連帯」幹部の間ではどう見られているのか？

マゾビエツキ元首相などは、『連帯』幹部の支持者が多い半面、対立する人間も多い。ワレサは、熱狂的な支持者もいない代わりに反対する者も少ない。彼だけが『改革のシンボル』としての取りまとめ役を果たすことができ、「連帯」の不安定さに一応の歯止めをかけていると言える。ただ、ワレサには、個人的なブレーンがいないのが弱点だ。

――今後のポーランド政治と、改革の行方をどう見ているのか？

少数政党が多く、下院では二九もの政党が議席を占めている。

しかし、実際のところ、政党間の政策の差は小さい。外国からの投資を歓迎しない右派と、国営企業を尊重し、民営化に慎重な左派を除くと、ほとんどの政党は『ズローチ』通貨の安定と国際経済との協力関係の構築を求めている。改革は後戻りできないことを誰もが知っている。従って、こうした中道路線の多数政党が一つになるのか、あるいは分立したままでいるのか、これが今後の問題だろう。私は、いくつかの政党がまとまるか、政策協力に進むとみている。そうなれば、ワレサはこの多数派に乗るはずだ。

小党が乱立していても経済発展したイタリアが、ポーランドのモデルになるかもしれない。

――「連帯」の今後の政治的、社会的役割は？

本来の「労働組合」の立場に徹することだ。時には改革を促進し、時には性急な改革にブレーキをかけることもあり得る。とはいえ、残念ながら『連帯』は最早、少数党派のまとめ役になるだけの力はない。

イェニケ氏は冷静かつ客観的に政治を見ていた。

ハンガリー

見えた光（一九九一年三月～一九九二年五月）

東欧革命の中でも、ハンガリーはポーランドと並んで改革が進んでいた。企業の民営化も八〇年代初めから始まっており、経済的に最も順調だと見られていた。外国からの投資も、八九年秋からの約三年間を見てみると、ハンガリーは、東欧諸国の中では最も多く、東欧全体の六〇％を占めていた。同じく、「東欧先進国」と言われたポーランドの二倍、チェコの三倍近くだった。日本企業も「スズキ自動車」が九一年にハンガリーでの「乗用車生産プロジェクト」に参加契約を交わし、翌年からは、ハンガリー北部の小都市・エステルゴムで乗用車の生産を始めていた。

五六年の「ハンガリー動乱」以来、ハンガリーの「ソ連嫌い」には定評があった。このため、早くからソ連と距離を置く改良型経済を目指し、実行してきた。西側との交流に力を入れ、旧共産圏の「経済相互援助会議（コメコン）」が解体された後も、そのショックからいち早く回復できた。

九一年の輸出総額を見ても、コメコン各国向けは全体の一九％だったのに対し、西側諸国へは、前年比を三割以上伸ばして四八％に達していた。

外国からの投資が比較的順調だったのには、上述以外の理由もあった。ハンガリーは、大きな民族問題を抱えておらず、政治が安定していたこと、さらに労働者の賃金が安く、旧西ドイツの約一〇分の一の水準にあったことなどだ。

ウィーンに近いこともあり、私はたびたびハンガリーを訪れた。度重ねた取材で、刻々と変化していくさまが見て取れた。九〇年秋、最初に訪れたブダペストは、どこか憂いのある静かな街だった。しかし、時と共に目抜き通りの店々が次第に華やかになり、西側諸国に似た明るい雰囲気が漂い始めた。

とはいえ、改革当初、価格改革（補助金の削減と撤廃）と石油価格の上昇によって消費者物価は二九％も上昇していた。これに対し、賃金上昇は二〇％以下に抑えられたので、市民の生活は苦しくなっていた。

翌年、ブダペストを再訪し、市内にある中央市場で買い物をしていた男性に取材した。年金生活者のヒットレル・ラヨシュさん（67）だった。「豚肉の値段は下がったけど、野菜をはじめとして、すべての物価が上がっている。暮らしは厳しいよ！　だから、家庭菜園を広げて野菜はなるべく自給するようにしている」と話していた。

失業も増えていた。改革後の変化に乗り遅れた大企業が、倒産の憂き目にあっていたからだ。逆に、中小企業の中には成功したケースも少しずつ出てきて、失業者の一部を吸収する動きもあった。

九二年春、ブダペスト近郊にある「カンデラーベル社」を訪れた。鋳物製の古典的な街灯を生産しており、当時年商は日本円にして四億円に上っていた。オーストリア・ハンガリー帝国時代を彷彿とさせる優雅で独特なデザインが人気を呼び、西側向けの輸出が毎年倍増していた。九二年からは日本への輸出も加わり、総生産額の四割を占めるようになっていた。

エスター・ポパイ輸出部長は「日本人は良質な商品にこだわるので、わが社の製品は、その要求にぴったりだと思う。日本への輸出については、これからも大いに期待している」と、自社製品の品質と技術に自信を見せていた。

同社は民営化の先駆けとして、八二年に素人五人で設立した。取材当時は、すでに一五〇人の従業員を抱えていた。一貫して黒字経営を続け、生産規模も拡大していた。

こうした優良な中小企業がハンガリー経済の下支えになっていたことも、外資導入の遠因になっていたといえる。周辺国や旧共産圏の国々との経済交流も続いていた。

ブダペスト郊外にある通称「コメコン・マーケット」を訪れたことがある。マーケット名が示すように、CIS諸国や東欧各地から来た人々が、自分たちの商品を持ち寄り、自由に商品を売買する非合法の市場だった。ここは、驚くほど価格が安かった。この安さに惹かれてか、多くのハンガリー市民がやってきて、大変な賑わいを見せていた。

こういった、いわゆる「闇市」は郊外に数か所あった。私が訪れた市場は市西部にあった。住宅街の一角で、広さ一五〇〇平方《メー》《トル》ほどの敷地にロシア、ルーマニア、ブルガリアなどからの商人が集まり、食料品や生活用品、衣類などをところ狭しと並べていた。

ハムの缶詰一キロが二〇〇フォリント（約三五〇円）、キャビア一一三グラムが三八〇フォリント（約六六五円）、下着のシャツ五〇フォリント（約八八円）など、どれもブダペストの市販製品の二分の一から三分の一の安さだった。どの市場も、週末は三～四万人の客でごった返すという。かつて各国の教科書にあったロシア語はともあれ、ルーマニア語やブルガリア語などはハンガリー人に通じないので、商品の値段を自分の手に書いたり、電卓を見せたりしながらの商いが続いていた。

大きな鍋を買った主婦は、「こんな鍋はブダペスト中、どこを探してもないわ。ここは掘り出し物も多いのよ」と笑顔を見せていた。ある公務員夫婦は「この一年で物価が三〇％近く上がったのに、給料はあまり上がらない。この闇市は、我々庶民には本当にありがたい存在だ」と話していた。

面白いことに、市場のすぐ隣にある広さ四〇〇〇平方メートルほどの敷地にはハンガリー人による合法市場があり、店が軒を連ねていた。「コメコン・マーケット」の販売人を相手にした商売人同士の市場だった。

闇市と合法市が併設されていたのだ。コメコン・メンバーだったロシア人などが、闇市で持ってきた自国の商品を売りカネを得る。そしてそのカネを使い、今度は合法市でハンガリーの電化製品や時計、洋酒などを買うという仕組みだ。電化製品には「OSAKA」「TOKYO」などと日本製を思わせる商標がついていた。ハンガリー人の販売人自身が「ロシアでは売れるけど、ハンガリー人なら絶対買わないね」と、日本人の私につい告白してしまうほどの低品質な商品だった。

見るからに安手のラジカセを二〇〇〇フォリント（約三五〇〇円）で手に入れたロシア人は「国

に帰れば、もっと高く売れる」と話していた。また、手製の刺しゅう付きテーブルクロスを売っていたルーマニア人女性は「ハンガリーの通貨フォリントをそのままルーマニアに持ち帰れば、闇でルーマニア・レイと高く交換できるから、ここでは絶対買い物はしないのよ」と、フォリント貨幣そのものを欲しがる人もいた。各々知恵を働かせていた。

こうした合法、非合法のマーケットは、旧共産圏からのハンガリー入国ビザが不要だったことから生まれた新商法だった。特にハンガリーは、小麦やヒマワリの種、豚肉、牛乳、ワイン、パプリカ、キャビアなどの農水産品が豊富で、他の旧共産圏から来た「商売人」にとっては魅力的な国だった。

ＣＩＳやバルカン諸国とハンガリーとの経済格差をうまく利用して、それぞれが共存を図っていたと言える。たくましい「商売人」と、生活苦を何とか切り抜けようとする「市民」との共存でもあった。こうした商売をハンガリー政府も黙認していた。

ハンガリー政府の経済政策は、貪欲だった。クロアチア紛争が始まる前には、軍備強化を図ろうとしたクロアチアにカラシニコフ銃などの武器を売る。一方で、クロアチアの敵であるセルビアとの交易も盛んだった。特に欧州内で孤立していたセルビアは、外国からの物資調達や輸出の困難さにあえいでいたので、ハンガリーはセルビアにとって貴重な存在だったと言える。

当時のハンガリーは、国民生活の厳しさは続いていたものの、経済は徐々に力をつけ始め、東欧経済改革の優等生としての地歩を固めつつあった。

ブルガリア

根強い旧体制支持（ソフィア＝一九九二年五月）

ハンガリーに続き、ブルガリアの首都・ソフィアを訪れた。東欧諸国の中でも、ブルガリアの入国手続きの厳しさには驚いた。ソフィア空港での手荷物検査が厳重で、ゲートを出るまでにかなりの時間を要した。市民にも親ロ派が多く、社会主義色を最も強く残している印象を受けた。

国会前広場には、一九世紀にオスマン・トルコ支配からブルガリアを解放したロシア皇帝・アレクサンドル二世の騎馬像が威容を誇っていた。トルコへの警戒心が強い半面、ロシアとのつながりが深かったブルガリアの歴史を象徴するような光景だった

同じバルカンの国であっても市街にゴミが散らばっていたルーマニアの首都・ブカレストと違い、ソフィアの街は小ぎれいで整然としていた。

街中にあるバルカン半島最大の正教会、アレクサンドル・ネフスキー寺院に行ってみた。この教会は、金色の屋根が光り輝くネオ・ビザンチン建築様式で建てられた壮大な建物だ。

寺院そばの広場では、年金生活者たち約一〇〇〇人の集会に出くわした。それぞれプラカードを手にしながら激しい口調で政府批判をしていた。物価高騰の中、年金が据え置かれていることに抗議する集会だった。よく聞いてみると、かつての社会主義体制を懐かしむ声も多かった。

また、夜は近くのバーテンベルク広場で開かれた政権与党の「民主勢力同盟」が主催したロック・コンサートにも行ってみた。一万人近くが集まり、それぞれ、歌や踊りに興じていた。この中にいたアンナ・ミハエロバさん（63）は「共産主義時代ほど嫌な社会はなかったわ。私たちは今、自由を謳歌しているの」と晴れ晴れとした表情で語っていた。

当時、ブルガリアは経済改革の方法を巡り、意見が二分されていた。反共産主義系と共産主義系の対立もあった。前者は企業民営化を中心とした「市場経済促進」を訴える「民主勢力同盟」、後者は民営化を遅らせ、弱者救済を通して改革のショックを和らげながら「社会市場経済」を求める「社会党」（旧共産党）である。

同国は、他の東欧諸国のような革命を通した劇的な政権交代がなかった。三五年にわたり、最高指導者として同国を支配してきたトドル・ジフコフ国家評議会議長（元首）兼ブルガリア共産党書記長は、八九年の「ベルリンの壁崩壊」の翌日、閣僚たちによって解任された。

新しい指導者になったペトゥル・ムラデノフ前外相は、国民の民主化要求の高まりを受け、共産党の一党独裁を放棄した。これを機に民主化が始まったのだった。九一年秋の総選挙で初めて、共産主義を母体とする「社会党」が僅差で「民主勢力同盟」に敗れ、政権を明け渡した。しかし、社会党の力は依然として強かった。

このため、経済改革も漸進的な形で進んでいた。民主化後、「社会党」と、その後の「民主勢力同盟」の新旧政権は、九一年と九二年の二度にわたる価格自由化を実施した。一回目は一般商品、二回目は食品だった。私の取材時は、暮らしに欠かせないパンとミルクなどの基幹食料品は自由化されていなかった。しかし、インフレ率はすでに年六〇％以上になり、さらに高進しそうな勢いだった。

企業の民営化も進んでおらず、製造業の九割以上がまだ国営企業のままだった。民営化を巡り、政策が一本化されていなかったからだ。民営化して株式会社にした場合、株をどう配分するかでも意見が分かれていた。二〇％を株主として労働者に割り当てる案や、社会基金にして国の借金返済に充てる案など様々な意見が出ていた。外資を導入して合弁企業にする場合にも、外資の比率をどうするかも決まっていなかった。

首相府の経済顧問であったリュベン・ベロフ氏（この年の末から九四年一〇月まで首相）に聞いてみた。彼は、「社会主義時代は、国営企業の工場長の公私混同が甚だしかった。社用車を自分のために使ったり、友人や親類に工場で生産した商品を安く提供したり、ひどい場合はタダであげたりしていた。そんな私物化は到底許されない。透明性のある民営化が必須だ」と前置きしたうえで、「今年末までには、中規模の重工業を中心とした六五企業を民営化したいと考えている。これらは、外国企業が興味を示したところばかりだ。地元の小企業も民営化していきたい。今秋までには、民営化プログラムを作る予定だが、鉄道などの大規模公益企業はしばらくの間、国営を続ける予定だ」と民営化を企業の規模別に行う考えを示していた。

貿易も自由化し、関税貿易一般協定（ＧＡＴＴ）＝後の世界貿易機関（ＷＴＯ）＝に入る希望を持っていた。だが、この時点ではブルガリアは関税を引き上げる政策をとっていた。国内産業保護の観点からの暫定的な引き上げ措置だという。

失業率は、ソ連崩壊の影響を受けて一〇%を超えていた。当時のブルガリアの経済改革は、まだ緒に就いたばかりだった。民営化の進展に伴って失業者が増えれば、政権与党の「民主勢力同盟」と「社会党」の対立は、さらに激化しそうな気配だった。

ブルガリアでは珍しい体験もした。通訳をしてくれた女性は旧共産党幹部の子弟で、共産党時代の考えが根強かった。滞在日程の都合上、私が取材先のアポイントメントを「午前八時半にしてほしい」と頼むと、相手先と交渉する前に「私たちブルガリア人は、午前九時前の仕事は絶対にしない。アポイントを三〇分遅らせるべきだ」と強固に主張した。また、「民主勢力同盟」の支持者を取材している時には、通訳業務をやめ、取材先といきなり激しい論争を始めた。反共産主義である同党への反感が強かったのだろう。通訳してくれた東欧諸国の人たちの中でも、彼女のようにイデオロギーを前面に出す人と会ったのは初めてのことで、かなり驚いた。

チェコスロバキア　分裂へ（ブラチスラバ、プラハ＝一九九〇年一二月〜九二年五月）

ビールとワイン

チェコスロバキアでの「ビロード革命」以後、スロバキア地方では独立の機運が高まっていた。

この国はチェコ共和国とスロバキア共和国で連邦政府を構成していたが、スロバキアが連邦から離脱しようと動いていた。連邦政府の一六〇〇万人近い人口のうち、チェコ人が三分の二を占め、スロバキア人は三分の一の構成だった。

両地域の成り立ちを巡る歴史的な違いのほか、農業や兵器産業が中心だったスロバキアが、長年、工業先進地域だったチェコに対して積年の被害者意識を持っていたことが遠因にある。

八九年の「ビロード革命」から日を置かず、スロバキアを中心に民族主義を掲げるグループが出始めていた。そして、九〇年に入ると「国民党」などの民族主義政党が勢力を伸ばしていった。彼らは、スロバキアの首都・ブラチスラバで、スロバキア独立を叫ぶ数千人規模の集会を何度も開いていた。

翌九一年夏、ユーゴスラビア連邦でスロベニア、クロアチアが独立宣言したこともチェコスロバキア分裂への動きを後押しした。

東欧革命の波に乗って民主化を成し遂げたチェコが、今度はユーゴ紛争に刺激されて国家分裂を志向するようになっていく。革命という大きな動きが次々に多方面に連鎖的な影響を与えていく典型的な事例と言えよう。

チェコスロバキア連邦とチェコ共和国双方の首都であるプラハ。「ビロード革命」の拠点となったバーツラフ広場をはじめ、街中を流れるブルダヴァ川（モルダウ）。それにかかるカレル橋、王宮などが重厚な都市景観を形作る。極めて美しい街だ。大規模な戦災を受けず、歴史的建造物の多くが焼けなかったことも幸いした。

もう一方のスロバキア共和国。首都・ブラチスラバは、ドナウ川から望むブラチスラバ城の眺めは素晴らしいものの、道路や建物の老朽化が目立ち、両都市の姿は対照的だった。

革命後の八九年末に連邦大統領になったヴァーツラフ・ハヴェルはチェコ人で、「東欧革命」の旗手と言われた。

彼はもともと世界的に著名な劇作家であった。共産党政権時代は反体制の指導者として、何度も逮捕され、投獄期間も長かった。政治団体「市民フォーラム」を結成し、民主化を進めるとともに革命を主導した。

ここで、チェコスロバキアの歴史を大まかに記述する。

一九一八年、ハプスブルク帝国の崩壊によって、同帝国に属していたチェコスロバキアが共和国として独立し、初代大統領にトマーシュ・マサリクが就いた。

ただ、チェコ人とスロバキア人は、実に約一〇〇〇年にわたって別個の歴史を歩んだ事実があった。チェコがドイツ圏に入っていたのに対し、スロバキアは長い間、ハンガリーの支配下にあった。「ビール文化のチェコに、ワイン文化のスロバキア」といった文化的な違いも指摘された。

しかし、二〇世紀に入り、「チェコスロバキア主義」が台頭した。これは、チェコ人とスロバキア人は西スラブ人として一つの国を形成すべきだという主張だった。ドイツ帝国の拡張主義に対する警戒や、ハプスブルク帝国支配への反発が根元にあった。その思想的な支柱になったのがマサリクだった。彼は、立憲主義、民主主義に基づいた民族自決を訴えた。

しかし、建国後はチェコ主導で中央集権的な政治体制を敷いたことにより、自治権を求めるスロバキア人が反発するという事態も起きていた。

その後、スロバキアは、第二次世界大戦中、ナチス・ドイツの支援によって一九三九年三月、チェコスロバキアから独立した。そして、ドイツの枢軸国となり、ポーランド侵攻にも参加した。しかし、一九四五年四月、ブラチスラバがソ連赤軍に占領され、スロバキア政府は消滅した。

チェコは、第二次大戦前はフランス、ソ連と友好関係にあったが、スロバキア独立の翌日、ドイツがチェコのボヘミア、モラヴィア両州を編入した際に、ドイツの保護領となってしまった。ドイツ降伏直後、英国に拠点を置いていたエドヴァルド・ベネシュによる亡命政権が戻り、チェコスロバキア共和国を再建したのである。共産党が政権を握ったのは、一九四八年だった。

不満募るスロバキア

九〇年末、ブラチスラバに赴いた。同年秋、ドイツ統一の事前取材で訪れて以来だった。街で取材してみると、ミラン・シュテファニク将軍が人気を呼んでいることが分かった。スロバキア出身で、マサリク、ベネシュと共にチェコスロバキアを独立に導いた歴史上の人物だ。

彼自身は「チェコスロバキア主義者」だったが、スロバキアの英雄でもある。本屋を覗くと、将軍の本がたくさん並べられていた。労組連合の幹部に取材したとき、「今こそ、シュテファニク将軍のような強い指導力を持った政治家が必要だ！」と強い調子で語っていたが、同じような声を多く聞いた。

この背景には「利益はいつもチェコにさらわれる」というスロバキア人特有の被害者意識があったようだ。

ハヴェル大統領は平和主義の立場から、スロバキアの代表的な産業だった兵器産業の廃止を明言していた。これに対してスロバキア政府は反発の姿勢を示していた。イアン・チョマーイ報道局長によれば、「兵器産業に携わる労働者は八二万人いる。そのうちの七五万人がスロバキア人だ。ハヴェルの政策によって彼らの大半が失業せざるを得ない。兵器産業で国家財政をこの一〇年にわたって五〇〇億コロナ（約二九〇〇億円）も潤してきたのに、要らなくなれば失業対策費すら出せないという。納得できるはずがない」ということだった。

結局、連邦政府は、失業対策費一二億コロナを出すことになり、スロバキアは矛を収めた。

当時、街を歩いている若い労働者に二つの共和国のこれからについて尋ねてみた。いきなり「連邦政府は我々を管理しているだけだ。絶対、独立すべきだよ」との答えが返ってきた。他の人にも聞いてみたが、ブラチスラバではこの若者と似た意見を持つ人が多かった。

ビロード革命後、スロバキアでは経済的な行き詰まりが顕著になっていた。ソ連との関係が深かったため、コメコン解体の影響を直接受け、失業率は当時、一〇％（チェコは七・五％）に達していた。もともとあった格差に加え、経済の悪化がチェコ人に対する被害者意識を増幅し、独立志向を促しているように見えた。

この一年後にもブラチスラバを訪れた。この時にはスロバキア独立の機運が一層高まっていた。街の中心にあるソノパ広場で、テント生活をしながらハンガーストライキを続けていたスロバキア人に出会った。ペーター・ポトツキーさん（38）だった。キリスト教的信条から「スロバキアが民主国家として平和的に独立することを祈ってハンストを始めた」と話していた。

広場の真ん中に立つパルチザン像の前では数十人規模の市民が自然発生的に集会を開き、熱心な議論を続けていた。「ハヴェルは二人の子供のうちの一人（チェコ）だけを可愛がる父親のようなものだ」「我々は正真正銘のスロバキア人だ。しかし、この国ではいないがごとく扱われている」「獲物を常に横取りしてしまうのはチェコ人だ。ずるい！」。時間が経つにつれ、彼らの口調は激しくなっていった。

当時、ここでは、こうした集会が連日開かれていた。集会は四～五時間に及ぶことも稀ではなかった。発言者は主に中高年の男性だった。

取材を終え、その場から離れると一人の青年が私を追いかけてきた。彼は「みんな激しくチェコをののしっているけれど、必ずしも本音とは言えない。みんなの前ではスロバキア人であることをことさら強調し、チェコ人の悪口を言い立てることで人から喝さいを浴びたいのだと思うよ」と言った。さらに「僕はただ独立すればよいとは思わない。独立した時のプラス・マイナスは慎重に考えなければならないからね」と集会で発言していた人々とは少しニュアンスの違う意見を持っていた。とはいえ、「集会で僕のような慎重論を述べれば、みんなから批判されるので黙っていたんだ」とも話していた。外国人記者である私に、どうしても伝えたかったのだろう。

チェコ人とスロバキア人との軋轢はもちろんだが、スロバキア人の中でも意識の違いが見て取れた。

反スロバキア感情の拡大（チェコ）

この時期にプラハも訪れた。バーツラフ広場で取材に応じてくれた市民達の意見は、「反スロバキア」が圧倒的だった。

「最近、ブラチスラバに出かけたがホテルの宿泊を断られた」「連邦政府は人口の三分の一しかないスロバキアに大きな予算をつけているのに、スロバキア人はいつもチェコに文句ばかり付ける。連邦の首都がプラハにあることをねたんでいるのかもしれない」。

こうしたチェコ人の反スロバキア感情は、九一年一〇月に起きた「ブラチスラバ事件」がきっかけともなっていた。チェコスロバキア独立七三周年を祝うためにブラチスラバ入りしたハヴェル大統領が群衆から卵を投げつけられたのだ。ハヴェルが独立運動犠牲者への黙とうを呼びかけても、ブーイングが返ってくるだけだった。怒った大統領は演説を中止し、退席した。

プラハの街かどで聞いた「スロバキアが独立したいなら勝手にやれば良い。スロバキア人にはもうウンザリだ！」という言葉が端的に当時の状況を語っていた。チェコ人は当初、国家分裂を求めたわけではなかったが、スロバキア人によるチェコ批判の激しさのせいで意識が変わっていったようだ。

国民投票法案否決

当時、国民から注視されていたのはハヴェルが呼びかけた九二年の国民投票実施の有無だった。連邦からのスロバキア独立を問うもので、その結果によって連邦維持か分裂かが決まる。ハヴェルが国民投票を提案したのは、連邦体制支持派が国民の多数を占めると見て、この一年間くすぶり続けてきた問題に終止符を打てると考えたからだ。

この動きに並行して、チェコとスロバキアの連邦議会議員代表は両共和国の自治権強化を目指す「新連邦条約」をまとめた。

しかし、この「国民投票法案」と「新連邦条約法案」は双方とも同年二月の連邦国会で否決されてしまった。

どちらも、スロバキア共和国政府が強硬に反対したためだ。スロバキア側は、国民投票の結果で「連邦支持」が上回ること、もしくは数字が高く出ることを恐れたのである。「新連邦条約」についても、連邦内での「自治権強化」よりは「主権国家による国家連合」を求める声が大勢を占めたのだった。

法案を否決されたハヴェル大統領は、自ら二四〇万人の署名を集め、「国民の二〇％が支持すれば国会の承認を経ずに国民投票を呼びかけることができる」とするように憲法の改正を求めた。しかし、同改正案も連邦国会において否決された。

この結果、スロバキア独立問題は六月に行われる総選挙に先送りされ、選挙戦での最大の争点となったのだ。

総選挙（プラハ＝一九九二年六月）

六月初め、総選挙が行われた。

チェコとスロバキアの連邦議会は人民議会、民族議会の二院制でどちらも定員一五〇人。人民議会は人口比で議席が割り当てられ、チェコ共和国が一〇〇議席、スロバキア共和国が五〇議席。民族議会は各共和国が七五議席ずつを占めるという構成だった。

選挙の結果、人民議会はチェコ共和国のヴァーツラフ・クラウス蔵相が党首を務める「市民民主党」（ＯＤＳ）が三八・五％の得票率を得て首位に立った。同党は、連邦制維持を基本政策とし経済改革をけん引してきた。

一方、スロバキア共和国のウラジミール・メチアルが率いる民族主義政党「民主スロバキア運動」（ＨＺＤＳ）も得票率三五％と強さを見せた。

この選挙は与野党合わせて四〇政党がひしめく混戦だった。五％以上の得票が無ければ議席が得られない「五％条項」があり、ハヴェル大統領率いる「市民フォーラム」は五％に達せず議席を失った。

選挙後、クラウスとメチアルの両党首会談が三度にわたって行われた。第一回会談で合意したのは、連邦政府の機能縮小と今後の国家形態を決める各共和国での「国民投票」実施の二点だけだった。外交、防衛だけでなく経済政策も財政、税制、関税すべての面で連邦政府が管理することを求めるチェコ側に対し、スロバキア側は共通通貨使用だけに同意し、スロバキア共和国独自の経済改革を進めることを主張した。

第二回目会談では、スロバキア側が事実上のスロバキア独立につながる主権国家としての国際的認知を要求して、チェコ側を激怒させた。

第三回会談も不調に終わり、クラウスは連邦政府の組閣をあきらめ、チェコ共和国だけの首相指名に転換した。「市民民主党」は「民主スロバキア運動」との大連合を組まない限り、連邦議会での過半数を取れなかったからだ。

一方、「民主スロバキア運動」は、「市民民主党」を排除し、共産党系を抱き込んだ左翼連合政府をつくることは可能だった。しかし、メチアル側に連邦政府をつくる意志はなく、結局、連邦政府首相は空席となった。

第三回会談後の六月二〇日、両共和国首脳は七四年間にわたって続いたチェコスロバキア連邦を平和的に解体することで合意した。

経済改革の成果が上がりつつあったチェコ共和国市民の多くは、過去の経済体制に後戻りすることを極端に恐れていた。こうした考えを持つ人々の一部は、会談に前後して両共和国の分離を要請する署名活動を行っていた。

こうしたチェコ人の感情を汲み取ったクラウス首相は、従来の連邦維持方針を一転させ、スロバキア共和国に絶縁状を突き付けたことになる。チェコとスロバキアの分離は避けられないと判断したのだった。

もう一つの大きな争点はハヴェル大統領の再選問題だった。総選挙後、クラウスがハヴェル再選を支持したのに対し、メチアルは不支持を鮮明にして独自候補を立てる姿勢を見せていた。

政治基盤としていた「市民フォーラム」は議席を失い、ハヴェルは厳しい立場に立たされていた。それでも大統領の地位にとどまり、連邦維持の努力を続けた。

ところがスロバキア共和国の議会である「民族評議会」は、同共和国の主権宣言を一方的に採択した。スロバキアの主権宣言は同共和国議会一五〇議席中、一一三の賛成で採択されたのだ。スロバキアの主権は連邦憲法に明記されており、宣言そのものには新たな法的な意味はなかったが、将来の完全分離に向け、具体的な意思表示をした点で、その政治的意味は大きかった。

これによりハヴェルの立場は完全になくなり、ハヴェルは「七月二〇日に連邦大統領を辞任する」と表明した。ハヴェル辞任は、チェコスロバキアがもはや一つの連邦国家ではなく、チェコとスロバキアの二つの国家に分裂することをより鮮明にした。

分裂への課題

両共和国は、総選挙後の連邦議会を通常通りこなす一方で、「合法的な解体」に向けた現実的手続きに入った。当時の大きな課題は、約二八〇〇にも上ると言われる国際条約や協定の取り扱いだった。

協議の末、両共和国は以下のような共同声明を出した。「外交をはじめ国防、経済問題など当面の政策は連邦政府が継続して行い、混乱を回避する。さらに、秋までには最終的な国家形態の像を示す」。この合意内容には「チェコ」と「スロバキア」という両主権国家が交わす条約や協定の全面的検討も含まれていた。

クラウス、メチアル両党首は、すでに確定していたチェコスロバキア連邦としての予算を年度途中まで実施し、その後は各共和国が独自に編成する意向だった。

ビロード離婚（一九九三年一月一日）

「新しい時代が来た！」「これでチェコに頭を押さえられずに済む！」。両共和国の平和的分離の方向が見えた九二年夏、スロバキアの首都・ブラチスラバのソノパ広場では、独立派の市民たちが喜びの声を上げていた。彼らは二年前から毎日ここに集まり、独立論議を戦わせてきた。やっと願いが叶ったのだ。

しかし、「本当に分離が実現するとは思わなかった！　うれしいどころか不安で一杯だ」と政治の激しい変化にとまどう人々も多かった。

前述したように、旧ソ連向け軍需産業中心の重工業と農業が主体のスロバキアはソ連崩壊と東欧改革により、経済的な打撃を受けていた。失業率は一二％に達しており、チェコの四倍。西側からの投資もチェコの五分の一以下にとどまっていた。

スロバキア首相となったメチアルは、チェコが進める急進改革に対し、国家主導の社会主義型市場経済を基盤とし、外資も直接導入しやすい国家像を訴えていた。しかし、同氏を支持していた人々も完全独立後のスロバキアの経済的自立には不安を抱いていた。

そのような時期、私はブラチスラバの二〇〇キロ北、ドゥブニカ・ナート・バホムにあるスロバキア共和国有数の軍需産業「ＺＴＳ」を訪れた。工場は広かったが閑散としており、時々動く大型クレーンの音だけがまだ操業中であることを示していた。同社は多くの戦車や装甲車を生産してきた。しかし、軍需激減により一万五〇〇〇人いた従業員のうち四〇〇〇人を解雇し、民需に転換せざるを得ない状況となっていた。民需の中心は原油採掘用掘削機だった。とはいえ、これもロシア向けだったのできちんと支払いを受けられるかどうかは不透明だった。また、これまでの膨大な借金をどう返済するかにも苦慮していた。

当時のゴダイ同社経理部長は「国家分裂は、西側の投資家に悪いイメージを与えるし、スロバキア独自での民需開拓は困難」と連邦政府の分離政策を批判していた。

それに対し、チェコの首都・プラハでは、中小企業の民営化も着々と進み、サービス業も活発化していた。失業率も低く、西欧諸国以上の雇用環境にあることを誇っていた。

民営企業の社長や、改革政策により土地を返還された旧地主などのにわか成金も増えたと聞き、私はプラハで日本車販売をしているイベタ・クーチャさん（27）に取材を試みた。

「最初は大衆車を売るつもりでいたけど、さっぱり売れなかった。それで販売戦略を練り直したの。一台五〇万コルナ（約二五〇万円）以上もする高級車を扱ったら飛ぶように売れだして、私もビックリしているところよ。もっとも、お客さまはチェコ人ばかりだけどね」と彼女もチェコ人の懐具合の良さには驚いていた。

そして、私の離任後になるが、九三年一月一日、チェコスロバキア連邦共和国は、「チェコ共和国」と「スロバキア共和国」の二つの国家となり、正式に分裂した。武力衝突はなく、平和裏の分裂は「ビロード離婚」の名にふさわしかった。

分裂に至る経緯はソ連の崩壊過程に似ていた。あくまでも連邦維持を主張したハヴェルはソ連のゴルバチョフに擬せられるし、連邦構想が敗れ、国家が分裂していく経過もソ連と似ている。連邦解体時に戦争が起きなかったのも、ハヴェル、ゴルバチョフ両大統領の平和志向と、リベラルな考え方によるところが大きかったのではないだろうか。

また、チェコスロバキアの場合は、両国民が口では激しく批判し合っても、暴力でお互いを封じ込めたという歴史を持たない。このことが、平和的分離を達成できた大きな要因になったと言えよう。
ハヴェルは、連邦分裂後の九三年から、チェコ共和国大統領を一一年間務めた。

東欧・市場経済化の行方

進まぬ東欧投資（一九九二年三月）

ここで、当時の東欧諸国全般における経済問題に目を転じたい。この時期、どの国も苦慮していた。東欧改革の先陣を切ったポーランド、チェコスロバキア、ハンガリー三か国への外国投資も当初の予想ほどには進まず、二年半前の東欧ブームは影をひそめつつあった。

ウィーンの経済研究機関などの調べでは、東欧革命が起きた八九年秋以降、二年半にわたる東欧諸国への外国投資はハンガリーが一番多く、約二三億ドル（約三〇〇〇億円）だった。次がポーランドの一二・五億ドル（一六〇〇億円）、チェコの八億ドル（一〇四〇億円）と続いていた。

改革当初は東欧に一大投資ブームが起こるとの予測から、ワルシャワやプラハ、ブダペストのホテルは西側からのビジネスマンで一杯だった。東欧地域が新たな市場になり、商機があると期待していたものの、ふたを開けてみると、思惑が外れたと感じた西側企業は多く、実を結んだ投資案件は意外と少なかった。

内容をみるとドイツからの投資が全体の三分の二近くを占めており、対照的に日本は少なかった。

日本企業も当初は欧米同様に東欧市場に食指を動かしたが、ほとんどは調査、研究にとどまった。めぼしい投資はハンガリーでのスズキ自動車と関連自動車部品メーカーなどの数件だけで、ポーランド、チェコでは皆無だった。

三か国の企業とも効率性や市場経済への意識転換の遅れが目立った。物流のための道路や通信網などのインフラも整っていなかった。

国営企業を民営化する方法にも問題があったようだ。市場経済への移行に伴い、当初はどこも経営難に陥っていた国営企業の売却から始めていた。投資家にとって魅力のある部門だけを売るのではなく、企業全体をそっくり売却しようとした。また、ポーランドは土地や企業の売却の際に政府が厳しく介入した。

しかし、これら三か国は有望な投資先でもあった。西欧に比べて労賃が極めて安く、第二次世界大戦前は先進国だったチェコは労働の質も高かった。東欧諸国は遅れていたインフラ整備を強力に推し進めようとしていた。このため、メルセデス・ベンツ、シーメンスなどドイツのトップ企業は三か国の工場適地を押さえていた。

市場経済化のその後

東欧諸国における市場経済化はその後どのような道をたどったのか？

いずれの国も、改革後の数年間は工業生産や国内総生産（ＧＤＰ）が減少し、その率は軒並み二〇～三〇％に及んだ。九〇年代前半の国民所得は、西欧が伸長する一方、東欧諸国は二〇～三〇％減だった。九三年から九四年にかけての各種世論調査によれば、「改革後、共産主義時代より暮らしが豊かになった」と答えた人はごく少数だった。

東欧諸国で、いわゆる「ショック療法」と呼ばれた急進的改革を選んだのは、チェコとポーランドだった。ただし、チェコの場合はしばらくの間、政府が大企業を手厚く助成した。ポーランドも改革の速度を徐々に緩め、企業民営化を先延ばしする措置を取った。両国とも、「ショック療法」による大きな副作用を緩和する政策に舵を切ったのだ。しかも、ポーランドは九三年にＩＭＦの債務を事実上帳消しにしてもらったので、その後の経済発展につなげることができた。

ポーランド、ハンガリー、チェコの「東欧先進国」は、九〇年代半ばにはプラス成長に転じた。そして、二〇〇四年にはスロベニア、スロバキア、バルト三国とともにＥＵ入りも果たしている。

東欧先進国の経済が本当に軌道に乗ったのは二一世紀に入ってからだ。二〇〇八年のリーマンショックを受けても、唯一ポーランドだけはプラス成長を続けている。チェコもハンガリーも当時はマイナス成長となった。しかし、その後は順調でコロナ禍が始まる二〇二〇年一月までは人手不足に悩んでいたほどだった。二〇一八年の失業率は三か国とも二％～四％台と、完全就業に近い。

けん引力はドイツを中心とした自動車産業だ。スロバキアを加えた四か国はＥＵにおける自動車と自動車部品の生産拠点になっている。輸出先は当然ながらドイツが圧倒的に多く、これら四か国はドイツ経済圏に完全に組み込まれている。

特に、チェコにおいては米国のゼネラル・モーターズ（ＧＭ）やフォードより歴史が古いチェコ生まれの「シュコダ」車が健闘している。現在は、ドイツのフォルクスワーゲン社（ＶＷ）の傘下に入っているが、売れ行きは好調だ。戦前、世界屈指の工業国だったチェコは工業技術水準が高く、しかも労賃はドイツの三分の一と安い。

ポーランド、ハンガリーも技術、労賃の面でチェコと似た強みを持っている。

ハンガリーに進出したスズキ自動車の現地法人「マジャールスズキ」も生産を順調に拡大した。

二〇〇四年にＥＵ加盟を果たした四か国は、「ＥＵ基金」を受けられることとなった。この基金はインフラ整備に充てられ、経済発展に大きく貢献した。

前述したように、急進的な市場経済化の最大の推進役はＩＭＦであった。共産主義経済に対し自由主義経済が勝利したとし、ＩＭＦは潤沢な資金を背景にロシアと東欧諸国において当初、マニュアル通りの改革を進言した。急進改革を掲げるＩＭＦと東欧の指導者は痛みを伴う「副作用」がありながらも、自分たちの手法が市場経済を軌道に乗せる最速・最善の道だと信じていた。

しかし、先に述べたように、ＩＭＦの意向とは裏腹にチェコやポーランドは改革を減速する措置を取った。

経済専門家の中には「各国の実情に沿って国営部門の近代化を徐々に進めながら市場原理を導入していけば、最初の急激な経済の落ち込みを避けられただろう」と急進改革を批判する人も多かった。

チェコ、ポーランドの実例を見れば、この指摘は一部、当たっていたと言える。東欧先進国は、ドイツなど西欧に近く、投資を呼び込みやすい条件に恵まれたことも幸いした。

これらの国に比べ、スロベニアを除く旧ユーゴ諸国やバルカンの国々は現在も十分に経済発展を遂げているとは言い難い。二〇〇七年にEU加盟を果たしたルーマニア、ブルガリア、二〇一三年に加盟したクロアチアも例外ではない。

二〇一九年春に私はクロアチアを訪れ、友人を通して知り合ったニキツァ・マテシャさん（当時27）＝仮名＝と、彼の仲間数人と話したことがある。マテシャさんは、「旧東欧諸国は『勝ち組』と『負け組』に分かれた」と指摘した。

彼は「我が国クロアチアもボスニアもセルビアもみんな『負け組』だ。クロアチアに関して言えば、ドゥブロヴニクだけが例外的に好景気なのは、世界的に有名な観光都市だからね」と冷静に見ていた。

マテシャさんはさらに加えて言った。「クロアチアはEUに加盟したことで、経済は逆に悪くなってしまった。基幹産業のひとつだった造船業がだめになったし、農業も壊滅的だよ。関税なしの安い輸入品がどんどん入ってきて、競争力のない我が国の農業はひとたまりもなかった。農家は生乳を投棄している状況だよ。農業が我が国の基幹産業だというのに！　外資に買収された企業も多いね」「スーパーに並んでいる食料品のほとんどは輸入品だよ。EUからだけでなくてアルゼンチンなどの南米の製品も目立っている。我々の給料は全然上がっていないから、安いといわれる輸入品すら高く感じてしまう」。

「僕の兄さん二人はドイツとチェコに働きに行っている。僕の月給は五〇〇ユーロ（クロアチア通貨では三三〇〇クーナ）。だけど、兄さんたちは三〇〇〇ユーロももらっている。今の仕事はおもしろいけど、生活のことを考えると、いずれは僕も外国へ出ざるを得ないかもしれない」。

さらに、彼の友達は「二〇一八年の一年間だけでも、三〇歳以下の若者二〇万人がクロアチアから出ていってしまったという統計結果がある。この国では食べていけないからなんだ。このままでいけば、労働者一人が高齢者一人を支えなければならないという大変なことになってしまいそうだ」。

シリア難民についてもこう付け加えた。「彼らは歩いてクロアチアを通過するけど、誰もクロアチアに留まろうとはしない。彼らも、この国では生きていけないことが十分わかっているからだよ」

ルーマニアについても、三〇年前、日本の新聞社で唯一ブカレストに支局を置いていた「赤旗」の志賀重任・支局長（当時）に最近の事情を聴いてみた。彼は「赤旗」をやめた後、通訳や翻訳の仕事で日本とルーマニアを行き来している。

彼はこう話した。

「ルーマニアでは、グローバリゼーションが進展したことで『貧しくなってしまった』とか、『貧富の差が大きくなった』と考えている人が多い。『市場経済自体が良くない』と言う人までいる。

特に高齢の人々からは『ＥＵに加盟する必要はなかった』と後悔する声をよく聞く。ＥＵ加盟は実現したものの『理想と現実が全く違った。あらゆることをブリュッセル（ＥＵ本部所在地）が勝手に決めてしまう。我々の国は、ＥＵが決めた環境基準や衛生基準にすべてを合わせてはいられない』と、ＥＵ主導に反感を持っている。また、ルーマニアの土地や資本がドイツ、米国、イタリア、フランス、ベルギー、北欧諸国などの大手外国企業に買収され、自国資本で成長した企業はゼロに近い」。

東欧諸国は、国単位での二極分化と同時に、「勝ち組」と言われた国の内部でも豊かな人とそうではない人に分かれているのが現実だ。ＩＭＦの金融政策だけではなく、ＥＵ自体が格差拡大を認めているようにも見える。

東欧先進国と言われたハンガリーとポーランドにポピュリズム政権が誕生したのも、国内における格差拡大が背景にあるのではないだろうか。

ポピュリズムの台頭

「ポピュリズムは、デモクラシーの後を影のようについてくる」とは、英国の政治学者、マーガレット・カノヴァンの言葉である。近年、西欧各国のみならず、民主革命を実現した東欧諸国においてポピュリズムの動きが顕著に見られるのは、彼女の言説を裏付けるものかもしれない。東欧先進三か国ではポピュリズム政党や運動が躍進した。ハンガリーの「フィデス」とポーランドの「法と正義（ＰｉＳ）」だ。その結果、ハンガリーとポーランドではポピュリスト政権が誕生した。両政権は司法の独立を制限し、メディア規制を強めるなど人権を抑圧する反民主的な政策を推し進めてきた。

「フィデス」は二〇一〇年から政権を維持しているが、二〇一五年に政権の座に就いた「法と正義」は、二〇二三年一〇月の総選挙で第一党にはなったものの過半数を割り込み、リベラル派に政権を譲った。

意外なことに、ハンガリーの「フィデス」党首を務めるオルバーン・ヴィクトル首相は、東欧革命時は民主化運動の旗手だった。ポーランドの「法と正義」で実権を掌握しているヤロスワフ・カチンスキ党首も、民主化運動を掲げた「連帯」のメンバーだった。彼らはなぜ「変身」したのだろうか？

経済政策にその原因の一端がありそうだ。両国とも確かに好調にみえるが、一歩踏み込むと違う姿が見えてくる。

現在、ハンガリーの国内総生産（ＧＤＰ）の六割がＥＵはじめ西欧圏との経済取引だ。だが、輸出産業のほとんどは西欧企業が資本を握っている。こちらでの雇用機会は増えているものの、ＧＤＰの四割を占める国内経済は、まだ競争力が十分に育っているとは言い難い。この結果、ハンガリー国内では貧富の差が拡大しているのだ。

オルバーンは、不安を持つ貧困層に向けて「失業者を出さない国家」という政策理念を掲げた。

地方都市で公共事業を推進し、失業を減らそうとする政策を打ち出し、政権を握った。

一方、「法と正義」は弱者にやさしい「社会市場経済」的な政策を取った。年金受給年齢の引き下げや、最低賃金の引き上げ、子育て支援などだ。前政権は、派遣労働者を増やし、若者を「雇用の調整弁」として使った。「法と正義」は、その政策に異議を申し立て、雇用問題で不満が高まっていた若者たちの支持を獲得した。二〇二三年の選挙ではその若者たちが「法と正義」の強圧的な政治に嫌気をさしたことが大きいようだ。

ハンガリーでは「フィデス」が政権に復帰する以前の八年間、「社会党」などのリベラル派が政権を維持していた。ポーランドも「法と正義」政権以前の八年間は、リベラル派の「市民プラットフォーム」が穏健保守の農民党と連立して政治を担った。今回、その「市民プラットフォーム」が他党との連立で政権に返り咲いた。

両国ともリベラル派は新自由主義的な経済政策を推し進めた。しかし、それによってさまざまなひずみが生まれ、これに対する国民の反発が二〇一〇年代からのポピュリズム台頭の底流にある。

さらに、二〇一五年の難民問題がポピュリスト政党躍進の大きな要因となった。同年春、中東から大量の難民がハンガリーに押し寄せたのだ。オルバーン政権は、高さ四メートルのフェンスを国境一七五キロにわたって設置した。不法難民を阻止するためだ。秋には南部国境を閉鎖した。

ＥＵは同年、人口や経済規模に応じて難民を受け入れる「割当制」を加盟国に要請したが、ハンガリーはこれに反対し、欧州司法裁判所に無効を求める裁判を起こしている。

オルバーンは、難民によって職場を圧迫されるという不安を国民に煽った。難民受け入れに反対するキャンペーンを次々と展開し、二〇一八年四月の総選挙では、難民問題を争点に闘った。この結果、「フィデス」は、選挙で共闘した「キリスト教民主人民党」と合わせ、全議席の三分の二を占める圧勝となった。

ポーランドの「法と正義」は、「フィデス」ほどではないものの、難民排斥の考えを持つ人々の支持を受けて党勢を強めていった。

とはいえ、今回のウクライナ戦争では、避難してきたウクライナ人に対して両国とも極めて寛容である。特にポーランドにその現象が顕著だ。ウクライナから外国に逃げた避難民は一時、八〇〇万人に上ったと言われるが、その半数がポーランドに入国した。同国では難民キャンプではなく、温かく家庭に迎え入れた人々が多い。ポーランド政府も、ポーランドに滞在する意志を示せば一八か月間の滞在許可を与え、公的な医療支援や社会支援を行っている。求職者として労働局に登録することも可能だという。

ポーランドがウクライナの人々を受け入れたのは、カトリックと正教の違いこそあれ、同じキリスト教文化であること、ウクライナ人が同じ西欧の人間であること、ウクライナとの国境を接しているため、ウクライナ人が入国しやすかったこと、などが挙げられよう。

過去の歴史をさかのぼれば、一六世紀から一七世紀にかけて繁栄した「ポーランド・リトアニア共和国」の一部として、ウクライナの大部分がポーランドの植民地支配を受けたこともあるし、ポーランド、ウクライナの民族主義者同士が戦い、多数が戦死した経緯もある。

ただ両国とも第二次世界大戦中、ドイツとソ連に蹂躙され、殺りく地帯と化した歴史は共通している。

ポーランド政府にとっては安全保障上の意味も大きい。ウクライナ、ベラルーシ、リトアニアがロシアとの間の緩衝地帯になっており、ウクライナの危機は自国の危機に直結する。ポーランドがウクライナへの武器供与にNATO加盟国の中で最も積極的だった理由はここにある。

しかし、二〇二三年秋、ロシアによって黒海を再封鎖されたウクライナは、穀物を陸路を使って欧州諸国に大量に輸出し始め、「自国の農業が打撃を受ける」とポーランドの反感を買った。

ハンガリーはオルバーン首相が親ロ政策を取り続けているにもかかわらず、市民レベルではウクライナ難民を受け入れており、政府と国民の間に齟齬が生まれている。

第六章　欧州安保、その後の経緯

ミュンヘン・サミット（ミュンヘン＝一九九二年七月六日～八日）

旧ソ連支援が柱

九一年に勃発し、激しさを増していたユーゴ紛争や、同年暮れに起きたソ連崩壊の後、欧州安保はどのように変化したのか。時代を三〇年前に戻し、九二年夏に開かれた「ミュンヘン・サミット」（先進国首脳会議）について記述する。私も三社連合の一員としてミュンヘンに赴いた。

当時の状況を反映し「対ロ支援」をどうするかが、最も大きなテーマだった。前年のロンドン・サミットではソ連問題が焦点となり、そのためにゴルバチョフ＝ソ連大統領を招いた経緯があった。ミュンヘン・サミットでも、エリツィン＝ロシア大統領を招き、本会議後に「G7＋1」協議も開催している。

ドイツ、フランスなどの西欧諸国が危惧したのは、ロシア経済が破綻し、政治的混乱の果てに大量の難民が西側に押し寄せることだった。このため、エリツィン大統領の脆弱な政治基盤を強化し、旧ソ連の混乱をどう食い止めるかに議論が集中した。

対ロ支援でネックとなっていたのが、ソ連をこれまで支援してきたドイツに財政的余裕がなくなったことだ。

旧東独経済立て直しのためのドイツ政府の財政投入は毎年一二〇〇億《マルク》（約一〇兆八〇〇〇億円）を超え、累積財政赤字は国民総生産（GNP）の半分に当たる一兆三〇〇〇億《マルク》（約一一七兆円）に達する勢いだった。巨額の財政が投入されながら、旧東独経済は一向に改善していなかった。ドイツに対し、かつてのような世界経済のけん引役は望むべくもなかった。サミット主催者のコール独首相は、自国ドイツの経済立て直しと政治の安定化こそが、世界の政治・経済の発展につながるという論法でサミットを乗り切ろうとした。

私はサミット開催前にミュンヘンに到着し、街の様子やサミットに対する人々の考えを取材した。総じて一般市民の反応は冷ややかだった。歓迎どころか、サミットへの反対運動や集会があちらこちらで繰り広げられていた。

街の中心部を行きかう人々の意見の中では、サミットよりドイツの財政問題を危惧する声が目立った。ドイツ統一のコストが当初の予測より大きく、ドイツ経済を圧迫していることを反映したものと思われた。

取材を受けてくれた人々の中には「我々旧西ドイツ市民は、血税を使って旧東ドイツ人を助けてきた。この上、ロシアにお金をだすなんてできるわけがない。もう手一杯だ。ロシア支援は金持ちの日本がやったらいいんだ！」と発言する人もいた。

　サミット本番では、毎回会議の後に出される政治宣言、経済宣言に加え、「旧ユーゴ紛争解決のための特別声明」を発表した。これらの宣言、声明を受け、ロシアを加えた「Ｇ７＋１」会議も開かれた。一連の会議を通して「Ｇ７によるロシア経済支援が重要」との認識で各国が一致した。

　対ロ支援については、旧ソ連の対外債務六〇〇億ドル（当時の為替で約七兆八〇〇〇億円）の返済猶予が容認された。さらに、ロシアに対するＧ７加盟国による総額二四〇〇億ドル（同約三一兆二〇〇〇億円）の金融支援のうち、ＩＭＦに約一〇億ドル（同一三〇〇億円）緊急融資させることでも合意した。

　ドイツがロシアを支援する余裕がない事実を踏まえ、Ｇ７各国は当時貿易黒字国であった日本への期待を強めた。

「Ｇ７＋１」の後に行われたコール首相とエリツィン大統領の合同記者会見を取材した。この中でエリツィン大統領は「ロシアが他の国と対等に取り扱われることになった」と、会談の成果を強調した。コール首相も「我々がロシアをこの場に呼んだのではない。ロシアがヨーロッパに戻ってきたのだ」と持ち上げた。

　しかし、エリツィンは「先進国の支援なしではロシアの改革は崩壊する。そうなれば影響は全世界に及ぶ」と、半ば脅しとも言える発言をした。西側にお願いする立場にありながら、エリツィンの不敵な顔が、今も印象に残っている。

会議初日に出された政治宣言の中に初めて北方領土問題が盛り込まれた。「法と正義の原則に基づいた外交政策を遂行するとしたロシアの公約を歓迎する。この公約は、領土問題解決を通した日ロ関係の完全なる正常化の基礎になると信じる」という内容だった。

日本側は、北方領土問題が国際問題に格上げされたと喜んだ。しかし、エリツィンはこの宣言に不快感を表明した。「領土問題は二国間交渉」というのがロシアの基本的スタンスだったからである。

日本はこれまで一貫して「領土問題が進展しないかぎり、ロシアへの経済支援はしない」という「政経不可分原則」で外交を進めてきた。しかし、北方領土問題が「政治宣言」に盛り込まれたことで各国に借りを作ったこととなった。結果として、日本のロシアへの経済支援を求める圧力が強まったと言える。

また、ボスニア戦争が激しさを増す中で、旧ユーゴスラビアの和平に向け、先進国としてどう対処するかも重要テーマだった。

「旧ユーゴスラビア特別声明」では、ボスニア・ヘルツェゴビナの首都・サラエボへの国際的な救援物資輸送が、セルビア軍によって妨害された場合、武力行使も辞さないことが明記された。国連のガリ事務総長が前月末に、セルビア側に武力行使を含む強硬措置も辞さないと警告したことは「ユーゴ紛争」の章で書いた通りだが、サミットの「特別声明」は国連の方針を受けて行われた。

サミット開催時点では、セルビア側は国連軍にサラエボ空港を明け渡し、救援物資の輸送も始まろうとしていた。しかし、救援物資は空輸が中心で限定的であり、クロアチア領内にあるアドリア海の港まで海上輸送し、そこから陸上輸送するルートを強化する方針も「特別声明」に盛り込まれた。

米国は、陸上輸送を増大させた場合、セルビア軍からの妨害や攻撃を受ける可能性がより高まることを指摘した。その上で、「米国は地上軍を派遣しないかわり、空からの警戒、護衛を行う」と、陸上輸送を守るために航空機、ヘリコプターを出動させる考えを示した。

こうした決定は、サラエボにいる三〇万人以上の人々の食糧や医療が逼迫していた状況を、G7各国が深く憂慮していたことによるものだった。

同声明は、さらに「我々G7はセルビアとモンテネグロを旧ユーゴスラビア連邦の唯一の継承国とは認めない」とし、「CSCEをはじめ、その他関係する国際会議、国際機関の会合に際し、新ユーゴスラビア連邦の参加を停止するよう求める」と、反セルビア色を鮮明にした。

ミュンヘンでは、ロシアをサミットの正式メンバーに加えるかどうかで意見が対立した。欧州諸国が反対したなかで、米国はロシアを擁護した。

新多角的貿易交渉（ウルグアイ・ラウンド）や金融政策でも、各国の足並みはそろわなかった。参加国の多くは、国際政治よりも国内政治を優先させようとする姿勢が目立ち、G7そのものの存在意義が問われていることが明確になった。

しかし、一方でロシアの混乱に対する危機意識からロシア支援では歩調をそろえなければならなかった。東西冷戦におけるかつての「敵」がサミットの裏の主役になり、西側の古い友人同士が利害を巡ってぎくしゃくするといった現象が現れていた。

いずれにせよ、それまでのサミットはソ連という共通の敵がいたがゆえに結束できていた事実があった。ソ連が崩壊した後のミュンヘン・サミットは、今後、新しい協調の在り方を模索しなければならない時代に入っていることを認識させた。

結局、ロシアは九七年までG7にゲスト参加し、九八年に正式メンバーになっている。しかし、二〇一四年にウクライナの領土であるクリミアを一方的に併合したことから、ロシアはサミットから排除され、G8は元のG7に戻った。

CSCEヘルシンキ会議

外相会議（一九九二年三月二四日〜二六日）、首脳会議（同年七月九日〜一一日）

ミュンヘン・サミットに参加した多くの首脳がそっくりヘルシンキに移動し、CSCE首脳会議に臨んだ。同サミットの流れを踏まえながら、サミットに参加していない多数の加盟国首脳も加わり、安全保障に特化して協議するものだった。ヘルシンキは七五年に第一回CSCE首脳会議が開かれた由緒ある場所である。

しかし、状況は前回（九〇年）のパリ会議から大きく変わっていた。この間、ユーゴ紛争の勃発やソ連崩壊があり、加盟国も大幅に増えていた。新たに加わったのは、クロアチア、スロベニア、バルト三国、ウクライナを含むCIS各国などである。

加盟国は増加したものの、ユーゴ紛争が激しさを増す中で、CSCEの無力ぶりが徐々に明らかになっていた。このヘルシンキ会議は、紛争国における安全保障にどれだけ実効性を持たせられるかが課題だった。

このため、CSCE参加国は三月に同地で外相会議を開き、さらに事務レベル会議も重ねて首脳会議に臨んだ。私は外相会議のみ取材したので、外相会議から記述し、首脳会議につなげてみたい。

CSCEは、かねて加盟各国が軍事情報を交換し、相互の信頼を高めて、紛争を予防する信頼醸成措置に力を注いできた。

外相会議では、この考えの一つとして、非武装の航空機により相互の領域内の軍事活動や施設を監視し合うオープンスカイズ条約（領空開放条約）を締結した。調印したのはCSCE加盟国のうち、NATO加盟国と旧WPO加盟国の二五か国だった。

また、ソ連崩壊によって独立したアゼルバイジャンとアルメニアの二国間で起きていた、ナゴルノ・カラバフ紛争の収拾問題が大きな議題として取り上げられた。旧ソ連時代にアゼルバイジャンの自治州だったナゴルノ・カラバフで、多数派を占めるアルメニア人が、アルメニアへの編入を求めて起きたものだった。

ＣＳＣＥ加盟国である両当事国は、会議でそれぞれ所信表明を行った。ＣＳＣＥが調停に入ることには合意したものの、紛争の原因は相手側にあると非難し合った。

もう一つの争点は、加盟国の一部から出ていたＣＳＣＥ内に平和維持軍を設ける構想だった。欧州の地域紛争に対し、国連より迅速に介入することを狙いとしていた。この構想には、ナゴルノ・カラバフ紛争の収拾も念頭に置かれていた。しかし、外相会議本番ではこの構想を巡り、早くも各国の思惑の違いが露呈していた。

ゲンシャー＝ドイツ外相は、西欧諸国の集団安全保障機構である西欧同盟（ＷＥＵ）とＮＡＴＯとの関係や役割を見直したうえで、平和維持軍の考えを更に進め、ＣＳＣＥ独自軍を創設する構想を明らかにした。フランスもこれに同調した。

ＮＡＴＯは北アメリカ、ヨーロッパ、地中海を網羅する軍事機構であるのに対し、西欧同盟は西ヨーロッパだけの地域的軍事機構でありＮＡＴＯの傘下に入っていた。

ＣＳＣＥの強大化を恐れる米、英は、ゲンシャー提案に対し、極めて冷ややかだった。この外相会議には両国外相とも欠席した。代理として出席した米国務省のイーグルバーガー副長官は会議で「ＣＳＣＥは民主主義と人権の擁護、軍備管理などを原則とする七五年のヘルシンキ体制発足時に戻るべきだ」と発言し、欧州各国にクギを刺した。

ゲンシャーはもともとＣＳＣＥをＮＡＴＯの上部機関として位置付ける構想を抱いていた。しかし、ここでも前会のパリ首脳会議同様、ＮＡＴＯが欧州の安全保障を担うべきだとする米・英両国の考えに押し切られた。

外相会議から首脳会議までの三か月余りで、状況は大きく動いた。四月にはボスニア・ヘルツェゴビナの独立承認を契機にボスニア紛争が本格化した。この紛争を巡り、国連によるセルビアへの経済制裁も始まった。ゲンシャー＝ドイツ外相がこの外相会議のわずか二か月後、首脳会議が開かれる前に突然、外相を辞任した。辞任の理由については二一〇ページで触れた。

こうした事態を受けて、首脳会議は開かれた。同会議には主催国・フィンランドの「特別ゲスト」として日本も初めて参加している。ＣＳＣＥ加盟国数は、独立を果たしたボスニア・ヘルツェゴビナが加わり五二か国になっていた。当時、「新ユーゴスラビア連邦」も加盟国だったが、ユーゴ紛争における国連制裁下で参加資格を停止されていた。

ナゴルノ・カラバフ紛争は首脳会議でも大きな議題の一つになった。同自治州に一〇〇〇人規模のＣＳＣＥ平和維持部隊を派遣することが検討された。しかし、ＣＳＣＥは軍隊を持っていなかったため、ＮＡＴＯと西欧同盟（ＷＥＵ）に派遣を要請するだけに終わった。

さまざまな協議の末、最終日にまとめた「ヘルシンキ文書92」は、「ＣＳＣＥは紛争防止のために軍隊の派遣を含む平和維持活動を行う」としたものの、「強制力は伴わない」と限定的な内容になった。

このほか、「少数民族保護のため高等弁務官を置く」「紛争を処理する際、議長が明確な任務を与えた個人代表を任命する」「新たな軍備管理と軍縮に向け、安全保障協力フォーラムを開始する」

など、従来の「対話の場」から「紛争処理機関」へと質的な転換を遂げることになった。日本はＣＳＣＥの諸会議に出席するものの、採択には加わらない準加盟国になった。

新宣言は、全会一致に代わる意思決定方式も打ち出せないままに終わった。こうしたことから、同会議では、ＣＳＣＥが、ユーゴスラビアをはじめとした紛争解決の決定的な組織にはなりえていないことが明らかになった。このため、さらなる機能強化を目指して九四年のブダペスト首脳会議につなぐことになった。

首脳会議に合わせて開かれた欧州通常戦力（ＣＦＥ）条約の兵員交渉は、最終議定書の調印にこぎつけることができた。前回のパリ会議では、兵器の保有上限を定めた本条約は調印されたが、兵員数だけは継続交渉となっていたのだ。ロシア一四五万人、ドイツ三四万五〇〇〇人、フランス三二万五〇〇〇人、米国二五万人などと国別の上限枠が決まった。

その後のＣＳＣＥ（ＯＳＣＥ）

前述した九二年ＣＳＣＥヘルシンキ首脳会議から三〇年余りがたち、ＣＳＣＥがどのような経過をたどったのかの概略を説明したい。欧州通常戦略交渉（ＣＦＥ）の経過は、ＮＡＴＯの東方拡大政策と密接な関連があるので、後述する。

ＣＳＣＥは、九四年のブダペスト首脳会議において機構化することになり、名称も「欧州安保協力機構」(OSCE)と変更した。

ブダペスト会議でも、ナゴルノ・カラバフ紛争は議論された。当事者間で武力行使の完全停止が合意できれば、「CSCE(OSCE)平和維持軍」を派遣することが表明された。しかし、当事者間の合意は得られなかった。

結局、ヘルシンキ会議で焦点となっていた「平和維持軍構想」は、その後、現在に至るまで実現していない。

ナゴルノ・カラバフ紛争のその後の経過を簡単にたどると、九四年にロシアの支援を得たアルメニアが勝利する形で一時停戦を迎えた。しかし、その後も長い間小競り合いが続いた。

一時停戦後、OSCEは米仏ロが共同議長国となるミンスクグループが停戦交渉を継続したものの、不調に終わった。

二〇二〇年九月になり、第二次紛争が勃発、この時は逆にアゼルバイジャン側が勝利した。トルコがアゼルバイジャンを全面支援したことを受け、アゼルバイジャンが先制攻撃したと言われる。

さらに二〇二三年九月、「対テロ作戦」を名目にアゼルバイジャンが軍事行動を起こした。わずか二日でアルメニアが全面降伏し、未承認国家だった「ナゴルノ・カラバフ」は消滅した。現地に居住していたアルメニア人のうち一〇万人以上が難民としてアルメニアに逃れている。

ロシアを後ろ盾にしてきたアルメニアだが二〇一八年に親欧米の政権が生まれた。ロシアはこれによってアルメニアと距離を置いた。ウクライナ戦争が始まり、支援する余裕もなくなった。

同紛争では曲がりなりにもOSCEは機能していたが、結局、戦争を終わらせたのは、トルコ、ロシアなど関係国の力学的変化と、強化されたアゼルバイジャンの軍事力だった。

話をOSCEに戻そう。

OSCEは、米国を盟主とするNATOと主導権をめぐる駆け引きを続けた。しかし、その結果、OSCE側がNATOに妥協し、同機構は非軍事部門で活動することに落ち着いた。軍事同盟のNATOに圧倒されたと言える。

OSCEはこれに伴い、政治、経済、人権という三つの側面から包括的な安全保障を図る理念を掲げた。特に、紛争予防と紛争終結後の民主化教育、選挙監視、人権教育などに力を入れた。この三〇年近く、OSCEは旧ユーゴスラビアや東欧、旧ソ連圏諸国で主に活動してきた。

第三者が紛争解決に乗り出す場合、冷戦期においては主に国家間の紛争が想定されていた。しかし、冷戦後に国内で頻発した民族紛争に対処する枠組みは当初、考慮されていなかった。民族紛争に第三者が介入すると、内政不干渉原則に抵触するとの指摘がある。

コソボ紛争でも、NATOの空爆に対し、コソボをセルビア共和国内の自治州ととらえるセルビア側は「内政干渉」だと抗議していた。

内政不干渉原則を乗り越えるためにOSCEが重視したのは、「紛争予防」の考えだった。紛争の火種を早期に察知し、当事者同意のもとで紛争に発展することを防ぐ手法である。具体的な方法としては、前述した「信頼醸成措置」や、「軍備管理」がある。「信頼醸成措置」は、加盟国間での軍事情報の交換や一定規模以上の軍事活動の通報、視察、査察などを頻繁に行うものだ。軍事情報を透明化することにより、各国間の相互信頼を深め、突発的な紛争が起きるのを防ぐ狙いがある。

この措置が成功した代表例は、バルト三国のうちのラトビア、エストニアのロシア系少数民族問題だ。九二年から九三年にかけて、民族紛争が起きる前にCSCEが当事者間での調停を進め、紛争を未然に防ぐことができた。

紛争終結後の活動としては、ユーゴ紛争関連の取り組みが大きい。

ボスニア紛争では、戦闘が終結した九五年一二月に、現地職員を含めた八〇〇人のスタッフをサラエボなどに派遣し、帰還民に対する法的権利の保護活動や、戦犯の適正な処罰などに取り組んだ。コソボ紛争では、九九年六月の戦闘終結と同時に、「国連安保理」決議の委託を受け、政治の民主化や人権保護活動を展開した。国連のシステムに組み込まれた活動は、その時が初めてだった。

OSCEは、加盟国が現在五七か国と多く、米国からロシアまでを含む国連に準ずる組織だ。幅広い観点から紛争を予防する考えは有効だが、実際に紛争が起きてしまった地域において、終結させるための力を依然として持ち得ていない。それどころか、今回のウクライナ戦争では全く存在感を示せないでいる。

ロシアとウクライナの対立に関しては、二〇一四年から始まったドンバス（ウクライナ東部二州）紛争に停戦監視団を送っていた。またウクライナの地方選挙が公正に行われたかチェックする選挙監視活動も行ってきた。

しかし、今回のロシア侵略では、危険が高まったとして、この監視団を撤退させてしまった。その一方で、ウクライナの首都・キエフ（キーウ）近郊で、ロシア兵による民間人虐殺が明らかになると、ウクライナ全土で戦争犯罪の有無を調査する活動にとどまっている。

プーチンは、二〇二一年以来、「軍事演習」と称して一九万人の兵士をウクライナ国境に集結させていた。本来なら、ＯＳＣＥは信頼醸成措置の一環として、全加盟国に対し、この軍事展開の理由をロシア側に説明させなければならないはずだった。しかし、ロシア側が拒んだのか、ＯＳＣＥが加盟国を招集した形跡は見られない。

ＯＳＣＥは、本来やるべきことをやっているのか？　ウクライナ戦争を通し、その役割が問われている。あらためて根本からその存在理由を考え、「平和維持軍」の創設を含めた機能強化に取り組んでいくべきではないだろうか。

ＮＡＴＯの東方拡大

冷戦終結後、東欧諸国は、革命後の経済的苦境を克服するためにＥＣ加盟を望む一方、大国ロシアの復活を恐れ、「軍事同盟」としてのＮＡＴＯ加盟を期待し始めた。

しかし、そのNATOは、冷戦終結とともに存在意義に疑問符が付いていた。ワルシャワ条約機構（WPO）が崩壊したことにより、「西側の軍事同盟であるNATOも不要になった」という指摘が、ソ連や一部西欧からも出ていたからだ。

九〇年CSCEパリ会議で顕著になったように、世界の安全保障に対する考え方が「軍事力による防衛」から「相互協調による安全の確保」という方向にシフトしつつあった時だったので、なおさらだった。英国のサッチャー首相をはじめ政権首脳や識者の中には、強大化する可能性がある統一ドイツを封じ込めることにのみNATOの存在意義を見出す見解もあった。

しかし、こうした流れに逆らうように、パリ会議のすぐ後に「湾岸戦争」が勃発し、米国を中心とした多国籍軍がイラク軍を破った。多国籍軍のメンバーの大半がNATO加盟国だったので、NATOの存在意義が再び見直される結果となった。

旧東欧諸国の要望に対して、NATOは当初、慎重だった。というのも、「東方拡大」政策はロシアの反発を招くことが予想されたからだ。旧東欧諸国がNATOに加盟することによって、ロシアが「西側に包囲される」という地政学的脅威を感じる点と、欧州から排除されるのではとの懸念を持つことが想定された。

しかし、九三年夏、エリツィン・ロシア大統領がワレサ大統領にNATO加盟に暗黙の了解を与えたとメディアで報じられた。これを契機として、東方拡大政策の議論が活発化した。

実は、エリツィンの対応が、「暗黙の了解」だったかどうかは疑問が残る。エリツィンはこの年の春、ロシアとチェコ、ポーランドなどとの間で、それぞれ友好協力条約を結んでいる。ソ連崩壊によって失われたソ連・東欧間の絆を、ロシアがあらためて結び直す試みだった。内容は、相互の主権尊重や、平等原則に立った国家関係の構築をベースにしていた。

エリツィンのポーランド訪問は両国の友好協力条約締結直後に行われた。その際、ワレサは「ポーランドがNATOに加盟しても、それは全欧州統合を目指すもので、ロシアの利益を損なうものではない」と説明したとされる。

友好を深めていこうという流れの中で、エリツィンはその場であえて反論しなかったのが実態だったと言える。

西側メディアが、このエリツィンの対応を「ポーランドのNATO加盟をロシアが事実上容認した」と、大々的に報じたのだ。

しかし、エリツィンは、ワレサとの対談一か月後、「中東欧のNATO加盟を容認できない」という書簡を米英独仏首脳に送っており、メディアによる「容認」解釈は正確ではなかったようだ。

その直後、ロシアでは、ロシア最高会議ビルに立てこもった反エリツィン派を、エリツィンが武力制圧する事件が起こった。反エリツィン派は大統領の急進的な経済改革に反対したのだった。

九一年のゴルバチョフ軟禁事件と合わせ、ロシアが再び強権的な国家になれば、外交政策でも強硬になるのではないかとの懸念が東欧諸国に広がっていた。「ハンガリー動乱」や「プラハの春」での体験から反ロ（ソ）感情がもともと強い国が多かったので、NATOの庇護を求める加盟欲求は一層強まった。

同時に、米国政府内でもＮＡＴＯの東方拡大を支持する動きが徐々に強まっていった。九四年、チェコを訪問したビル・クリントン米大統領は、「ＮＡＴＯ拡大をいつ、どのように実施するのか？」と発言し、米国の姿勢転換を東欧諸国に伝えた。

この発言の背景には、米国には東欧からの移民が多く、再選を目指していたクリントン大統領が、九六年の次期大統領選に向け、東欧移民票を取り込みたい事情もあった。

この間、ＮＡＴＯ自体も新たな役割を模索していた。ＮＡＴＯは、九二年の首脳会議で、「ＮＡＴＯ軍の域外派兵」を決めた。ＮＡＴＯの防衛地域は北米と欧州の加盟国領土内だが、これらの地域外でも派兵できるようにする方針だった。冷戦後、世界各地に広がった民族紛争に対処することを狙いとしており、当時、ＮＡＴＯ域外で起きたユーゴ紛争の解決を想定していた。

ロシアの反発に配慮しながら、「東」へと翼を広げようと考えたＮＡＴＯは、九四年、「平和のためのパートナーシップ（ＰｆＰ）」を創設した。これは東欧諸国と緩やかな軍事協力をめざすもので、ロシアはじめＣＩＳ加盟国にも参加を呼び掛けた。

しかし、ロシアは、「ＰｆＰ」には参加したものの、徐々にＮＡＴＯへの反発を強め、「東方拡大」方針には反対するようになっていった。

クロアチア紛争やボスニア紛争では、米国は反セルビア色を強め、クロアチア人やモスリム人を支援した。これに対し、親セルビアのロシアは不快感を持っていた。

こうしたロシアの反発を受けながらも、ＮＡＴＯは半ば強引な形で、「東方拡大」方針を示す文書をＰｆＰ参加国に送付した。

実はこの陰に米政府内でも激しい議論が交わされたといわれる。「東方拡大」に反対するペリー国防長官を、「拡大派」のクリントン大統領とマデレーン・オルブライト国連大使が押し切ったというのである。

この結果を受けてクリントンは九七年、エリツィンとの米ロ首脳会談に臨んだ。ＮＡＴＯの「拡大」政策をめぐる議論が重ねられ、難色を示すロシアに対し、米国は強硬に拡大を主張したのである。

結局、首脳会談で、ロシアはポーランド、ハンガリー、チェコのＮＡＴＯ加盟に同意した。

ロシアが妥協した理由はいくつかある。最も大きいのは、クリントンが、ロシアのＧ８（先進国首脳会議）入りを薦めるという「飴（アメ）」を用意したことだ。エリツィンは、ロシアが先進国に仲間入りすることを歓迎し、翌年にはＧ８入りを果たした。

さらに、この時結ばれた「ロシア・ＮＡＴＯ基本文書」の存在も無視できない。文書は、ＮＡＴＯの「東方拡大政策」をロシア側に説明するための「常設合同理事会」創設をうたっていた。ロシアとＮＡＴＯが協議するメカニズムの大枠が設定されたのだ。これで欧州から疎外されるというロシア側の懸念も薄らいだ。

会談では、新規加盟国に戦術核を配備しないことも決まった。これにより、「ＮＡＴＯの東方拡大」は、軍事より政治的な要素が強いと、ロシア側が解釈したようだ。「基本文書」締結の二年前、NATOは「域外派遣」を中心に据え、圧倒的な空軍力でボスニア紛争を終わらせていた。一方、ロシアは経済の困窮から軍事予算を大幅に削り、ロシア軍は弱体化の一途だった。NATOと対立しても、軍事力では太刀打ちできないというロシア側の判断も働いていたといえる。

会談を受け、チェコ、ポーランド、ハンガリーは、九九年三月に正式加盟を果たした。この三国加盟直後、コソボ紛争において新ユーゴ連邦に対するNATOの大規模空爆が行われた。紛争当事国のセルビアはもとより、ロシアや西欧諸国の一部からも「新ユーゴ空爆は内政干渉」との批判が続出し、波紋は広がった。欧州は、NATOのこうした軍事力中心の方針に疑念と反発を強めた。

NATOは、コソボ空爆に当たり、「人道支援を目的にする場合には武力行使も辞さない」という新たな方針を打ち出していた。これは、「人権侵害」が著しい場合には他国の紛争に介入できるという考えに基づいている。NATOはこの新方針に沿い、国連承認を経ずに空爆に踏み切ったのだ。

ロシアはコソボ紛争終結にあたって、米国に反発し、治安維持のためにロシア軍部隊をNATO軍より早くコソボの首都・プリシュティナに派遣した。

コソボ紛争によって、米ロ関係は冷え込んだ。

しかし、二〇〇〇年春、ロシア大統領に就任したプーチンは、当初、米国との関係修復を試みた。九〇年代を「混乱の時代」と規定し、「強い国家」を取り戻すために、西側とも協調していくことが肝要だと考えていたからだ。

二〇〇一年秋の「九・一一米国同時多発テロ」一か月後に米国が始めた「対テロ戦争」（アフガン戦争）に協力したのもその一環だった。ロシアは、中央アジアに米軍基地を提供し、武器供出や情報交換でも米国に協力した。

ロシアは、自国内にチェチェン民族紛争を抱えており、チェチェンの完全独立を求めて活動していた三つの「過激集団」をテロリストとみなしていた。「対テロ戦争」という点で米国とは利害が一致したのだ。

また、協力と引き換えに、ロシアがＣＩＳ諸国内で中心的役割を果たすことを米国に認めさせる、バルト三国を超えてＮＡＴＯを東方に拡大させない、という大きな目的もあった。

米国は、冷戦終結後の九〇年代は唯一のスーパーパワーとして「一極支配」を強めた。これに対して、プーチンは、ロシアを含めた大国が世界をリードする「多極支配」を求めた。ロシアが「ＣＩＳの盟主」になろうとしたのはその一環だった。

ロシアは、二〇〇三年のイラク戦争開戦直前、独仏と共同で「イラクの平和的な武装解除」を求める声明を出し、米国に異議を唱えた。しかし、この声明は、米国を敵視する表現を避けており、ロシアは依然として米国に配慮していた。

これに対して、ジョージ・ブッシュ（ジュニア）米大統領は「単独行動主義」を標榜して、米国の「一極支配」を改めようとはしなかった。ロシアをCISの盟主とは認めなかったうえ、「民主主義の拡大」を名目に、「NATOの東方拡大」を推進していった。

二〇〇四年にバルト三国、スロバキア、スロベニア、ブルガリア、ルーマニアの七か国が、二〇〇九年にはアルバニアとクロアチアがNATOへの正式加盟を果たした。

さらに、二〇一七年にモンテネグロ、二〇一九年に北マケドニア（旧マケドニア）が加盟した。二〇〇八年には、ブッシュが、ウクライナとグルジア（現ジョージア）を「将来の加盟国」と認めた。しかし、NATO拡大に対するロシアの反発を恐れるドイツやフランスが慎重な態度をとり、両国の加盟は棚上げされた。

ロシアにとっては、第一次より第二次東方拡大の方が大きな意味を持っていた。新加盟国七か国のうち、バルト三国はソ連からの独立国家であり、ルーマニア、ブルガリアもロシアに近接し、ロシアにとっては安全保障上の重要国家だったからである。ロシアは第一次拡大時点で、ロシア周辺国にも加盟が広がるのではないかとの懸念を持っていたが、これが現実となった。

さらにウクライナとジョージアが「将来の加盟国」に挙げられたことは、ロシアにとっては死活的な問題だった。両国は旧ソ連内でもロシアに最も近い共和国だったので、これらがNATOに加盟すれば、ロシアは足元まで西側の軍事同盟に包囲されることになる。

プーチンはウクライナ侵略に当たり、「米国はNATOを東へ一インチたりとも拡大しないと約束したのに、この約束を破った」と主張したが、この言葉は説得力を持たない。

確かに一九九〇年、当時のベイカー米国務長官がゴルバチョフにそう語ったことは事実である。しかし、その後、プーチン自身がバルト三国やルーマニアなどのＮＡＴＯ入りを認めたことは前述した通りである。

新冷戦

プーチンは、ロシア軍部の反対意見を抑えて、二〇〇〇年代初頭は、米国に妥協的な態度を続けた。しかしその一方で、ブッシュ政権に対しては不満を募らせていった。

折しも二〇〇三年ごろから原油価格が上昇し、ロシア経済が急回復した。これによって二〇〇六年までにＩＭＦなど西側からの債務をすべて返済できた。

経済面で西側依存から脱却できたことにより、プーチンは国内での人気が高まると同時に、国際社会でのロシアの発言力を強めることができた。

これに伴い、ロシアは米国を名指しで批判するようになった。

二〇〇七年二月、ミュンヘンで開かれた国防政策国際会議で行ったプーチンの演説がその端的な例だ。

米国の価値観を世界に押し付ける一極支配を批判するとともに、米国主導によるＮＡＴＯの東方拡大を「誰に対するものなのか」と問うた。NATOの東方拡大をロシアに対する「挑発行為」と受け止めたのだ。

この後、プーチンは、ジョージアとウクライナで具体的な行動に出ている。

まず二〇〇八年に「ロシア・グルジア戦争（南オセチア紛争）」が勃発した。ジョージア共和国内の南オセチアの帰属をめぐるロシアとジョージア間の戦いだ。ジョージア軍が先に攻撃を仕掛けたとされるが、ロシア軍が短期間でジョージア軍を圧倒した。

この戦争は、ジョージアがNATO加盟候補に挙げられた四か月後。ロシアは、武力を行使してでもジョージアのNATO加盟を阻止する意思を示したのだ。

欧米・ロシア間に決定的亀裂を生じさせたのは、二〇一四年に起きた「クリミア併合」と、「ウクライナ東部紛争（ドンバス紛争）」だった。

クリミア半島にあったウクライナ共和国領・クリミア自治共和国とセバストポリ特別市をロシア共和国が強引に編入したのが「クリミア併合」だ。

「併合」のきっかけは、同年二月、ウクライナ共和国で起こった政変だった。「ユーロマイダン革命」と呼ばれたもので、親ロシア政権が崩壊し、親欧米の暫定政権が生まれた。暫定政権は、EUとの連合協定交渉を進めるなど西側入りを目指していた。しかし、こうした政策に、同共和国内のクリミア自治共和国に住むロシア系住民の一部が抗議し、暫定政権支持派と衝突した。

プーチンは、CIS内の大国であるウクライナが欧米の勢力圏に入ることを最も恐れていた。このため、「クリミア併合」という強硬策に打って出たのだ。

衝突の間隙を縫ってロシアの特殊部隊をクリミアに送り、クリミア自治共和国議会を制圧してしまった。ウクライナ政権を支持する閣僚会議議長（自治共和国首相に相当）は解任され、親ロシア派が実権を握り、自ら「クリミア共和国」を名乗った。

クリミア共和国とセバストポリ特別市はその後、ウクライナ共和国からの独立を宣言し、その是非と国の方針をめぐる住民投票を行った。結局、ロシアへの併合派が多数を占め、これを受けたロシア共和国議会はロシアへの併合決議を採択した。これが「クリミア併合」の経過である。

しかし、国連はじめ国際社会はこの併合を認めず、ロシアに制裁を科した。理由は、「当事国のウクライナが反対している領土変更は国際法に違反する」「クリミアとセバストポリ特別市のみで実施された住民投票によって領土を変更するのは、ウクライナ憲法に違反する」「住民投票で不正が行われた」などだった。

同時期、ウクライナ東部にあるドネツク、ルハンシク（ルガンスク）両州（ドンパス地方と総称）でも、住民投票が実施され、ウクライナからの独立を宣言している。この地域でも、ロシア特殊部隊が両州の親ロシア派と合流し、ウクライナ軍と戦闘するなど緊張が高まっていた。戦闘は八年間にわたり散発的に続いてきた。

プーチンの行動の背景には、旧ソ連諸国の他民族に対してロシア人が優越的な地位を持つという「大ロシア主義」があったと言える。「たとえ国境の外側にあってもロシア人を守る必要がある」という意識とも言える。

前述したようにクリミア半島を巡るロシアとウクライナの対立はソ連崩壊直後の九二年に遡る。それからセバストポリを拠点とする黒海艦隊の帰属をめぐって両国の確執が二〇年余りも続いてきたのだ。

欧米が科した制裁によって経済的な打撃を受けたロシアは中国に接近した。中国は習近平政権が軍事、外交、経済、内政など様々な分野で覇権を握り、米国は警戒心を強めていた。ロシアが中国に接近したことで「米欧」対「中ロ」と言う構図の「新冷戦」が始まったとされる。

さらに、プーチンは「クリミア併合」の翌二〇一五年、シリアのアサド政権を軍事的に支援し、反体制派に対する空爆を始めた。「イスラム国（ＩＳ）＝イラクとシリアを中心にテロ活動を行う過激派組織」の壊滅を名目としていたが、ターゲットはアサド政権独裁に抗議して立ち上がった一般の人々だった。欧米やトルコは反アサド派を支援しており、これによりロシアは欧米との対立をより深めた。

空爆を逃れようとしたシリア人は「難民」となり、欧州を目指した。難民の数は大きく膨らみ、欧州における難民問題を深刻化させた。ソ連崩壊で大量難民を生みださなかったロシアではあるが、シリアのアサド政権を支援することで間接的に欧州全体を揺さぶることになってしまった。

ロシアを交え、九八年から続いていた先進八か国首脳会議（Ｇ８）も、「クリミア併合」と「ドンパス紛争」を契機に、七か国側がロシアに参加停止を求め、元のＧ７に戻った。

東欧諸国やバルト三国などのＮＡＴＯ新加盟国は、ロシアに対する警戒心を一層強めた。ＮＡＴＯはこれに呼応し、これらの国々における大規模軍事演習に乗り出した。これがまたロシアを刺激するという悪循環が続いてきた。

米国主導のＮＡＴＯによる強硬な政策は、米国と独仏との間にも亀裂を生んだ。紛争を軍事的に解決しようとする米国に対し、まずは紛争を予防するための法制度を利用しながら交渉を進めていこうとする独仏では、もともと考え方が違っていた。

一方、東欧諸国は、ソ連（ロシア）の脅威を実感してきただけに、ＮＡＴＯが掲げる政策に追随する姿勢が強い。「九・一一テロ」を受けたアフガン空爆に派兵した国が多かったうえ、イラク戦争にも多くの国が賛成した。

このため、ＥＵ内部でも独仏と東欧諸国の間には微妙な距離感が生まれていた。

ＣＦＥの死

ＣＳＣＥ（ＯＳＣＥ）の下で協議が続けられた欧州通常兵力（ＣＦＥ）条約の経過をここで記述したい。協議の行方は「ＮＡＴＯの東方拡大」と密接な関係を持つ。ロシアは、ソ連崩壊後、ＮＡＴＯとの軍事的不均衡が永続するのではないかという懸念を抱いていた。

連邦崩壊によって多くの共和国に分かれ、ロシアが弱体化したからだ。さらに、チェチェン、アルメニア、アゼルバイジャン、アブハジアなどロシア共和国内部や周辺地域に民族紛争を抱えており、機動的な戦力配備が必要となっていた。

ＮＡＴＯの東方拡大により、ロシアはＣＦＥでも態度を硬化させた。九六年の第一回ＣＦＥ条約再検討会議で、ロシアは国際情勢が変化したとして条約の全面改定を要求し、翌年から修正交渉が開始された。この結果、旧東西ブロック間に割り当てられていた兵器、兵員の「地域別上限」は、「国別上限」に改められ、ロシアの上限は上乗せされた。逆にＮＡＴＯは上限を引き下げた。ＮＡＴＯ加盟が予想された東欧諸国には、各種兵器など「実質的な戦闘戦力」を配備しないことで合意した。

交渉の結果、九九年に「ＣＦＥ適合条約」が結ばれた。しかし、ロシアはその後も多くの修正を要求し、自国が脅威に感じる条項を変更させた。たとえば、「チェコ、ポーランドにはアメリカ軍のミサイル防衛（ＭＤ）システムを配備させない」「バルト三国をＣＦＥ条約に加盟させる」「実質的戦闘戦力の定義を明確化させる」などであった。

ところがＮＡＴＯ側はこの約束を守らず、二〇〇五年にはチェコとポーランドにミサイル防衛システムを配備している。

不満を募らせたロシアは二〇〇七年、ＮＡＴＯの「適合条約」批准の遅れを理由に、ＣＦＥ条約の義務履行を一時停止することを宣言、ウクライナ危機後の二〇一五年には正式に離脱を表明した。旧「東」ブロックの主要国であるロシアが抜け、ＣＦＥは、機能不全に陥った。

そして事態はウクライナ戦争へとつながっていく。

第七章　ウクライナ戦争

長期化する戦闘

ロシアは二〇二一年春から「軍事演習」と称して一〇万人を超えるロシア軍の大部隊をウクライナ国境に集結させた。その後増員し続け、二〇二二年二月には一九万人に達した。

二月二一日、プーチン大統領は、ウクライナ東部のドネツク、ルハンシク（ルガンスク）両州全域を独立国として承認した。この領域は二〇一四年のロシアによる「クリミア併合」の際、親ロシア派が、ロシアの支援を得て独立を宣言した二つの自治共和国よりも広いものとなった。

両自治共和国は、独立を認めないウクライナ側と八年間にわたる紛争を続けてきた。国際社会は、ロシアを後ろ盾にして軍事力を行使した一方的な宣言だとして、この二つの自治共和国の独立を認めてこなかった。

にもかかわらず、ロシアが、さらに広い地域を独立国として承認したことは、ウクライナへの宣戦布告を意味した。そして三日後、ロシア軍は北部、東部、南部の三方からウクライナに侵攻したのである。ロシアのこの行為に世界は震撼した。

地域紛争はついに国と国との全面戦争へと突入した。クリミア併合によって生起した「新冷戦」の時代は八年を経て、新たな局面に入った。「中ロ」対「米国を中心とした西側社会」という対立の大きな構図は変わらないが、危機は格段と増した。

プーチンは当初、ウクライナの首都・キーウ（キエフ）を三日間で攻略し、ウォロディミル・ゼレンスキー政権を打倒した上で、ロシアの傀儡政権を樹立することを狙っていた。

ウクライナ大統領府も、この計画を想定してスタッフ一〇〇人が大統領府内の地下壕に避難した。ゼレンスキー大統領は「ここには二〇〜三〇人が籠城してもらう。他の人たちは、留まるべきか、逃げるべきかを自分たちで判断してほしい」と告げた。全員が殺されることも覚悟したそうだ。ロシアは大統領の暗殺も計画し、キーウの街に多くのロシア工作員を潜伏させていた。

欧米諸国は大統領に国外へ逃亡するよう勧め、ヘリコプターを手配した。ポーランドなどに逃げ、そこで亡命政府を打ち立てて、侵略に抗議するべきだと、助言したと伝えられる。

しかし、ゼレンスキーは大統領府にとどまり、侵攻二日目に、側近四人と共に建物の外に出て、SNSを通じ「われわれはここにいる。国を守る」と徹底抗戦を国民に訴えた。

こうしたウクライナ大統領府の緊迫した様子は二〇二三年四月に放映されたNHKのスペシャル番組で明らかにされている。

結局、ロシア軍のキーウ攻撃はうまくいかず、侵攻一か月後にはキーウ周辺から撤退した。その後、ドンパス二州の攻略に重点を移し、熾烈な攻撃を加えた。

さらにキーウはじめ、ウクライナ全土にミサイル攻撃を仕掛け、軍事施設のみならずショッピングセンターや集合住宅も爆破し、子供を含む多くの民間人を死亡させている。

キーウ近郊の村「ブチャ」では、ロシア軍が撤退した後、後ろ手に縛られた市民の遺体が路上に転がり、民間人に対する大量虐殺があったことが明らかになった。ウクライナ軍が奪還し、ロシア兵が撤退したドンパス地方でも多くの人々が埋葬された跡が残されていた。

ロシア軍は一方で原発への攻撃も進めた。一九八六年に大規模な爆発事故を起こし、ウクライナが廃炉作業をしてきたチョルノービリ（チェルノブイリ）原発を開戦直後に占拠した。しかし一か月余りで退去していた。

ほぼ時を同じくしてウクライナ南部にある欧州最大級のザポロジエ原発も占拠。こちらはロシア軍が敷地内に大量のミサイルを持ち込み、ここからウクライナ各地に攻撃を仕掛けるなど、原発を軍事基地として使っている。

どちらの関連施設も砲弾を浴び、一時、電源を喪失する事態も起きており、かつてのチョルノービリ事故のような大惨事につながりかねない危険性をはらんでいる。

ザポロジエ原発には国際原子力機関（ＩＡＥＡ）職員がロシア軍の監視下で常駐し、原発が安全に運転されているかチェックを続けているものの、ロシア軍の占拠は二年も続いている。ウクライナの反転攻勢が始まった二〇二三年六月からは、原発を基地にしたロシア軍の動きは加速している。原発に向けて砲弾を撃ち込んだり、原発そのものをミサイル発射基地に使ったりした例は過去の戦争では見当たらない。これは核兵器使用に準ずる行為であり、到底許されるものではない。

これに対し、ウクライナ軍は初戦段階で、対艦ミサイル「ネプチューン」を使い、ロシア黒海艦隊の旗艦「モスクワ」を撃沈させた。これにより、黒海艦隊全体の指揮系統に大きな損傷を与えることに成功した。

二〇一四年のロシアによるクリミア併合で、ウクライナ海軍は事実上消滅したことは前述したが、旗艦を沈めたことでロシアに一矢を報いたと言える。更に二〇二三年九月にはクリミアへのミサイル攻撃を強め、セバストポリにある黒海艦隊本部をも爆撃した。

ロシアの暴挙に対し、欧米は結束してロシアに対する経済制裁を次々と打ち出した。SWIFT（国際銀行間通信協会）からの締め出し、関税を優遇する最恵国待遇の撤廃、欧米からのロシア外交官追放、プーチンはじめ政府要人やオリガルヒの海外資産凍結など、戦況の悪化によって徐々に制裁を強めている。

SWIFTは、国際金融の送金を手掛ける世界的な決済ネットワークであり、締め出された国は貿易決済が困難になる。

またEUは、二〇二七年までに、ロシアからの天然ガスと原油の輸入を停止する方針を打ち出した。

これに対してロシアは、欧州への天然ガス供給を削減した。また日本を含め西側企業が多く参加し、サハリンの原油、天然ガス発掘事業を続けている「サハリン２」と「サハリン１」をロシア政府が一方的に接収する措置をとった。さらにウクライナからの小麦、トウモロコシなど穀物輸出を妨害するため黒海を封鎖する、などの対抗措置を次々と講じた。

これによって原油や穀物の価格が世界的に高騰し、欧州を中心にエネルギー不足が生じるなど、西側は大きな代償を支払っている。

欧州のエネルギー面での打撃はことのほか大きい。ウクライナ戦争前、ＥＵは天然ガスの四割をロシアに依存してきたからだ。特にドイツの依存度は五五％にも上っていた。この打撃を緩和しようと、欧州各国は現在、中東やアフリカなど天然ガスの供給先を多様化させている。

一方で制裁の効果は限定的であることが徐々に明らかになってきた。ロシアは貿易をＮＡＴＯ非加盟の中国やインド、さらにはアフリカ諸国などを中心に行っているからだ。米国製の半導体を中国経由で購入していることも明らかになった。ロシアは兵器に使用する半導体不足が指摘されてきたが、中国経由である程度の量を賄っていることになる。

ロシア産原油についても安い価格で中国やインドに輸出している。

ロシア財政が破綻寸前にある、あるいは経済が困窮化しているなどの情報が多く流されているが、実際はどこまで窮乏化しているのか実態をつかみにくいのが現実である。ロシアは様々な経済統計を捏造している可能性もあるので、なおさら不透明だ。そんな中で、ロシア政府は二〇二三年の経済成長率をプラス三・六％と公表した。

ＮＡＴＯ諸国は制裁に合わせ、ウクライナへの軍事支援を強力に進めてきた。ＮＡＴＯをはじめとした西側がウクライナへの支援を怠り、ロシアが勝利することになれば、国際社会が侵略行為に屈服したことになる。その場合、ロシアはさらに侵略範囲を拡大しロシア以外にも侵略行為を行う国が現れる可能性も出てくる。そうなれば、第二次世界大戦後築いてきた国際秩序は崩れ去ってしまう危険性もあるからだ。

逆にＮＡＴＯが攻撃力の強い兵器を次々に供与し、ロシアを追い詰めれば、ロシアによる核兵器や化学兵器の使用を促す恐れも出てくる。

核兵器使用に至る道をエスカレーション・ラダー（軍備拡張への階段）という。ロシアの核使用を防ぎながら、侵略行為をやめさせるにはどこまで階段を上ったらよいのか？　欧米諸国は大きなジレンマに陥っている。この「階段」を巡ってはＮＡＴＯ加盟国内でも意見の相違が目立ちはじめている。

一方で、初戦段階で行われたロシアとウクライナ間の停戦交渉は中断したままだ。

ロシアは二〇二二年九月末、予備役三〇万人を動員すると発表。さらにドンバス二州の他、南部のヘルソン州、ザポロジエ州の計四州でロシアへの編入を認める住民投票を実施し、「圧倒的多数の支持を得た」として、一方的な四州併合手続きを完了させた。二州から四州へと占領地域を拡大したのだ。

ロシアは、自国領土を奪い返すことを目的としたウクライナの武力行為を、「ロシア領土（四州）への侵攻だ」と見なし、この領土を守るためには核兵器の使用も辞さないという「理屈」を立てた。

しかも四州での住民投票は、ロシア兵のほか、ロシアに忠誠を誓うチェチェン共和国兵が武器を持って威圧する中で行われた。九〇％以上という支持率は信用できない。

この時の予備役動員は、本来徴兵対象にならない学生や軍務経験のない人々にも召集令状を渡すなどの無軌道ぶりを呈した。

ロシアの若者たちは徴兵を逃れるために、七〇万人規模で周辺国やEU諸国に脱出した。ソ連崩壊前、同連邦内で内戦が起きた場合、二～三〇〇〇万人の難民が西欧に押し寄せると、当時の西側指導者は恐れていたが、その恐怖が三〇年余りを経て現実化しつつある。

ロシア国内の反戦、反政府活動は開戦当初は活発だったが、プーチン政権が弾圧を強め、逮捕拘禁などによって抑え込まれてしまった。

それどころか今では、デモに参加しなくても反戦平和思想を持ったり、プーチン政権に反発したりする人々を、周辺の人々が警察に密告することが奨励されている。実際に、学校で行ったロシアのプロパガンダ授業を欠席した小学生が教師に密告され、警察に拘束される事件も起きている。プーチンは、市民同士が監視し合う、かつての東ドイツと似た「密告社会」を作り出しつつある。

初戦では戦力で勝っているはずのロシアが苦戦を強いられているとの報道も多かった。両軍の士気の違いによるところが大きいと、指摘されてきた。

ウクライナ側は祖国防衛戦争と位置づけ、必死で戦っているのに対し、ロシア兵は「訓練だと思ってウクライナに来たら実戦だった」「ろくに訓練も受けず、最前線に立たされた」など、大義名分がないまま戦わざるをえない状況に陥ったからである。

将軍が最前線に立ち、多くが戦死する事態も見られ、ロシア軍の指揮命令系統の乱れも顕著になっていた。

こうした中で、二〇二三年六月、「プリゴジンの乱」が起きた。ロシア最大の民兵組織「ワグネル」が、ロシア軍中枢に対して反乱したのだ。同組織を指揮するエフゲニー・プリゴジンから「乱」の名前がついた。

「ワグネル」はモスクワへの進軍を途中でやめ、「乱」は収拾されたものの、これによってプーチンの動揺とロシア軍内部の亀裂が明らかになった。「乱」の内容については後述する。

一方、西側にも懸念が出てきた。ウクライナへの「支援疲れ」が目立ち始めたのだ。

何よりも最大の支援国である米国では、ウクライナ支援に消極的な共和党強硬派の発言力が強まり、下院ではウクライナ関連の予算を通過させられない状態が続いてきた。二〇二四年四月末になってやっと上下両院で、六〇八億ドルに上るウクライナ支援予算案が可決され、支援が再開された。

同年一一月の大統領選挙でこれら共和党強硬派の支持を受けたドナルド・トランプ前大統領が当選

するようなことになれば、米国の方針は根本的に変わる可能性もある。

さらに二〇二三年一〇月、イスラエルと、パレスチナ自治区ガザを実効支配する「ハマス」との間で戦闘が勃発した。パレスチナの一般市民、特に子供たちがイスラエル軍の爆撃によって大量に殺される事態が起きると、世界の目はガザに向けられた。これによってウクライナへの関心が弱まり、支援に消極的な国々が増えつつある。

こうした中、ロシア大統領選挙が二〇二四年三月一五日から一七日にかけて行われ、プーチンが大統領としては五選を果たした。

得票率八七％、投票率七七％と、ロシア大統領選では最高の数字を記録する「圧勝」を演出した。

しかし、プーチン政権は、選挙に際し、元下院議員のボリス・ナデジディン氏ら反戦派候補を排除したほか、投票期間を三日間に延ばしたり、投票の内容をブラックボックスに置いてしまう電子投票を初めて導入したりと選挙監視をやりにくくした。欧州からの選挙監視団も受け入れなかった。

その上、経営者や職場長を通じた強制や、銃による威圧など、あらゆる不正手段を講じて得票率と投票率を高めることに注力した。「圧勝」したことにより、ウクライナへの「特別軍事作戦」が、国民の支持を得ていることを示す狙いだ。

しかし、ロシアの独立系選挙監視団体「ゴロス」は、プーチン大統領の得票数が「二二〇〇万票」上乗せされたとの分析結果を公表している。これは全有権者の実に二割を占める。

投票率などを勘案すれば、実際にプーチンに投票したのはせいぜい有権者の五〇～六〇％ではないのか。しかも、強制されて「プーチン」と書いた人や、政治的な変化を望まない消極的な支持者を除くと、プーチンの岩盤支持層はもっと少ないと見てよい。

西側各国は、この選挙について「茶番」「でっち上げ」などと一斉に批判した。特にウクライナ東南部四州やクリミアでの投票については、日米など五五か国が「選挙まがいの活動は国際法違反である」と、非難した。

プーチンの今回の任期は二〇三〇年まで。首相時代を合算すると三〇年間政権の座に就くことになり、ソ連時代の独裁者、ヨシフ・スターリンの二九年を抜き、旧ソ連・ロシアの指導者で最長となる。憲法上は三六年まで続投できる。

選挙結果を受けて、プーチンは今後、ウクライナ戦争を強力に推進していく構えでいる。戦争が長期にわたって続く可能性が一層強まった。

プーチンの思惑

プーチンは今回、なぜ侵攻というリスクを負う行動に出たのか?

NATOの東方拡大と周辺諸国が西側陣営に入ることへの恐怖感がベースにあることは間違いない。ロシアと西側の間に政治的、軍事的な緩衝地帯を設けることが極めて重要だとプーチンは考えてきた。地政学的な防衛本能が強いのがロシアの伝統だが、プーチンはその意識が特に強い。

これは米国への被害者意識とセットになっている。二〇〇七年のミュンヘン安全保障会議での演説では、国連やOSCE、CFEが十分に機能できないのはNATOの主導権を握っている米国のせいだと、強い調子で批判した。

プーチンは今回の侵攻の理由として、ウクライナのNATO加盟への動きを挙げた。しかし、実際には、加盟手続きは喫緊のものではないことも承知していたはずだ。それよりもウクライナがすでにNATOの実質的な準加盟国になっていたことに脅威を感じていた。

二〇一四年に始まったドンバス紛争以来、NATOは軍事顧問団二〇〇人余りをウクライナに派遣し、軍事教育を施してきた。二〇二一年夏にはウクライナとNATOが黒海で合同軍事演習を行った。その間、英国の駆逐艦がクリミア沖でロシア領海（ロシアがクリミア併合によって宣言している領海）に侵入したため、ロシア軍が警告射撃を行った事件もあった。

こうした情勢の中で、ロシア侵攻の直接の引き金を引いたのはバイデン米大統領の「ウクライナへは米兵を送らない」という二〇二二年末の発言だとする見方が強い。米国は二〇二一年夏にアフガンから米兵を撤退させており、米国の態度を「弱腰」と判断したというのがその根拠だ。

プーチンのあくなき権力欲も侵攻の原動力になっている。二〇二〇年に憲法を改正、大統領任期を事実上撤廃し、「終身大統領」への道を開いた。

さらに長期政権を維持するためには国民の支持率が上がる戦争が最も効果的だと判断したとも思われる。

その考えにはクリミア併合の成功体験が大きい。当時はクリミア住民の八〇％以上の圧倒的な支持を得た。この数字にも疑問は残るが、ロシア語話者が多いクリミアの住民のかなりが「併合」を歓迎したと言われている。

これに歪んだ歴史観が加わる。NHKなどの報道によれば、ロシアとウクライナはもともと「キエフ・ルーシ」（八八二年ごろ～一二四〇年）を起源とする一つの国であり、ロシア人とウクライナ人は一つの民族として一体不可分である。プーチンは主権が「兄」であるロシアにあり、ウクライナの主権は認められないと主張する。

これに対してウクライナは、「キエフ・ルーシ」を継承した「ハーリチ・ヴォルイニ」公国が最初のウクライナ国家であり、「自分達こそキエフ・ルーシの正当な後継者である」と任じている。モスクワは「キエフ・ルーシ」の一地方に過ぎず、ロシアの「キエフ・ルーシ」起源説は一六世紀に作られたものだ、としている。

プーチンは、コロナ禍で長らく人を遠ざけてきたことで、ロシア至上主義の想念が異様に拡大していったのではないか。

部下が、独裁色を強めるプーチンを恐れ、正しい情報を伝えなかったため、プーチンの事実認識が間違っていったとも考えられる。ロシア連邦保安庁（FSB）からの報告などを根拠に、「ロシア軍はキーウを三日で落とせる」とプーチン自身が本気で考えていた節もうかがえる。

今回の侵攻に当たり、プーチンはNATOがコソボ紛争で使った論理を借用している。セルビアからの独立を求めたコソボ人（アルバニア人）を守るため、独立阻止に動いたセルビア（当時はセルビアとモンテネグロからなる新ユーゴ連邦）を攻撃するという主張だ。

あくまでも「人道的な介入」の名目で、ＮＡＴＯは国連決議なしに新ユーゴ連邦を激しく空爆した。

プーチンは、「ウクライナからの独立を求めるドンバス地方のロシア系住民が、ウクライナのネオナチによってジェノサイド（大量虐殺）に遭っている。彼らを救うためにウクライナを攻撃する」というストーリーを作った。

国連の調査ではジェノサイドの事実は見当たらなかった。プーチンは、話を捏造しても侵攻の理由とした。

コソボ紛争の場合、セルビアの暴力は事実だが、コソボ側も同じように暴力をふるっていた。セルビアだけを一方的に悪と決めつけたＮＡＴＯの行為は、プーチンに悪用されても仕方ない面がある。

それにしてもプーチンによる事実の歪曲、フェイクニュース（偽情報）の流布は目を覆うばかりだ。

ロシア軍がウクライナで残虐行為を働いても、ロシア国営放送など政府寄りのメディアは現地で「ウクライナ軍の仕業だ」とリポートするプロパガンダを展開してきた。国営テレビしか見ない高齢者を中心に、この報道を信じるロシア国民は依然として多い。

一方で、事実を伝えようとするメディアは活動を停止され、国外に逃れるジャーナリストが続出している。

とはいえ、部分的動員令によってロシア国民が、ウクライナ戦争を自分たちの命の問題だと捉えるようになり、戦況が思わしくないことに気づき始めている。プーチンのプロパガンダはどこまで利くのだろうか。

「エスカレーション・ラダー」と「外交不在」

膠着状態に陥っているウクライナ戦争を止めるには、①外交交渉によって停戦にこぎつける。②ウクライナがロシアを駆逐し、ロシア軍を撤退させる。③ロシアが勝利し、ウクライナは自国領土の割譲に同意する。④ロシア国内で革命やクーデターが起こり、戦争を遂行してきたプーチン政権が打倒され、停戦に入る。こうした様々な可能性が考えられ、これらの要素が複合して決着することも考えられる。

これまでの戦争の経緯を見ると、目立ったのは、NATO諸国によるウクライナへの武器供与だ。ロシア軍の残虐行為が甚だしいうえ、「侵略者を許してはならない」という国際世論に後押しされているだけに当然の流れだったと言えなくもない。半面、外交によって和平に結びつけようとする努力は極めて小さかった。

開戦当初の三月、ロシア、ウクライナ間で停戦交渉が行われた。

この時、ゼレンスキー大統領は、①ウクライナの中立化②非武装化③クリミア半島の所属を巡る議論は棚上げする——という妥協案をもって停戦交渉に臨もうとした。

しかし、交渉は一か月余りで決裂し、同大統領は「プーチンとは交渉しない」「クリミアを奪還する」と強硬姿勢に転じた。交渉はその後一度も行われていない。

ウクライナの強硬姿勢への転換は、翌四月初めに明らかになった「ブチャの住民虐殺」だったと言われる。ロシア軍が、ウクライナの一般市民に拷問を加えて虐殺した事件はウクライナにとってあまりにも衝撃的だった。

一方で西側からの最新兵器供与によって、戦況が好転したこともウクライナの姿勢転換の大きな要因になったようだ。

その後の経過を見ると、停戦のチャンスはこの初期段階だけだったと言える。「ブチャ」事件は悲劇としか言いようがない。しかし、停戦交渉が進んでいる段階で、米国が交渉を後押ししていれば早期停戦は可能だったかもしれない。しかし、米国は二〇二三年秋まではウクライナに兵器を供与する政策に専念し、和平の動きを取らなかった。

米国の対応には根拠がある。

米国の著名な哲学者ノーム・チョムスキー氏はバイデン政権について「ロシアを弱体化させるのが最大の狙いであり、このために（ロシアとは）交渉しない基本方針を貫いている」と断じた。

この発言を裏付けるように、二〇二二年四月にキーウを訪問したロイド・オースティン米国防長官も「ロシアが弱体化することを望む」と明言している。

ウクライナ戦争初期に、日本外務省OBの田中均氏（元・外務審議官）は、「（関係国の）和平に向けた外交努力が足りない」と指摘した。元・外務次官の藪中三十二氏に至っては「外交が不在だ」と決めつけた。これは、国連が機能不全に陥っていることに加え、こうした米国の外交軽視の姿勢を批判したと受け取れる。

「侵略は悪だ」という大義から見て、ウクライナが有利な状況を作り出さない限り、停戦交渉に入ることは難しくなってしまったと言えよう。

半面、米国は下院の審議が膠着状態に陥る二〇二三年秋まではNATO加盟国と共に、数次にわたり最新兵器をウクライナに送り続けてきた。

また独英は戦車を、ポーランドは戦闘機まで供与する方針を示し、すでにウクライナ兵に対する訓練を続けている。

これら西側の軍事支援は、ロシアにとっては大きな脅威になり、ロシアが核兵器を使用する階段を一段ずつ上っていることになる。

米国のこうした対応の裏には、ロシアが戦術核を簡単には使えないとの読みもあったようだ。

二〇二二年一一月、ロシア製のミサイルがウクライナの国境に近いポーランドの農村に着弾し、二人が死亡した。ポーランドはNATO加盟国であり、ロシアがNATO加盟国を攻撃したとなれば、集団安全保障の枠組みからＮＡＴＯがロシアに参戦することになる。これはロシア対ＮＡＴＯの直接戦争を意味し、第三次世界大戦と呼んでもよい状況が現出してしまう。

現実に同月、インドネシア・バリ島で開かれた二〇か国・地域首脳会議（Ｇ20）に出席していたバイデン米大統領などＮＡＴＯ加盟国首脳は緊急会議を開き、対応を協議した。

結局、「ロシアからの砲撃だ」とするゼレンスキー大統領の主張に対し、バイデン大統領は「軌道から見てロシアから発射されたとは考えにくい」と発言。ロシアからのミサイルを迎撃したウクライナのミサイルがポーランド領土内に着弾したとの見方が強まっている。

この事件は、偶発的な出来事でも、ウクライナ戦争が世界大戦に発展する危険性をはらんでいることをうかがわせた。

一方で、ロシアは「自分たちの砲撃ではない」といち早く反論した。この対応から垣間見えたのは、ロシアもＮＡＴＯとは直接戦いたくないという「本音」だ。核兵器を使えば、ＮＡＴＯと対決することにならざるを得ないわけで、プーチンといえども簡単には核を使えないと、米国は判断しているのではないか。

また米国をはじめＮＡＴＯ諸国が、作戦面でもウクライナに深く関与しているにもかかわらず、ロシアがそのことを表立って批判していないこともある。

英国王室防衛安全保障研究所などは、米英中心だったＮＡＴＯ軍事顧問団が開戦後、二〇か国以上に拡大され、ウクライナ軍への軍事指導のみならず、軍事情報の提供、ロシア兵器の分析、武器輸送計画、作戦の立案までを行っていることを明かしている。作戦の中には前述した「モスクワ」撃沈や、二〇二二年一〇月のクリミア橋破壊なども含まれるという。

ロシアが簡単に核を使えない理由として、ロシアの防空網の脆弱性を挙げる識者もいる。

ウクライナ戦争は「ドローン（無人機）戦争」とも言われる。ロシア、ウクライナ双方がドローンを使って相手を激しく攻撃している。ロシア人で構成する「反プーチン」「親ウクライナ」の武装勢力「自由ロシア軍団」や「ロシア義勇軍団」もドローンを使ってロシアの首都・モスクワ中心部のビルや工場を攻撃したと言われる。

ロシア側は、ほとんどのドローンを打ち落としているとしているが、「反ロシア」のドローンがロシア深くに侵入し、実際に建物を壊していることも間違いない。

また、ウクライナ軍は、二〇二三年九月、クリミア半島への攻撃を激化させた。こちらもロシアの防空網をかいくぐって、黒海艦隊の本部にまでミサイルを撃ち込んだ。

米国は、ウクライナ軍がロシア本土や、クリミア半島を攻撃することには慎重姿勢を貫いてきた。ロシアを強く刺激すると見ていたからだ。しかし、最近は、これらの攻撃を黙認するようになっている。先に挙げた数々の要因からロシアは簡単に核を使えないと、読んでいるからではないか。

とはいえ、ロシアが自滅覚悟で核を使用する可能性は消えていない。ウクライナがロシアを徹底的に追い詰めればその可能性は高まる。特にクリミアは、プーチンにとってウクライナ侵略の「肝」であるだけに、ウクライナがクリミアを奪還するまで攻撃を続ければ、プーチンの「虎の尾」

を踏むことになるかもしれない。

一方で外交努力は、まったく行われてこなかったのか。

侵略者・ロシアを駆逐しようと考える勢力を「正義派」と呼称するなら、外交によって和平を実現させようとする人々を「和平派」と言える。

「和平派」の動きもないわけではない。

「正義派」に属する米国に対して、同じNATO内でも、開戦当初のエマニュエル・マクロン仏大統領やトルコのレジェップ・タイイップ・エルドアン大統領は和平に向けてさまざまな働きかけをした。

さらにNATOの枠を超え、インドやブラジル、インドネシア、アフリカ諸国など「グローバルサウス」（新興国、途上国）と呼ばれる国々も和平に向けた動きを始めている。「グローバルサウス」にとって、戦争がいつまでも続くと経済的損失が大きいからだ。

マクロンは開戦前、何度かプーチンに会い、侵攻を防ぐ努力をしたものの聞き入れられなかった。開戦後も電話会談し、お互いに「相手が攻撃した」と主張し合っているザポロジエ原発について、IAEAの調査団を受け入れるよう要請し、プーチンの同意を取り付けることに成功した。

中国の習近平国家主席が、二〇二三年三月、ウクライナ戦争の停戦と和平交渉開始を呼びかけると表明すると、すかさず訪中し、中仏の経済協力を進めると同時に、中国がロシアに停戦を呼び掛けるよう働きかけた。この後、四月末には習近平―ゼレンスキーの電話会談が実現した。ただし、会談内容には具体性がなかった。

英国の離脱（ブレグジット）やシリア難民の対応でぎくしゃくしてきたEUは、開戦当初、軍事面で一枚岩になったかに見えた。しかし、外交面では必ずしも足並みをそろえているとは言えない。

プーチンへの働きかけが目立つのはマクロン大統領ぐらいで、他の首脳は、ウクライナのゼレンスキー大統領とは頻繁に会ってきたものの、プーチンとのパイプを十分つなげていない。

なかでもドイツの存在感が薄く、外交努力を見せるフランスと歩調を合わせられないでいる。

独仏は二〇〇三年のイラク戦争開戦に反対した。米国が積極的だったウクライナ、ジョージアのNATO加盟にも慎重姿勢を示してきた。米国とは一線を画してきたのだ。ところが、ウクライナ戦争ではEUの中核をなす独仏が十分に力を合わせられないため、欧州全体の発言力が低下したと言える。

ドイツは、ショルツ政権が発足して間もない上、ウクライナ戦争初期の段階で対応のまずさが西側各国から批判された。ヘルメット供与に代表されるように、ウクライナへの支援が「小さい」「遅い」と言われたのだ。

ショルツと同じSPDの元首相、ゲアハルト・シュレーダーがロシアエネルギー業界でロビー活動を長らく続けてきたことがウクライナの反発をかったうえ、ショルツ自身がプーチンとの関係を築けていないことも挙げられる。ドイツはロシア、ウクライナ双方に発言力が乏しいのだ。

ウクライナへの「レオパルト2」供与も米国の動きを見ながら最終的に決断した。フランスと協力し、ＥＵとして独自の姿勢を示してきたこれまでの体制とは趣を異にしている。

一方、エルドアンはトルコ国内に停戦交渉の場を提供したり、国連のアントニオ・グテーレス事務総長とともに両国を仲介し、ロシア軍による黒海封鎖で停止していたウクライナからの穀物輸出に道を開いたりした。

トルコは同大統領が二〇年にわたって強権を振るってきた専制国家である。二〇二三年五月の大統領選挙でも接戦の上、勝利し、任期を更に五年間延ばした。一方で外交面を見ると、ウクライナ戦争両当時国にパイプを持ち、ＮＡＴＯ加盟国でありながらＥＵ非加盟という特殊な立場を利用して、仲介役として重要な役割を果たしてきた。

しかし、エルドアンは、「プリゴジンの乱」以後、権力に陰りが見え始めたプーチンに対して見切りをつけたのか、ウクライナを支援する方向に舵を切った。

エルドアンは二〇二三年七月、ウクライナのＮＡＴＯ加盟を支持すると表明。ウクライナのマリウポリでロシアの捕虜となり、トルコの仲介によるロシア、ウクライナの捕虜交換でトルコに移送されていたウクライナの「アゾフ大隊」幹部五人を、ゼレンスキー大統領との直接協議でウクライナに送還することに同意した。

同大隊は開戦当初、ウクライナ東部の要衝・マリウポリの防衛に従事し、ロシアに投降した準軍事組織だ。彼らは終戦までトルコに滞在することが条件とされていたが、エルドアンは送還に踏み切った。

ロシアはこれに反発し、再び黒海封鎖に乗り出し、穀物輸出は閉ざされてしまった。ウクライナ軍は、この危機を打開しようと、現在、ロシアの黒海艦隊を攻撃する作戦に力を注ぎ、一部で穀物輸送航路の再開にこぎつけている。

最も和平努力を求められるのは国連である。しかし、安保理常任理事国であり、拒否権を持つロシアが戦争当事者であるため、国連の活動は大きな制約を受けている。国連が今回の戦争でどう動いたかは、今後の安全保障を考えるうえでも重要なので後述する。

プーチン打倒の可能性

停戦に結びつくもう一つの可能性、「プーチン政権崩壊」について考えてみたい。

ウクライナ戦争を「プーチンの戦争」と呼ぶ人がいるほど、ウクライナ東部の奪取にかけるプーチンの意志は固い。そのプーチンが政権を明け渡すとすれば、誰が後継者になっても局面は変わるはずだ。

戦争を遂行する意志は、今やプーチン個人ではなく、「プーチン体制」そのものが持つようになっている。このため、「プーチンが辞めても戦争は続く」と見る識者（軍事研究家・小泉悠氏など）も多い。

しかし、プーチンが権力を手放すのは、病気を除いては失脚しか考えられない。革命であれ、クーデターであれ、選挙であれ、「失脚」となれば、「プーチン体制」も終焉する。新しい権力者は、どんな形をとるにせよ、停戦を目指すことになるのではないか。

二〇二二年九月下旬に実施された部分動員令は、兵員不足を補うためのもので、死傷者が増え続ける限り、今後も部分動員令発令の必要性に迫られるだろう。

西側メディアは、ロシアの戦死者の多くが地方出身者、特に少数民族であることを報じてきたが、部分動員令によってこれがモスクワやサンクトペテルブルクなどの大都市にも拡大しつつある。戦争に対する不満や恐怖が地方から都市に波及しつつある。

プーチンは「戦争宣言」によって総動員令を出すことを躊躇してきた。国内に広くロシアの苦戦が知られることを避ける狙いだったが、部分動員令によってでさえ、その危惧が現実になりつつある。

プリゴジンの乱

こうした中、「プーチン体制」にひびを入れたのが「プリゴジンの乱」だった。

エフゲニー・プリゴジンは「プーチンの料理人」と言われたプーチン側近のオリガルヒで、民兵組織「ワグネル」の創始者だ。「ワグネル」は激戦地バフムト（ウクライナのドネツク州内）を死守したことでも知られる。囚人などを徴兵して正面からウクライナ軍にぶつかっていく人海作戦を展開し、二万一〇〇〇人以上の死者を出したと言われている。

その先頭に立ったプリゴジンは、セルゲイ・ショイグ＝ロシア国防相とワレリー・ゲラシモフ＝ロシア軍参謀総長（いずれも当時）を名指しで批判、「武器や弾薬をよこせ」と叫んだ。

特にショイグ国防相が「ワグネル」の跳ね上がり的な行動を嫌ったのか、同部隊を二〇二三年六月末までにロシア正規軍に編入する方針を打ち出したことで、プリゴジンの怒りに火を点けた。「ワグネル」は、同六月二三日、モスクワに向け進軍した。部隊は途中、進軍を阻止しようとしたロシア空軍機を数機撃墜し、一〇人以上のロシア兵を殺害した。他にはロシア軍の抵抗らしい抵抗もなくワグネルは一気に北上し、モスクワの手前二〇〇キロ地点まで進んだ。

しかし、プーチン大統領から仲介の要請を受けたベラルーシのアレクサンドル・ルカシェンコ大統領に説得され、矛を収めた。

プーチンはこの間、プリゴジンを名指しこそしなかったものの、「ワグネル」を「裏切者」と呼んで厳しく処断する構えを見せた。ところが、「乱」が沈静化すると一転してプリゴジンの罪を問わないことにし、ワグネルによるバフムトの戦いを賞賛までした。

プーチン本人は、「ワグネル」進軍中はサンクトペテルブルクに避難していたと言い、激しく動揺した形跡をうかがわせた。

更に日ごろ、自分の部下のように従わせてきたベラルーシのルカシェンコ大統領に仲介を要請したことで両者の関係が逆転したとも言われる。「強い」イメージを売ってきたプーチンが、「臆病者」に転じた瞬間だった。

「ワグネル」に対するロシア軍の抵抗が少なかったのは、軍内部にプリゴジンに共感する兵士が少なからずいたことが指摘される。現実にショイグ、ゲラシモフに次ぐロシア軍ナンバー3のセルゲイ・スロビキン航空宇宙軍総司令官は、プリゴジンの意図を早い段階から知っていたと言われ、「乱」終息後、消息を絶ち、その後、更迭された。プーチンの信用低下と同時に、ロシア軍内部の亀裂も明らかになった。

結局、プリゴジンは、「乱」から二か月後、自ら搭乗していた自家用ジェット機が墜落して死亡した。機内に爆発物が仕掛けられたとする見方が有力で、テロによる事故だったと見られる。米国情報筋などは、プーチン大統領が、暗殺を指示したのではないかとの見方を示したが、真偽のほどは明らかではない。

プーチンが暗殺を命令した場合、プーチンにとってはプラスとマイナスの両面がある。自分に反抗するものを「消す」ことで、不満分子に恐怖を与える効果がある反面、ロシア軍内部の反プーチン感情が一層強まる恐れもあるからだ。

プリゴジンが死んでも、政権の動揺が沈静化するとは思えない。

一方で、民主派や反戦派の動きはどうか。プーチン政権による徹底的な弾圧により、表面上は息の根を止められたようにも見える。

二〇一一年の下院選挙、二〇一二年の大統領選挙では、「不正があった」として数次にわたる

「反プーチンデモ」が繰り広げられ、一〇万人規模の大規模抗議集会もあった。

今回の大統領選挙では過去の選挙以上の不正があったにもかかわらず、徹底的な抑え込みによって、こうした「反プーチン」を訴える国民のうねりは見られなかった。

しかし、プーチン政権の不正や、ウクライナ戦争に反対する国民の意志は、ロシア国内に深く静かに浸透しているのではないだろうか。

プーチンはそれが分かっているからこそ、選挙前から異常とも思える弾圧やごまかしを強行してきたと言える。

この中でも最も大きいのは、カリスマ性があり、「プーチンの最大のライバル」といわれた反体制派リーダー、アレクセイ・ナワリヌイ氏(47)が選挙一か月前の今年二月に謎の死を遂げたことだ。

同氏はもともとロシア民族主義者であると言われていたが、二〇一一年、一二年の選挙で「反プーチンデモ」を呼びかけたリーダーの一人として大きな人気を得た。その後も、宮殿のようなプーチンの別荘をSNS上で公開するなど徹底的に大統領の不正を暴いてきた。

彼は二〇二〇年夏、ロシア国内を飛行機で移動中に毒を盛られ、瀕死の状態でドイツの病院に搬送された。

二〇二〇年に公開されたドキュメント映画『ナワリヌイ』では、独立系メディアの「ベリングキャット」が、ロシア保安庁(FSB)の職員から「毒殺行為に関わった」との証言を得たことが明かされている。

ナワリヌイは治療によって回復した二〇二一年一月、危険を承知でロシアに帰国、モスクワの空港に到着した瞬間逮捕された。「詐欺と法廷侮辱罪」が逮捕理由で、当初禁固九年の刑を受けたが、獄中からもSNSで反政府を呼びかける発信を続け、「過激派団体を組織した」かどで刑期が一九年に延ばされた。挙句の果て、二〇二三年末には北極圏の刑務所に移送され、極寒の地で亡くなった。

死の直前までウクライナ戦争に反対するとともに、ロシア大統領選挙ではプーチン以外の候補者に投票するよう呼びかけていた。

ロシア当局は「自然死」と公表し、家族への遺体引き渡しを拒否、刑務所内に埋葬するとした。検視によって死因が明らかになるのを恐れたのではないかと見られている。

これまでにも反プーチンを唱えた政府幹部やジャーナリストなどが次々に殺されている。ロシア大統領選を控え、ナワリヌイの影響力を恐れたプーチンが殺害を命じたとする見方が国際的には多い。

仮にプーチンや当局者が直接手を下さなくても、反政府、反戦を訴えただけで重罪を科したうえ、真冬に極寒の地に移し、過酷な状況において死に至らしめた責任はプーチンにあることに間違いはない。

このため、ウクライナのゼレンスキー大統領は「プーチンが殺した」と明言し、バイデン米大統領も「プーチンの責任だ」と非難した。

遺体引き渡しを拒否していた当局に対し、母のリュドミラ・ナワルナヤさんが現地刑務所で粘り強く交渉したうえ、ＳＮＳを通じて国際的にその不当性を訴えたこともあって、ようやく当局は遺体を家族のもとに返した。

三月初めにはモスクワ郊外で家族やナワリヌイ・グループが葬儀を執り行ったが、これには同氏の死を悼む人々が二万人以上集まり、口々に「ウクライナ戦争反対」「政治犯に自由を」と声を上げた。

ロシア当局はこれまでこうした反政府的な市民の活動を暴力的に封じ込めてきたが、今回は比較的静観する形を取った。それでも全土で九〇人以上が逮捕されている。

一方、妻のユリアさんはナワリヌイ氏が亡くなった当日にミュンヘンでの安全保障会議で「夫の活動を引き継ぐ」と宣言し、ロシア大統領選投票最終日の三月一七日正午にプーチン以外の候補者に投票するよう呼びかけた。現実にロシア全土や外国のロシア大使館に設けられた在外投票所にはユリアさんが指定した時間に長蛇の列ができた。メディアの取材に「ユリアさんの声に応じて投票に来た」と話す人が目立った。

中には、選挙に抗議するため、投票箱に青インクを流し込んだり、火炎瓶を持ち込んだりする「過激な」行動に及ぶ人も見られた。

反プーチンの意志を持ってナワリヌイの葬儀に参列したり、投票所を訪れたりした人々は、逮捕や警察からの暴力を覚悟で行動した。その数が相当数に上ることから、「反戦」「反プーチン」のすそ野はかなり広がっているると見てよいのではなかろうか。

ロシア国内で「反プーチン」の武力活動を行ってきたロシア人の武装部隊「ロシア自由軍団」や「ロシア義勇軍団」「シベリア大隊」などは、選挙に反対し、ウクライナ国境周辺のロシアの州で製油所などを攻撃している。

さらに選挙からわずか五日後、不可解な事件が起こった。モスクワ郊外のコンサートホールでテロリストが銃を乱射し、一四〇人以上が死亡したのだ。イスラム国（ＩＳ）の一派が犯行声明を出したが、プーチンは何の証拠も示さぬまま「ウクライナが背後にいる」と強調し、ウクライナへの敵意を煽っている。

米国大使館が選挙前にロシア当局に対し、テロの予兆があると警告していたにも関わらず、プーチンはこれを無視し、実際にテロが起きてしまった。

一九九九年八月から九月にかけて、モスクワを中心にショッピングモールや高層アパートで連続的に爆破テロが起こった。当時首相だったプーチンは、チェチェン独立派武装勢力の犯行と断定し、チェチェンに侵攻、第二次チェチェン戦争を引き起こした。この強硬路線が奏功したことで国民の支持を得、大統領の座を獲得する道を開いた。

しかし、この時は、プーチンが牛耳る国家保安局（ＦＳＢ）による自作自演の疑いも強かった。

今回の事件は、単に警備が甘かったのか、プーチンがテロリストを泳がせていたのか、それとも自作自演だったのか。真偽のほどは明らかではない。ただし、プーチンがこの事件をウクライナ非難に利用しようとしていることだけは間違いない。

プーチンに近い複数の人物からプーチンの言明を否定するような発言が出始めたことは、水面下では「プーチン離れ」が進んでいるのかもしれない。

もう一つ、プーチンにとって意外と打撃が大きいと見られているのが、二〇二三年三月、国際刑事裁判所（ＩＣＣ）が出した逮捕状である。ＩＣＣは国連全権外交使節会議が採択した国際刑事裁判所ローマ規定に基づき、二〇〇三年に設立された国際機関だ。ＩＣＣは今回、プーチンが、ウクライナからロシアへ子供たちを強制移送したことがＩＣＣ条約の戦争犯罪に当たるとしている。プーチンはこれによって国際的な「お尋ね者」になった。

ロシアはＩＣＣに加盟していないので、管轄権は及ばない。しかし、ロシアが違反行為を犯した地がウクライナ（ウクライナもＩＣＣ非加盟）であり、ウクライナがＩＣＣの管轄権を認めているので逮捕状を発布できた。

現在一二三に上るＩＣＣ加盟国は、捜査に協力する義務を負っている。プーチンがこれらの加盟国に入国すれば逮捕され、裁判にかけられることになる。ドイツ、オーストリア、クロアチアなどが、入国すれば逮捕すると公言しており、ＩＣＣ加盟を希望するアルメニア、タジキスタンなど旧ソ連共和国でさえ、逮捕をほのめかしている。つまり、プーチンは非友好国だけでなく、軍事同盟を結ぶ友好国すら訪問しにくくなった。

南アフリカで二〇二三年八月に開かれた新興五か国（ＢＲＩＣＳ）首脳会議もオンライン形式で参加せざるをえなかった。これまでは毎年リアル参加していたプーチンにとって大事な会議だったにもかかわらずである。南アフリカがＩＣＣ加盟国であるため、直接出向けば逮捕される可能性があったからだ。

プーチンが政権の座についている限り、外国訪問を除けば、ＩＣＣに身柄を引き渡される可能性はない。しかし、プーチンは移動の自由を著しく制約され、国際的な信用を失墜したことは確かである。

プーチンが死ぬまで権力を握っていたいと考えるのは、単なる権力欲だけではなく、権力を失えば、逮捕されたり、殺害されたりする恐れがあるからだ。プーチンにとってＩＣＣの逮捕状は、一つの脅威となることは間違いない。

今後のプーチン政権の行方を考えると、日本の識者は、プーチン失脚に否定的な見方をする人が多い。ソ連崩壊後のロシア経済改革の失敗で「貧困の一〇年間」を過ごしたロシア国民は、安定した経済を求めている。それを実現したプーチンへの支持は依然として高いというのが根拠だ。

果たしてそうだろうか？　三二年前、ソ連のゴルバチョフ大統領は、クーデターを画策したソ連政府やソ連軍内部の保守派に軟禁された。しかし、この企ては、「急進改革派」と言われたエリツィンによって食い止められ、未遂に終わった。しかし、この事件によってゴルバチョフは信用を失墜し、四か月後にソ連は崩壊、新生ロシアのリーダーにエリツィンが就いた。

ソ連崩壊は、クーデターへの試みがまず起き、それに反対する「民主派」（急進改革派）の力によって現実化した。

プーチン政権でも、軍部急進派や、右翼が先ずクーデターを企て、これに反発したり、呼応したりする形で「民主派」や「民族派」の国民が大きな力を発揮し、政権を転覆する可能性は消えていない。

「ソ連崩壊」を目の前にしたブルガリア出身の政治学者、イワン・クラステフが「あらゆる政治的なものは、儚い」という衝撃的な感覚にとらわれた（「ソ連崩壊」の章で前述）ように、「ソ連崩壊」は世界中のほとんどの人々が予想していなかった出来事だった。こうした歴史を持つ国だけに何が起きても不思議はない。

今、息をひそめている人々が、団結して行動する日が、いつかやって来ることを期待したい。

第八章　混迷する安全保障

問題多いＮＡＴＯ肥大化

　ウクライナ戦争の開始によって地続きにある欧州は浮足立った。同戦争の長期化は、ことに欧州にあっては、核戦争の恐怖とエネルギー問題だけではなくこれまでの安全保障構想を根本からくつがえす問題となったのである。こうした中、第二次世界大戦後七〇年以上にわたって中立を続けてきたフィンランドとスウェーデンが、ＮＡＴＯ加盟を申請した。二〇二三年四月、フィンランドは加盟を達成し、スウェーデンも翌年三月に加盟が認められた。

　一方で、日本同様、同大戦の反省から軍備を抑制してきたドイツは軍事費を大幅に拡大する方針に舵を切った。

　ＮＡＴＯは、二〇二二年六月末に開いた首脳会議で、今後一〇年間に向けた行動指針「戦略概念」を改訂した。覇権的な動きを強める中国に対し、「我々の利益や安全保障に挑戦している」と初めて言及。ロシアに対しては「最大かつ直接の脅威」と明記し、「戦略的パートナー」としてきた従来の見方を転換した。中国、ロシアに対して、より対立的な概念を盛り込んだことになる。

これと関連して東欧への防衛力強化にも触れた。米軍がポーランドに恒常的な司令部を置き、ルーマニアやバルト三国を巡回させている部隊を増派する。危機に対し短時間で対応する「即応部隊」を現在の四万人規模から二〇二三年末までに三〇万人規模へと七倍増する。

また「インド太平洋地域はNATOにとって重要」と明記し、アジアへの関与を拡大していく意図も示した。このため、日本の岸田文雄首相が初めて同会議にオブザーバー参加した。こうしたNATOの意思に対応して、日本側もNATOとの協力関係を深化させようとしている。

これを裏付けるように二〇二三年五月、NATOのイェンス・ストルテンベルグ事務総長はNATO東京事務所開設に向け、日本と協議を続けていると表明した。フランスのマクロン大統領が「NATOは北大西洋地域に重点を置くべきだ」と反論したが、それでも同事務総長は同年七月、リトアニアで開かれたNATO首脳会議で「なお検討を続ける」と、事務所開設構想を取り下げなかった。

同事務総長によれば「あくまでも日本とのパートナーシップを強化することが目的」とし、インド太平洋地域へのNATO拡大を目指すものではないとしている。

三〇年前に不要論まで出たNATOが、ユーゴ紛争で東方拡大のきっかけにして、今またウクライナ戦争で肥大化していく方向性が鮮明になった。

フィンランドはロシアとの間に一三〇〇キロの国境線を持つ。フィンランドのＮＡＴＯ加盟は、ロシア側から見ると大きな軍事的緩衝地帯を失うことになる。またスウェーデンの加盟によってバルト海はＮＡＴＯ加盟国に取り囲まれることになり、ロシアの飛び地であるロシアの軍事的要衝、カリーニングラードが陸の孤島のような位置に置かれることになった。一連の動きは、いたずらにロシアを刺激することにならないか。日本もＮＡＴＯとの協力関係を強めることで、欧米の戦争に巻き込まれる危険性があるのではないかとの懸念が強まる。

ＮＡＴＯの新「戦略概念」は、「新冷戦」と呼ばれる事態を固定化させる内容になっている。

そしてＮＡＴＯの肥大化は、世界の軍事バランスを変え、緊張関係を高めることにつながりかねない。特に台湾への軍事侵攻を否定しない習近平政権と米国との緊張増幅が危惧される。

本来は外交努力をすることで、和平への道を模索するべきだと考えるが、今回打ち出されたＮＡＴＯの新方針は、この方向と相いれない点が多いように思う。

迫られる国連機能の強化

ウクライナ戦争での平和的解決のもう一つのカギを握る国連の動きはどうか。

ユーゴ紛争において、国連は停戦が行われていない中、平和維持軍を送った。紛争中の当事者の間に入って停戦を積極的に仲介したのだ。それまでは当事者間で停戦協議が進んだあと国連が介入し、停戦維持を図ってきたが、それを一歩進めた。

またユーゴ連邦から独立したマケドニアでは、紛争が起きていない状態で、予防的に平和維持軍を展開した。どちらも初めての経験だった。

国連はユーゴ紛争自体を終わらせることはできなかったが、これらの努力により部分的に停戦を実現する役割を果たした。また、セルビアに包囲されたサラエボに医薬品や食料を届けるなどの人道支援活動でも大きな力を発揮した。

しかし、ウクライナ戦争では安保理常任理事国のロシアが戦争当事者なので、停戦合意がない限り、平和維持軍を派遣できない状態が続いている。

今回、国連は開戦後すぐに緊急特別総会を開き、加盟一九六か国中一四一か国の賛成を得て「ロシアの即時撤退を求める決議」を採択した。しかし、残念ながらこの決議は法的拘束力を持たない。

また、国連人権委が国際調査委員会を発足させ、ロシアの国際人道法違反の調査も行っている。二〇二二年四月には「ロシアに対する同委員会の理事国資格の停止」決議を採択、ロシアは同委員会からの脱退を表明した。これについても人権委には武力行使を止める権限はない。

国連の平和維持活動を制約しているのは安保理常任理事国の拒否権だ。安保理は、第二次世界大戦の戦勝国である米英仏ソ（現ロシア）中の五常任理事国を中心に構成され、常任理事国が一か国でも拒否権を発動すれば議案を採択できない。安保理は、総会より大きな権限を持ち、採択された議案には法的拘束力が発生する。議案採択の有無は常任理事国の判断に委ねられている。

ユーゴ紛争では、常任理事国が拒否権を行使しなかったので、採択された「国連平和維持軍の派遣」を速やかに実行できた。しかし、ウクライナ戦争では、ロシアが拒否権を行使したので不可能となっている。長い間指摘されてきた国連の持つ弱点が端的に表れたと言える。

二〇二三年九月に行われた国連総会において、ゼレンスキー大統領が初めて「総会」に加え、「安保理首脳級会合」でも演説した。

同会合では、総会の三分の二が決議案に賛成すれば拒否権を覆せる方式を提案した。また、アフリカ、日本、インド、ドイツなどへと常任理事国の枠を広げ、多様な意見を反映できるようにすべきとした。

その後、さらに拒否権を巡る大きな事態が加わった。「イスラエルとハマスの戦闘」である。米国はイスラエルを支持し、安保理での停戦決議に拒否権を連続して行使したからだ。

先制攻撃を仕掛けたのはハマスだったが、イスラエル側の報復攻撃がすさまじく、パレスチナ人の死者がイスラエル人の一〇〇倍以上にも上っている。その半数近くが子供だ。また、ガザ地区への食料品や医療品の供給をイスラエル側が妨害するケースも多い。「イスラエルは国際人道法違反だ」と国際的な批判が集中しているにもかかわらず、イスラエルは耳を貸そうとしない。

ガザ紛争における米国の立場は、ウクライナ戦争におけるロシアの立場と二重写しだ。結局、米ロ二大国が、国連の機能をマヒさせている構図がはっきりと見てとれる。

ゼレンスキー大統領が指摘したように、国際紛争を予防し、平和を実現するには常任理事国の拒否権に制約を加える仕組みを創出することが急務だ。しかし、拒否権は常任理事国の大きな既得権であり、これまで大国を国連につなぎとめる手段にもなってきたため、その改革は極めて難しい。それでも国連が世界最大の平和維持機関として存在し続けるには、時間がかかっても安保理改革をやり遂げなければならない。

国連は組織自体が動きがとれなくても、事務局レベルでの活動は可能だ。現実にグテーレス事務総長は、ウクライナ東部ドネツク州の中核都市・マリウポリのアゾフスターリ製鉄所内に籠城していた市民を、プーチン大統領との交渉で解放させることに成功した。

また、彼はトルコのエルドアン大統領とともに、両当事国を仲介し、ロシア軍の黒海封鎖を解いた。封鎖によって世界的に穀物価格が高騰し、アフリカ諸国などが飢饉に陥る危険をはらんでいた中での解除は朗報だった。しかし、この封鎖解除は一年で終わりを告げた。ロシアが再び、黒海封鎖を再開したからだ。

マリウポリの市民解放は開戦から二か月以上、黒海封鎖解除は五か月以上もたっていた。仲介準備に時間がかかるとはいえ、もっと初動を早めるべきだったのでは、との批判は残っている。

国連のもう一つの使命は、「核軍縮」の実現だ。「核兵器禁止条約」への核保有国参加、「核拡散防止条約」（ＮＰＴ）の充実化、という二つの大きな課題を抱えている。

広島の「原爆死没者慰霊式・平和祈念式」（平和記念式典）に参列するため二〇二二年八月に来日したグテーレス事務総長は、日本記者クラブでの会見で「三〇年余り前には世界から核兵器が無くなるかもしれないと期待が持てるほど軍縮が進んだ。しかし、二一世紀初頭からその流れは逆転した。これを何とか、かつての核軍縮の時代へ引き戻さなければならない」との決意を語っていた。同事務総長が指摘するように、核をめぐる動向は一九八七年に米ソ間で結んだ中距離核戦力（INF）全廃条約の失効（二〇一七年）、NPT条約で核保有国と認められていない北朝鮮、パキスタン、インドなどの核開発――が次々に現実化し、「核拡散」へと向かっている。

中でも極めつけがウクライナ戦争だ。NPT条約で核軍縮の責任を負っているはずのロシアでは、プーチン大統領が核兵器使用をほのめかしている。さらにロシア軍が、原発を「武器」にして戦うなど目に余るものがある。

もう一つの「核兵器禁止条約」は、将来の核兵器全廃に向け、包括的な核兵器禁止のための初めての国際条約で、二〇一七年に国連総会で採択され、二〇二一年に発効した。現在、六九か国が批准しているものの、核保有国はもとより日本も批准していない。

二〇二二年六月末、ウィーンで同条約の第一回締約国会議が開かれ、核による威嚇を明確に国際法違反だとする「ウィーン宣言」を採択した。会議には、締約国のほか、ドイツ、ノルウェー、オランダ、ベルギーなどNATO加盟国の一部とオーストラリアなどがオブザーバー参加したものの、日本は参加しなかった。

岸田文雄首相は、日ごろ「核軍縮のため、唯一の被爆国である日本は核保有国と非保有国の橋渡しをする」と訴えてきた。二〇二三年にG7議長国だった日本は同年五月、岸田首相の出身地である被爆地・広島でサミットを開催し、核のない世界を「究極の目標」と位置付ける「広島ビジョン」を採択した。

しかし、ビジョンには「核兵器禁止条約」への言及はなく、それどころか、「核兵器は防衛目的のために役割を果たし、侵略を抑止し、戦争や核による威圧を防止する」との文言すら盛り込ませた。これは核兵器を使わせないために核兵器が必要だとする核抑止論であり、「核廃絶」からは程遠い内容だった。

これに対して、被爆者からは失望の声が上がり、「広島を政治利用しているだけでは」との批判が多く出た。

「核兵器禁止条約」採択に貢献し、二〇一七年にノーベル平和賞を受賞した「核兵器廃絶国際キャンペーン（ICAN）」も「核軍縮に向けて価値のある成果には程遠かった」とコメント。同運動の推進役である被爆者、サーロー節子さん（92）は原爆資料館を訪れた各国首脳の様子が非公開とされたことも含め、「（今サミットは）大きな失敗だった」と断じた。

日本は核保有国が同条約を批准するよう働きかける責務を負っているのではないか。にもかかわらず、二〇二三年一一月に国連本部で開かれた同条約第二回締約国会議にもオブザーバー参加しなかった。日本は自ら果たすべき役割を放棄していると言っても過言ではない。

存在感増すグローバルサウス

ウクライナ戦争の膠着状態の中でクローズアップされてきたのが「新興国・途上国」と言われる「グローバルサウス」だ。インドや、インドネシア、ブラジル、南アフリカなどアジア、アフリカ、中南米の幅広い国が含まれる。世界人口の六割を占め、二〇五〇年には経済力でもG７や中国に匹敵すると言われている。

ウクライナ戦争を停戦に持ち込む一つのカギがこの「グローバルサウス」にあるのかもしれない。急速な経済成長で発言力が増している、西側陣営にも、ロシア、中国陣営にも経済取引があり、中立的な立場を維持しているので、ウクライナ戦争での仲介役を引き受けられる可能性がある。戦争がいつまでも続くと、穀物やエネルギー面での打撃が先進国以上に大きく、早期の戦争終息を望む声が強い、などからだ。

先述の広島サミットには、多くの「グローバルサウス」の国々が招かれた。

ウクライナのゼレンスキー大統領が、オンライン形式の参加ではなく、直接広島に出向いたのも、「グローバルサウス」の旗手ともいえるインドのナレンドラ・モディ首相などと会談することが目的の一つだったようだ。同大統領にしてみれば、西側から兵器の供与とともに、「グローバルサウス」の国々にも力を借りなければならないという思惑が働いたのではないか。これに対し、モディ首相も「戦争終結を助けるために全力を尽くす」と答えた。

また、二〇二三年初めに、ブラジル大統領に就任したルイス・イナシオ・ルラも、同サミットで、国連の場でのウクライナ戦争停止を求めた。

G7としては「グローバルサウス」諸国を自陣営に取り込みたいという思惑がある。これはロシア、中国陣営についても同じだ。

しかし、ことはそれほど簡単ではない。「グローバルサウス」の国々は、特にG7に代表される先進国の「傲慢性」を感じ取り、G7が主張する「正義」を必ずしも正義とは見ていない。自国の利益のため、時にはG7に、時には中ロ陣営に身を寄せる。また、両陣営から距離を置くようなしたたかな存在だ。

二〇二三年九月の国連総会では「世界は一握りの大国によってすべてを決められない。先進国も途上国も共通のルールに従うときにのみ平和と安定が達成できる」（インドネシア）、「構造的な不公平と、発展の不均衡が、グローバルサウスの重荷になっている」（インド）などと次々に発言した。

「グローバルサウス」の中で中心的な役割を演じているのが、モディ首相だ。インドは、日米豪とともに安保、経済などで協力する枠組み「クワッド」のメンバーでありながら、ロシアとも協力関係にある。

二〇二二年九月、ウズベキスタンで開かれた「上海協力機構」首脳会議でモディ首相は、プーチン大統領に対し「現代は戦争の時代ではない。平和に向けた道を話し合いたい」とウクライナ侵攻の停止を求めた。

二〇二三年はＧ20サミットの議長国を務め、一月にはオンライン形式で「グローバルサウス・サミット」を開催、発言力強化に向けて各国の結束を訴えた。

また同年九月のＧ20サミットでは、ウクライナ侵攻を巡って取りまとめに難航が予想された首脳宣言を開催初日に採択した。宣言はウクライナ侵攻を「戦争」と表現したうえで、「領土獲得のための威嚇や行使を慎まなければならない」と明記した。ただ、前年のサミットでは、ロシアの侵攻を「ほとんどの国が強く非難した」と表現していたが、今回は「非難」という言葉が消えた。ロシアに配慮した形跡がうかがえる。

他方、アフリカ諸国首脳は平和使節団を組み、二〇二三年六月半ばウクライナとロシアを訪れ、ゼレンスキー、プーチン両大統領と会談している。使節団は「平和の重要性を推進し、外交による交渉プロセスに合意するよう」両首脳に求めた。

一方で、中国の動向にも世界は注視してきた。

中国はこれまでウクライナ戦争の経過をじっとうかがってきた。西側の結束力が強く、ロシアが今回の作戦に失敗すれば、中国も容易に台湾に手を出せないからだ。国際的に孤立しているロシアに一方的に肩入れすれば、中国の国際的評価も落ちる。

これまで経済協力はしても、武器供与にまで踏み込まなかったのはそのためだ。ロシアが北朝鮮に秋波を送っても、中国は距離を置いて見ている。

習近平・中国国家主席は、二〇二三年三月下旬、モスクワでの中ロ首脳会談前に、ロシア、ウクライナ両国に「停戦と和平交渉開始」を呼びかける文書を公表した。しかし同首脳会談の共同声明では、和平交渉には触れず、中ロ間の経済、軍事交流の強化を盛り込むなど、和平を望む側には期待外れに終わった。

とはいえ、中国は、ロシア、ウクライナ双方に貿易関係があり、建て前としては「中立」もうたっている。マクロンが中ロ首脳会談後に訪中したのも中仏の経済関係維持だけではなく、ウクライナ戦争の仲介役としての中国に依然として期待していたからだ。

こうした中で、G7メンバーであると同時に、アジアの一角を占め、ロシア、中国、北朝鮮の専制国家に隣接している日本の役割は大きい。

特に二〇二三年は、国連安保理の非常任理事国でもあり、G7の議長国でもあった。国連の機能強化やウクライナ戦争終結に向けて今後最大限の努力を見せてほしい。第二次世界大戦後の日本外交は「対米協力派」が主流を占めてきたが、全方位や中東重視の外交にも伝統がある。

これからも米国やNATO一辺倒の外交を続けていくと、道を誤ることになりかねない。グローバルサウスと積極的に協力するとともに、中国との外交パイプも絶やさない姿勢がより強く求められているのではないだろうか。

いずれにせよ、三〇年前の世界をめぐる安全保障の状況は、「ウクライナ戦争」と「グローバルサウスの登場」で大きく様変わりしている。

終章　米国の覇権は終焉か？

「冷戦終結」によって、世界の多くの人々は、「共産主義は敗北し、民主主義、自由経済が勝利した」と考えるようになった。前述したフランシス・フクヤマの言説にその考えが代表される。

こうした見方は、八九年秋の「ベルリンの壁崩壊」から翌年の「ドイツ統一」という歴史的転換点に端を発している。

旧東ドイツ市民はベルリンの壁崩壊当時、「壁を壊したのは我々だ」と歓喜し、民主主義を実現させたという強烈な自負心を抱いていた。しかし、一年後の統一前夜には、「我々は西ドイツに乗っ取られた」と語り、自信を喪失する人が多く見られるようになった。「冷戦終結」が、「東西融和」ではなく、「社会主義に対する資本主義の勝利」に変質していったからだ。

東ドイツは経済が予想以上に脆弱であった。壁崩壊によって人々は西側に流出し、国家としての姿が急速に崩れていった。これは、通貨同盟の実施など拙速な政策によるところが大きい。

西側が東ドイツの事情を詳細に分析した上で、より「東西融和」に重点を置いたなら、状況は変わっていたかもしれない。

ソ連が崩壊したことにより、米国はますます「資本主義が勝利した」と確信し、政治、軍事、経済各方面で大きな権力を振るってきた。このことがロシアとの間で様々なひずみを生み、ウクライナ戦争にまで行きついてしまったと思える。

安全保障に限って言えば、米国はこの間、「民主主義か専制主義か」という二者択一的な思考でロシア、中国、イラクなどの、専制国家に圧力を加えてきた。

九・一一米国同時多発テロを契機として、ブッシュ（ジュニア）政権は二〇〇三年、「大量破壊兵器を所有している」として、存在を確認しないままイラクを攻撃した。ブッシュはイラクのみならず中東全体の民主化を図ることを目的としていた。しかし、この攻撃は、中東を泥沼の政治状況に陥らせた。

今また、バイデン政権は、ウクライナ戦争でも「侵略者ロシアを弱体化させる」という論理を展開している。

たとえ相手が専制国家であろうとも、外交的な努力を怠らず、緊張緩和に導くことが民主主義国家のリーダーとしての米国の務めであるはずだ。相手を敵対視するだけでは、分断を深めるだけだろう。その結果、戦争になれば多くの命が失われる。米国が「専制国家」であるとする中国との対立を強めれば、ロシア以上に平和への脅威になりかねない。

冷戦終結の段階では、紛争を軍事に寄らず、外交で解決するという機運が高まっていた。その象徴的な存在が全欧安保協力会議（ＣＳＣＥ）、後の全欧安保協力機構（ＯＳＣＥ）だった。米国、カナダ、欧州、ソ連（ロシア）までを含む国連に次ぐ大きな規模の安全保障組織である。三〇年余り前には、CSCEの加盟国の一部には、NATOをCSCEの傘下におさめ、政治的解決を優先しようとする発想があった。これを封じたのが米国だった。

当時の米国務長官だったベイカーは「CSCEは壮大な夢である。しかし、夢でしかない」と発言したとされる。

結局、NATOが生き残り、CSCEは「信頼醸成措置」などに特化する機関に追い込まれた。ユーゴ紛争中、最大の戦闘となったボスニア紛争において、NATOは、平和を調停する役割を国連から奪い、武力行使によって紛争を終わらせた。さらに、ユーゴ紛争によって「域外派遣」「人道支援」に意義を見出した。

米国において、NATOの東方拡大でけん引力になったのは、民主党、共和党を問わず、世界各国への政治介入をいとわないタカ派だった。イラク戦争を主導した共和党のネオコン（新保守主義者）は有名だが、民主党にもタカ派の勢力は強い。彼らは「リベラル・ホーク」と呼ばれ、自由主義や民主主義、人権重視を掲げて、強硬な姿勢を示してきた。

NATOの東方拡大を実現したクリントン元大統領、ウクライナ戦争でウクライナに兵器を供与し続ける現在のバイデン大統領、ブリンケン国務長官らは「リベラル・ホーク」の一員と言ってもいいだろう。

「ネオコン」も「リベラル・ホーク」もロシア（ソ連）を仮想敵国とみなす点では共通している。

冷戦が終結したにもかかわらず、「冷戦思考」を引きずってきたのだ。

九〇年代に遡れば、米国内にもNATO拡大に反対する意見があった。クリントン政権でのウィリアム・ペリー国防長官が代表的だが、結局は、クリントン大統領に押し切られた。

それでもペリーは、九七年に「平和のためのパートナーシップ」の枠組みを作り、ロシアにNATOへの協力を呼びかけた。ロシアも同意して調印した。この時、一歩進めてロシアのNATO入りを真剣に考えられなかったのだろうか。

当時、クリントンは、ロシアを先進七か国首脳会議（G7）に招請し、G7は、一九九八年からG8となった経緯がある。この時、NATOだけでなく、ロシアのEU加盟をも合わせて検討してもよかったように思える。

EUに加盟するには民主主義の実現、法治国家など様々な条件をクリアしなければならない。当時のロシアは、経済が混乱し、オリガルヒが支配する「マフィア国家」化しつつあったが、曲がりなりにも民主主義国家への道を歩んでいた。

しかし、在任二〇数年で、プーチンは、一七世紀から一八世紀にかけて在位したピュートル大帝に自らをなぞらえるようになった。領土拡張を図った三〇〇年前のロシア帝国にまで遡ろうというのだから時代錯誤も甚だしい。この「妄想」によって、多くの無辜の人々が命を落としている。彼は「ソ連崩壊は屈辱以外の何物でもなかった」と述懐しており、冷戦終結の意味を理解できなかった一人と言える。

従ってウクライナ戦争に象徴される新たな東西対立が生まれても不思議はなかった。

さらに二〇二三年一〇月、ハマスによるイスラエル攻撃に端を発した「ガザ紛争」では、「バイデン外交」に大きな疑問符がついている。

一二月上旬、国連安保理に「人道目的の即時停戦」を求める決議案が提起された。しかし、常任理事国、非常任理事国一三か国が賛成したにもかかわらず、米国が拒否権を発動したため否決された。この決議案は、国連のグテーレス事務総長が国連憲章九九条に基づき安保理に審理を要請したものだった。同条は、事務総長が安保理に直接行動を求めることが出来る内容で、グテーレス氏が就任後初めて使った「切り札」だった。

その直後の国連総会緊急特別会合でも、同趣旨の決議が提案され、こちらは一五三か国が賛成して採択された。反対したのは米国、イスラエルなど一〇か国のみだった。しかし、総会決議は法的拘束力を持たない。

この二つの決議案提起の経過は、即時停戦を求める圧倒的な国際世論に対し、米国が反対の立場を取っていることを鮮明にした。

米国はイスラエルに財政支援を行っているほか、弾薬や迎撃ミサイルなどを供与し続けている。虐殺に手を貸していると批判されても仕方がない。

バイデン大統領は、イスラエルを全面支援し、ブリンケン国務長官は自らをユダヤ人だと公言し、「我々はイスラエルと共にある」と発言している。

「ガザ地区」にパレスチナ人を閉じ込め、「天井のない監獄」と言われる極貧の状態に置いたイスラエルに対し、ハマスは抵抗のために先制攻撃したとも言われる。二四〇人もの人質を取ったことは決して許される行為ではない。しかし、ハマスは「ガザ」の行政をつかさどり、住民の支持も一定程度得ていた。

バイデンの姿勢は、米国内のユダヤロビーが強いことに配慮した結果だが、若いユダヤ人の層には、イスラエルの強硬姿勢を批判する声が強まっている。これに連動してか、民主党支持者の「バイデン離れ」も進んでいる。

この一件を見ても、米国の「正義」は一義的ではない。ユーゴ紛争では、紛争当事者の一方であるセルビアを敵視し、イラク戦争では、サダム・フセインが大量破壊兵器を保持しているとの予断で、イラクに戦争を仕掛けた。

米国の「ウクライナ支援」と、「イスラエルのガザ攻撃支援」といった矛盾する外交政策について「ダブル・スタンダード」を指摘する声は大きい。

今後の米国政治を見るとき、外交姿勢は変わる可能性がある。最も大きな要素は今年一一月に予定される米大統領選挙だ。共和党のドナルド・トランプが当選した場合、米国がウクライナ戦争から手を引くことも考えられる。

さらに言えば、「米国がＮＡＴＯから脱退することすら考えられないことではない」と指摘する識者もいる。

その一人、グレン・フクシマ米先端政策研究所上席研究員（元・在日米国商工会議所会頭）は、二〇二四年三月に行われた日本記者クラブでの会見で、「前回の任期の時は、ジェームズ・マチス国防長官など冷静な閣僚が抑えていたから言い出さなかったが、今回は状況を見ながら脱退に踏み切ることもあり得る」と予想する。

先述してきたように米国はこの三〇数年、ＮＡＴＯの存続と拡大に最も力入れ、世界における覇権を志向してきた。しかし、トランプが勝利し、「米国第一主義」を掲げて内向きになっていけば、国際政治はパラダイム・シフトされる可能性がある。

ウクライナ戦争の帰趨は予測不可能だ。しかし、ウクライナ戦争終結に向けては、欧州の「ソフトパワー」にも期待したい。

欧州では長い歴史の中で、多くの戦争が繰り広げられてきた。二〇世紀に起きた二度の世界大戦も欧州が発火点だった。歴史、民族、宗教、言語、文化が違う多くの国々が複雑な形で国境を接しているので、紛争が起きやすい地勢にある。しかし一方で、世界大戦の反省に立ち、平和と繁栄の道を探る様々な知恵が集積されてきた。

ウクライナと地続きの欧州各国はこの戦争を何とか収拾していく責務がある。

こうした状況を踏まえ、ＥＵは今年二月、特別理事会で五〇〇億ユーロ（約七兆九千億円）に上るウクライナ支援パッケージをまとめた。二〇二四年から二七年にかけ、主にウクライナの生活を支援していく。

米国の次期大統領が誰になるにせよ、欧州は、ＥＵの中軸である独仏と、米国との協力関係を強めてきた東欧諸国が手を携えて、安全保障や経済、難民問題、環境問題に取り組んでいくべきだろう。

現在、影が薄くなっているものの、政治、経済、人権など幅広い観点から国際安全保障を考えるＯＳＣＥの理念も死んでいない。欧州がこの理念にもう一度立ち返る必要もあるのではないか。

終わりに

本著は、三〇数年前に始まった「東欧革命」から「ドイツ統一」、「ユーゴ紛争」「ソ連崩壊」などの歴史的転換期を経てウクライナ戦争までの経過を様々な角度から記述し、分析を試みた。そのため、それぞれの国が置かれてきた状況と、各国家間の関係性などをできるだけ詳述したつもりだ。しかし、こうしたマクロ的な記述だけではなく、そうした国々に生きた人々にも焦点を当てた。「人があって初めて国家がある」と考えるからで、本書を執筆しながら、心はいつも三〇年前に取材させていただいた人々にあった。

世界平和を具現化していくためには、国の指導者だけではなく、世界の一人ひとりが個人レベルで平和を希求してゆくことが、何よりも重要だと考える。

私が取材させていただいた政治家や社会活動家、そして多くの市井の人たち。彼らは外国人である私の質問を辛抱強く聞いてくれ、実に率直に思いや、信条を語ってくれた。忘れられない人々だ。

東欧諸国から逃れてきた数々の難民。なかでも村を追われ、兄弟を殺されたクロアチアの農夫。働く親の子供たちを預かり、お互いに助け合って暮らしていた旧東ドイツの失業者した女性たち。

世界からの孤立感を深めながらも将来の豊かな国づくりを夢見ていたセルビアの主婦や教師。チャウシェスク独裁政権が倒れた後、「お金をため、家族のルーツ・ドイツへみんなで行ってみたい」と願っていたルーマニアのドイツ系男性。そして、「ハンガリー動乱」に参加し、その後、迫害を受けながらも犠牲者の復権活動を進めていたブダペストの「歴史正義委員会」のメンバーたち。今、彼らは九〇歳を超えているはずだ。

ウィーン郊外の難民キャンプで会った底抜けに明るかった青年。あのころは二〇代半ばだった。今は五〇歳をとうに過ぎている。結婚し、子どももいるのだろうか。幸せだろうか？

専門家の中にもハンガリー国民でありながら、「東欧諸国のNATO入りは危険だ」と説くジャーナリスト、「ウクライナに住むロシア人は今後、自治権拡大の動きを拡大させるだろう。ウクライナの独自性を確立しようとするウクライナ共和国にとって、これは大きな障害となる。ロシア人の権利を十分に認めていかなければ、いずれロシアとの対立に転化する可能性が極めて高い」と予測したロシアの学者など、将来を予測する慧眼を持っていた。

時代の大きな変化の中で、それぞれの思いを抱き、懸命に生き抜いた人々を数え上げたらきりがない。

その根底には、祖国の混とんとした変化の中で「自分たちの（国の）未来は自分たちが決める」「我々の社会や暮らしをもっと良くしたい」という熱い思いがあった。それを思い出す度に、今でも心が揺さぶられる。

しかし、当時民衆が跳ね返したと思った国家権力による圧政は、今も形を変えて続いている。それどころか拡大しているとさえ見える。東欧革命の震源となったロシアの地で、プーチン体制が最もひどい状況を作り出しているのだ。

ウクライナ戦争では、ロシアの侵略行為によって、亡くなった市民や兵士がいる。

一方で、軍事訓練と言われてウクライナに赴き、人を殺さなければならなくなったロシア兵もいる。さらに徴兵された子供を失った双方の国の母親たち。それぞれの人々のことを考えると胸が痛む。

ウクライナ戦争の陰に隠れがちだが、長引くコロナ禍は、人々の暮らしや経済活動を根本から変えてしまった。格差が一層広がる要因にもなった。世界の先行きはますます混迷を深め、予測しがたい状況に入ってきている。

しかし、かつて取材させてもらった彼らのことを思うと、どんな時代にあっても、人間は必ず、困難を克服できると信じている。

［追記］

ドイツ、東欧諸国、そしてソ連（ロシア）での取材は、多くの通訳の方たちの協力がなければできなかった。通訳の皆様には深く感謝を申し上げたい。

私の取材範囲でいうと、オーストリアとドイツの母国語はドイツ語である。他にハンガリー語

（マジャール語）、チェコ語、スロバキア語、ポーランド語、ルーマニア語、ブルガリア語、セルボ・クロアチア語、スロベニア語、マケドニア語、モンテネグロ語、アルバニア語と多彩であり、それにロシア語も加わった。

通訳の方々は、それぞれの国に住み、ほとんどが日本語に堪能だった。単に語学ができるだけではなく、現地情報や時事問題にも詳しく、どこに行き、誰に会ったら良いかなどについてもよくアドバイスしてくれた。彼ら、彼女らとの会話から生まれたニュースも実に多かった。特派員の仕事は、こうした通訳の皆さんとの共同作業だったと言える。

なかでも最もお世話になったのは、ウィーン支局で二年間、助手を務めてくれたバーバラ・フローリッヒさんだった。ウィーン大学の学生で、私の相棒とも言える存在だった。親切な人柄だったので、公私にわたって手伝ってくれ、家族同様の付き合いだった。

彼女は、ニュース感覚が鋭く、視点が的確だった。さらに、ヨーロッパに住むロマ族などのマイノリティーへの共感力が強かった。日本のアイヌ問題もよく勉強しており、アイヌの人たちとも交流があった。

ベルリンでは、フンボルト大学（旧東独）で日本学を勉強し、「森鷗外記念館」に勤務していたベアーテ・ウェーバーさんにも大変お世話になった。

通訳の方々の中には、歴史に翻弄され、厳しく、つらい体験をした人もいた。ハンガリーの医師のように。彼ら、彼女らの言葉には体験に裏打ちされた重みが感じられた。

バーバラさんとは今年六月にウィーンでお会いし、元気に働いている姿を見ることが出来た。ほかの皆さんはどうされているのだろう。またお会いしてお礼を言い、この三〇数年を振り返ってみたいものである。

【東欧革命以後の関連年表】

1989年5月2日	ハンガリー―オーストリア国境開放（8月19日　汎ヨーロッパ・ピクニック。西独への亡命を求める東独市民約1000人がハンガリー経由でオーストリアへ亡命。ベルリンの壁崩壊につながる）。
	「**東欧革命**」
1989年9月7日	ポーランドで初の非共産党政府樹立。首班はタデウシュ・マゾビエツキ。第3共和国成立。
同　10月23日	多党制に基づくハンガリー第3共和国成立。
同　11月9日	ベルリンの壁崩壊。
同　11月17日	チェコスロバキアでビロード革命。
同　12月2〜3日	**マルタでの米ソ首脳会談で「東西冷戦終結」を宣言。**
同　12月22日	ルーマニアで流血革命（25日　チャウシェスク大統領処刑）。
1990年2月	ブルガリアで共産党が1党独裁を放棄。
1990年7月1日	東西ドイツが通貨同盟（一人4000マルクまで東西マルクを等価交換）。
同　10月3日	**ドイツ統一**。
同　11月19日	パリで**全欧安保協力会議**（CSCE）**首脳会議**。「欧州の対立と分断の時代が終結した」と宣言。武力によらない「対話と協調」の時代への幕開けを告げた。

1991年1月17日	湾岸戦争勃発（2月26日　イラクがクウェート領有を完全放棄して終戦）。
同　2月25日	ブダペストでワルシャワ条約機構（WTO）外相、国防相会議。3月末で**WTOの軍事機構を廃止**、7月1日正式解散。
同　6月25日	ユーゴスラビア連邦内のスロベニア、クロアチア両共和国が独立宣言。直後にスロベニアで**10日間戦争**。**クロアチア紛争勃発**（長期化）。
同　8月19日	ソ連でクーデター（3日間で鎮圧）。
同　9月8日	ユーゴ連邦内共和国　マケドニアが独立宣言。
同　12月9日	**マーストリヒト条約の協議まとまる**（欧州連合＝EU＝の創設を決めた条約。1992年2月7日調印。1993年11月1日正式発足）。
同　12月25日	**ソ連崩壊**。ミハイル・ゴルバチョフ＝ソ連大統領辞任。同7月からロシア初代大統領に就任していたボリス・エリツィンがそのまま新生ロシア大統領に。
1992年1月2日～	新生ロシア共和国の経済改革スタート。
同　1月	黒海艦隊の帰属を巡り、ロシアとウクライナが対立。
同　3月1日	ユーゴ連邦内共和国　ボスニア・ヘルツェゴビナが国民投票を行い、独立支持派が圧勝（4月6日、欧州共同体＝EC＝が独立承認）。
同　4月5日	セルビア人勢力によるサラエボ包囲始まる。**ボスニア戦争**、泥沼化へ。
同　6月20日	**チェコスロバキアがチェコとスロバキアに国家分離することで合意**（1993年1月1日　両共和国が分裂）。

【東欧革命以後の関連年表】

１９９５年７月	ボスニア・ヘルツェゴビナ内のスレブレニツァで７０００人以上に上る大量虐殺（セルビア人勢力によるモスリム人殺害）。
同　８月４日	嵐作戦（クロアチア軍が攻勢。クロアチア共和国内のクライナ地方からセルビア人20万人の追い出し）。クロアチア戦争終結。
同　８月	北大西洋条約機構（ＮＡＴＯ）によるボスニア内セルビア人勢力に対する空爆激化。１９４９年のＮＡＴＯ発足後初めての本格空爆。
同　11月21日	デートン合意（12月14日　パリで和平協定調印）。ボスニア戦争終結。ボスニアは、領土の51%を占めるモスリム人とクロアチア人のボスニア連邦、49%を占めるセルビア人のスルプスカ共和国の二つの共和国で構成する独立国家になる。
１９９８年２月	**コソボ戦争勃発**。
１９９８年５月15日	ロシアがＧ７に加わりＧ８に（英・バーミンガム）。
１９９９年３月24日	ＮＡＴＯによるユーゴスラビア連邦（セルビア、モンテネグロ両共和国）空爆開始。
同　６月10日	ユーゴ連邦軍、コソボからの完全撤退に合意。ＮＡＴＯ空爆停止。
１９９９年３月〜	「**ＮＡＴＯ加盟国の拡大**」。チェコ、ハンガリー、ポーランド（同３月12日）。エストニア、ラトビア、リトアニア、スロバキア、スロベニア、ブルガリア、ルーマニア（２００４年３月29日）。

	アルバニア、クロアチア（2009年4月1日）。 モンテネグロ（2017年6月5日）。 北マケドニア（2020年3月27日）。 ＊フィンランド、スウェーデンの加盟については後述。
2000年5月7日	ロシア第2代大統領に**ウラジーミル・プーチン**就任。
2001年9月11日	**米国で同時多発テロ**（プーチンが対テロ戦争＝アフガン戦争＝で米国に協力）。
2002年6月	欧州共通通貨・ユーロの完全導入。
2003年3月20日	**イラク戦争開始**（ロシアは開戦直前に独仏と共同で米国の開戦方針に異議）。
2004年5月1日〜	**「東欧諸国のEU加盟」**。 ハンガリー、ポーランド、チェコ、スロバキア、スロベニア、エストニア、ラトビア、リトアニア（東欧以外ではマルタ、キプロス）＝以上5月1日。 ルーマニア、ブルガリア（2007年1月1日）。 クロアチア（2013年7月1日）。
2006年6月3日	ユーゴ連邦内のモンテネグロが独立宣言（2日後にセルビアが承認）。
2007年2月10日	プーチンがミュンヘン国防政策国際会議で演説。「米国主導によるNATOの東方拡大はロシアに対する挑発行為だ」と米国、NATOを批判。
2008年2月17日	コソボが独立宣言（セルビア、ロシアなどが独立を承認しない未承認国家に）。旧ユーゴスラビア連邦は6共和国1未承認国家に完全解体。

同　4月3日	NATOがウクライナとジョージア（グルジア）2か国を「将来の加盟国」に認定。独仏が慎重な態度を取り、実質的な交渉に入る「候補国」にはならず。2か国が「将来の加盟国」になったことでロシアは猛反発。
同　8月7〜16日	南オセチア紛争（別名ロシア・グルジア戦争）。背景には、NATOに近づくジョージア（グルジア）へのロシアの反発がある。
2014年2月21日	ユーロマイダン革命。ウクライナで、EUへの統合を望む反政府デモが激化し、親ロシア派のヴィクトル・ヤヌコーヴィチ大統領が追放される。新たに親欧米の暫定政権樹立。
同　3月18日	ロシアによる一方的な**クリミア併合**。ウクライナの暫定政権に反対するウクライナ領クリミアの親ロ派が、ロシアの武力を背景に「クリミア共和国」を名乗り、最終的にセバストポリ特別市と共にロシアに併合された。ウクライナは併合を認めていない。
同　3月	**ドンバス紛争勃発**。クリミア併合を受けて、親ロ派の多いウクライナ東部のドネツク、ルハンシク両州が住民投票を経て独立を宣言。これに反対するウクライナ側と戦闘を始めた。ロシアの特殊部隊が親ロ派を支援した。内戦は8年間続き、ロシアによるウクライナ侵略に至る。
同　3月24日	G8からロシアを排除し、元のG7に。ロシアのクリミア併合を国際法違反とするG7各国が、制裁措置の一環として講じた。

2015年4月ごろ～	**欧州難民危機。** 2010年から始まった「アラブの春」と呼ばれる中東諸国や北アフリカの民主化運動が活発化するに伴い、これら地域で政情が不安定化したことが主因。この年150万人の難民が欧州に流入。うち3分の2にあたる100万人がドイツへ。翌年、EUの難民規制強化で流入者は激減。
2020年2月1日	**英国がEUから離脱（ブレグジット）**。英国への移民急増を問題視する声が国民に増えたことが遠因。加盟国が離脱するのはEUの歴史上初。
2022年2月24日	**ウクライナ戦争勃発。** 演習と称した19万人のロシア兵がウクライナ北部、東部、南部の3方から侵略。激しい戦闘が始まった。
同　4月	ウクライナの首都キーウ（キエフ）近郊の村ブチャで住民の虐殺死体が多数見つかる。ロシア兵に殺害されたと見られる。
同　9月30日	ロシアがウクライナ東部のドネツク、ルハンシク、ザポリージャ、ヘルソン4州の併合を一方的に宣言。
2023年4月5日～	ウクライナ戦争によるロシアの脅威を受け、長らく中立を守ってきたフィンランド（2023年4月5日）、スウェーデン（2024年3月7日）がNATOに正式加盟。加盟国は三二か国に。
同　6月23日	プリゴジンの乱。ロシアの民兵組織「ワグネル」がロシア国軍に対し、反乱。「ワグネル」のリーダーだったエフゲニー・プリゴジンは乱の2か月後、飛行機事故で死亡した。

同　10月7日	パレスチナ自治区「ガザ」を実効支配するイスラム武装組織「**ハマス**」が**イスラエルを先制攻撃**。イスラエル人や外国人240人を人質に。**イスラエルがこれに対し激しい報復攻撃**。パレスチナ住民が子供と女性を中心に3万人以上が殺害されている。食糧、水、医薬品も欠乏し深刻な**人道危機**に。
同　12月8日	グテーレス国連事務総長がガザ紛争について「人道目的の即時停戦」を安保理に提案。米国が拒否権を発動し、決議できず。ロシアに侵略されたウクライナを支援する一方、「ガザ」住民を虐殺するイスラエルを擁護する米国の姿勢に対し、「二重基準」との国際的批判が強まる。
2024年2月16日	ロシア反体制リーダー、アレクセイ・ナワリヌイ氏が北極圏の刑務所で不審死。
同　3月17日	ロシア大統領選挙でプーチンが「圧勝」。大統領としては五期目に入る。

【引用・参考文献】

リヒャルト・フォン・ヴァイツゼッカー『ヴァイツゼッカー回想録』永井清彦訳、岩波書店、1998
ミハイル・ゴルバチョフ『ゴルバチョフ回想録』上下、工藤精一郎・鈴木康雄訳、新潮社、1996
ボリス・エリツィン『告白』小笠原豊樹訳、草思社、1990
ヴィクター・セベスチェン『東欧革命1989　ソ連帝国の崩壊』三浦元博・山崎博康訳、白水社、2009
ジョゼフ・ロスチャイルド『現代東欧史　多様性への回帰』羽場久浘子・水谷驍訳、共同通信社、1999
イアン・カーショー『ヨーロッパ史1959―2017　分断と統合への試練』三浦元博訳、白水社、2019
明石康『戦争と平和の谷間で　国境を超えた群像』岩波書店、2007
アンドルー・ナゴースキー『新しい東欧　ポスト共産主義の世界』工藤幸雄監訳、共同通信社、1994
水島治郎『ポピュリズムとは何か　民主主義の敵か、改革の希望か』中公新書、2016
マーク・マゾワー『バルカン―「ヨーロッパの火薬庫」の歴史』井上廣美訳、中公新書、2017
イワン・クラステフ『アフター・ヨーロッパ』庄司克宏監訳、岩波書店、2018
ダグラス・マレー『西洋の自死』町田敦夫訳、東洋経済新報社、2017
エマニュエル・トッド『グローバリズム以後　アメリカ帝国の失墜と日本の運命』朝日新聞、2016
アンリ・ボグダン『東欧の歴史』高井道夫訳、中央公論社、1993
熊谷徹『欧州分裂クライシス　ポピュリズム革命はどこへ向かうか』NHK出版新書、2020
アンドレアス・レダー『ドイツ統一』板橋拓己訳、岩波新書、2020

【引用・参考文献】

ヤン＝ヴェルナー・ミュラー『ポピュリズムとは何か』板橋拓己訳、岩波書店、２０１７
千田善『ユーゴ紛争はなぜ長期化したか』勁草書房、１９９９
板橋拓己『分断の克服』中公選書、２０２２
岡野直『戦時下のウクライナを歩く』光文社新書、２０２３
小泉悠『ウクライナ戦争』ちくま新書、２０２２
松里公孝『ウクライナ動乱』ちくま新書、２０２３
大木毅『独ソ戦』岩波新書、２０１９
ジョシュア・ヤッファ『板ばさみのロシア人』長崎泰裕訳、白水社、２０２３
マーシャ・ゲッセン『ロシア　奪われた未来』三浦元博、飯島一孝訳、白水社、２０２３
朝日新聞国際報道部『プーチンの実像』朝日文庫、２０１９
遠藤乾『欧州複合危機』中公新書、２０１６
河合信晴『物語　東ドイツの歴史』中公新書、２０２０
下斗米伸夫『プーチン戦争の論理』集英社インターナショナル新書、２０２２
＊このほか、北海道新聞など新聞各紙の記事を参考にした。

著者プロフィール

岡田 実（おかだ みのる）

1949年　東京生まれ。
1973年　一橋大学社会学部卒業。
同年　北海道新聞社入社。名寄、小樽、札幌、東京などで主に経済取材を担当。
1990年～92年　ウィーン駐在。ドイツ統一、湾岸戦争、ユーゴ紛争、ソ連崩壊、チェコスロバキア分裂などを取材。
1997年～2002年　論説委員（東京駐在）。
2014年　北海道新聞社退社（最終職歴　専務取締役）。
現　在：フリージャーナリスト（日本記者クラブ会員、日本外国特派員協会プロフェッショナル・アソシエイト会員）。

冷戦終結からウクライナ戦争へ

—ドイツ統一、ソ連崩壊の原点から考える—

2024年10月15日　初版第１刷発行

著　者　岡田 実
発行者　瓜谷 綱延
発行所　株式会社文芸社
〒160-0022　東京都新宿区新宿1－10－1
電話　03-5369-3060（代表）
03-5369-2299（販売）

印刷所　株式会社フクイン

ISBN978-4-286-22101-4